财会类系列教材

会 计 学

主 编　文　惠　邱珊珊
副主编　刘　婷　曾令波　许世林　余家健
参 编　魏国东　宋志春　彭　露　向　贤
　　　　陈海江　刘　晶

机械工业出版社

本书是会计学的入门教材,主要涉及会计职能、会计对象、会计假定、会计账户、复试记账、会计凭证、会计账簿、财产清查和财务会计报告等内容,并以制造业企业主要经济业务为例,由浅入深、循序渐进地介绍了有关账户的设置和借贷记账法的应用;同时阐述了账务处理程序、会计规范和会计工作组织等内容。通过对本书的学习,学生可以在系统理解会计基本理论和基本方法的基础上,熟练掌握会计基本技能。

本书既可以作为高等教育院校财务管理专业的自学考试教材,也可以作为新任(转岗)财务岗位工作人员的培训教材。

图书在版编目(CIP)数据

会计学/文惠,邱珊珊主编. —北京:机械工业出版社,2023.5
财会类系列教材
ISBN 978-7-111-72923-5

Ⅰ.①会… Ⅱ.①文… ②邱… Ⅲ.①会计学-教材 Ⅳ.①F230

中国国家版本馆 CIP 数据核字(2023)第 056034 号

机械工业出版社(北京市百万庄大街 22 号 邮政编码 100037)
策划编辑:李 帅 责任编辑:李 帅
责任校对:肖 琳 梁 静 封面设计:张 静
责任印制:李 昂
河北宝昌佳彩印刷有限公司印刷
2023 年 11 月第 1 版第 1 次印刷
184mm×260mm・13.25 印张・302 千字
标准书号:ISBN 978-7-111-72923-5
定价:43.90 元

电话服务	网络服务
客服电话:010-88361066	机 工 官 网:www.cmpbook.com
010-88379833	机 工 官 博:weibo.com/cmp1952
010-68326294	金 书 网:www.golden-book.com
封底无防伪标均为盗版	机工教育服务网:www.cmpedu.com

前　　言

　　为了适应财务管理专业教学训练的需要，我们编写了《会计学》一书，作为高等教育院校财务管理专业的自学考试教材，以及新任（转岗）财务干部的培训教材。

　　党的二十大报告指出："弘扬诚信文化，健全诚信，建设长效机制。"本书中融入了会计诚信的相关内容，有助于学生增强的诚信意识和提升职业道德素养。全书共 11 章，主要介绍会计的基本理论、基本方法和基本技能，为学习后续会计课程奠定基础。

　　本书由中国人民解放军陆军勤务学院文惠、邱珊珊担任主编，刘婷、曾令波、许世林、余家健担任副主编，参加编写的有成都资金收付管理中心魏国东，中国人民解放军陆军勤务学院宋志春、彭露、向贤、陈海江，以及中国人民解放军海军工程大学刘晶。书稿由中国人民解放军陆军勤务学院财务审计系专家审定。

　　在本书编写的过程中，我们紧跟企业会计准则和制度的最新变化，吸收了众多专家的教学经验和会计工作的最新成果，对涉及的增值税税率、财务会计报表格式等近年来有所更新的内容进行了同步更新。

　　由于时间仓促，加之经验和能力有限，书中难免存在一些疏漏，敬请读者批评指正。

编　者

目 录

前言

第1章 总论 ... 1
1.1 会计概述 ... 1
1.2 会计对象 ... 8
1.3 会计方法 ... 10
1.4 会计目标 ... 11
1.5 会计假定 ... 13
1.6 会计信息质量要求 ... 15
1.7 会计学科体系 ... 18

第2章 会计要素、会计科目和会计账户 ... 21
2.1 会计要素 ... 21
2.2 会计科目 ... 31
2.3 会计账户 ... 35

第3章 会计记账方法 ... 38
3.1 会计记账方法概述 ... 38
3.2 借贷记账法 ... 40
3.3 会计记账基础 ... 52

第4章 制造业企业主要经济业务的核算 ... 54
4.1 制造业企业主要经济业务概述 ... 54
4.2 资金筹措业务的核算 ... 55
4.3 生产准备过程中的业务的核算 ... 61
4.4 生产过程中的业务的核算 ... 69
4.5 销售过程中的业务的核算 ... 75

4.6　期末账项调整与利润的形成业务的核算 ………………………………………… 80

4.7　利润分配业务的核算 ………………………………………………………………… 87

第 5 章　会计凭证 ……………………………………………………………………… 92

5.1　会计凭证的意义和种类 ……………………………………………………………… 92

5.2　原始凭证的填制与审核 ……………………………………………………………… 98

5.3　记账凭证的填制与审核 ……………………………………………………………… 101

5.4　会计凭证的传递与保管 ……………………………………………………………… 104

第 6 章　会计账簿 ……………………………………………………………………… 107

6.1　会计账簿的概念、作用和种类 ……………………………………………………… 107

6.2　会计账簿的设置与登记 ……………………………………………………………… 110

6.3　账簿错误的查找与更正 ……………………………………………………………… 120

6.4　结账与对账 …………………………………………………………………………… 123

6.5　账簿的启用、更换与保管 …………………………………………………………… 126

第 7 章　资产计价与财产清查 ………………………………………………………… 129

7.1　资产计价 ……………………………………………………………………………… 129

7.2　财产清查 ……………………………………………………………………………… 139

第 8 章　财务会计报告 ………………………………………………………………… 151

8.1　财务会计报告概述 …………………………………………………………………… 151

8.2　资产负债表 …………………………………………………………………………… 155

8.3　利润表 ………………………………………………………………………………… 159

8.4　现金流量表 …………………………………………………………………………… 163

8.5　所有者权益变动表 …………………………………………………………………… 168

8.6　财务会计报告的报送、审批和审计 ………………………………………………… 171

第 9 章　账务处理程序 ………………………………………………………………… 173

9.1　账务处理程序概述 …………………………………………………………………… 173

9.2　记账凭证账务处理程序 ……………………………………………………………… 174

9.3　汇总记账凭证账务处理程序 ………………………………………………………… 176

9.4　科目汇总表账务处理程序 …………………………………………………………… 177

9.5　日记总账账务处理程序 ……………………………………………………………… 179

第 10 章　会计规范 ……………………………………………………………………… 181

10.1　会计规范的概念、构成和特点 ……………………………………………………… 181

10.2 会计法规 …………………………………………………………… 184
10.3 会计职业道德 ……………………………………………………… 188

第 11 章 会计工作组织 …………………………………………………… 194

11.1 会计工作组织概述 ………………………………………………… 194
11.2 会计机构 …………………………………………………………… 196
11.3 会计人员 …………………………………………………………… 197
11.4 会计工作交接与会计档案管理 …………………………………… 199

参考文献 …………………………………………………………………… 206

第 1 章 总 论

> 【学习目标】
> 1. 了解会计的产生与发展。
> 2. 掌握会计的基本理论。
> 3. 明确会计学科体系。

会计理论产生于会计实践，又对会计实践发挥指导作用。本章将以会计实践的发展历程为主线，循序渐进地介绍会计职能、会计定义与会计目标等会计的基本理论，然后对会计学的属性及会计学科体系予以分析和归纳。

1.1 会计概述

1.1.1 会计的产生和发展

学习会计理论知识应以了解会计的产生和发展为起点，洞悉会计之兴替，传承会计之文明，理解会计之现状，才能够进一步认识会计的定义，认清会计的本质，明确会计产生和发展的经济环境和社会环境及其相互关系。

1. 会计伴随人类生产实践活动的发展而产生

最初的人类活动主要表现为生产实践活动，生产实践活动创造的物质资源是人类社会生存和发展的基础。在人类生产实践活动中，存在资源的稀缺性和人类需求的无限性之间的矛盾，这就促使人们必须对物质生产过程中的有关人力、财力和物力的投入产出进行比较，期望通过较少的投入获得更多的产出，从而满足人类生活和社会再生产的需要。这个伴随生产实践活动的发展而产生的观察、记录和比较人力、财力、物力的耗费与产出的过程，就是会计活动过程。因此，生产实践活动决定着人类其他一切活动，也是人类会计活动产生的根本前提。但需要注意的是，人类的会计活动并不是从一开始就存在，而是社会生产发展到一定阶段才出现的产物。

会计最初表现为人类对经济活动的计量与记录行为。在产生文字、数字和计量单位以前，会计所进行的计量和记录行为不像现在用货币进行计量，用纸和笔进行记录，而是用

"结绳"记事、用"刻契"记数。产生这种计量和记录行为主要是缘于当时人类生产实践活动的需要。在人类社会进行三次大分工之前,人们的生产实践活动是从狩猎、采集开始的,当时进行的简单记录是为分配服务的,将一个群体一天的收获记录下来,用来对所有成员分配,防止保管人多吃多占,对多收获者也许还有奖励。种植业开始后,这种记录除为分配收获服务外,还要为生产管理和分配劳动时间服务。物质资料的生产是人类生存和社会发展的基础。在人类历史发展的初期阶段,人们通过生产实践,很早就认识到,在物质资料的生产过程中一方面创造各种社会财富,取得一定的劳动成果;另一方面要发生劳动耗费,包括人力、物力的耗费。如果生产所得抵偿了生产消耗后,只够满足生活消耗之用,生产就只能照原来的规模重复进行;如果生产所得抵偿了生产消耗后,还不够生活消耗之用,那么重复生产势必只能在缩小的规模上进行了;唯有在生产所得抵偿了生产消耗和生活消耗之后还有结余,生产才可能在扩大了的规模上进行。人们进行生产活动时,总是力求以尽可能少的劳动耗费,取得尽可能多的劳动成果,做到所得大于所费,提高经济效益,以满足生产和生活的需要,正如马克思所说:"在一切社会状态下,人们对生产生活资料所耗费的劳动时间必然是关心的,虽然在不同的发展阶段上关心的程度不同。"为了达到所得大于所费的目标,就必须对劳动过程进行组织和规划,同时对劳动耗费和劳动成果进行观察、计量、记录和计算,并将计算的结果与本生产组织以往的计算结果或其他生产组织的计算结果进行比较和分析。

但是,我们应看到,最初的会计只是"生产职能的附带部分",即由生产者在生产时间之外附带地把收入、支出等事项记载下来,只有当社会生产力发展到一定水平,出现剩余产品之后,会计才逐渐地从生产职能中分离出来,成为一项独立的经济管理活动。会计成为一项独立的经济管理活动的条件:一是直接从事社会生产的人员必须提供一定数量的剩余产品,这些剩余产品,一方面成为会计核算反映的重要内容,另一方面用于管理活动中的其他需要;二是必须要有文字、数字和计量单位,文字、数字和计量单位是记录、计算的基本手段。上述这些前提条件,并非是从生产活动产生时就具备的,而是社会生产发展到一定阶段的产物。所以,只有当社会生产发展到一定水平才会产生会计。

2. 会计随着生产力的发展而发展

社会生产力发展水平决定了科学技术发展水平,从而决定了人们的经营管理水平,因此,社会生产力发展水平主要表现为科技含量、投入产出比。社会生产力水平的发展不仅制约着会计的发展,也为会计的发展提供了科学和物资方面的条件,促使会计技术、手段不断改变。例如,由单纯的记录、计量向簿记、报告发展;由结绳记事、刻契计数向手工记账、计算机记账、ERP 记账发展等。

大约西周时期就出现了"会计"一词。《周礼·天官》篇中指出:"会计,以参互考日成,以月要考月成,以岁会考岁成。"其中的"参互""月要"和"岁会"均属报告文书,已初步具备现代会计报表的作用。

在秦汉时期,出现了以"入"和"出"为记账符号的"簿记"和"籍书";对账簿的设置,从单一流水账发展成为"草流""细流"和"总清"三账,并一直沿用到明清时期。

对会计的结算方法，也从原始社会末期开始的"盘点结算法"发展成为"三柱结算法"，根据本期收入、支出和结余三者之间的关系，通过"入-去=余"的公式，结算本期财产物资的增减变化及其结果。

到了唐、宋两代，出现了"四柱结算法"。所谓四柱，是指"旧管""新收""开除""实在"，相当于现代会计术语中的期初结存、本期收入、本期支出、期末结存。通过"旧管（即期初结存）+新收（即本期收入）-开除（即本期支出）=实在（即期末结存）"的基本公式进行结账，为我国历史上曾经通行的收付记账法奠定了基础。

明末清初，随着民族资本主义的萌芽和发展，山西商人傅山参考当时的官厅会计和"四柱清册"记账方法，设计出一套简单明确的适用于民间商业的会计核算方法——"龙门账"。"龙门账"的要点是：将民间商业中的全部经济事项，按性质和渠道科学地划分为"进""缴""存""该"四大类，分别设立账目核算。所谓"进"，是指全部收入；"缴"，是指全部支出（包括销售商品进价和各种费用等支出）；"存"，是指资产（包括债权）；"该"又称欠，是指负债（包括业主投资）。当时民间商业，一般只在年度终了进行结算（即现在的决算），就是核实和整理一年的经营成果，以便向业主交代。年度结算就是通过"进"与"缴"的差额，同时也通过"存"与"该"的差额平行计算盈亏。如果"进"大于"缴"，就有盈利；否则，就有亏损。"进"与"缴"的差额应该与"存"与"该"的差额（即盈利）相等，用公式表示为

$$进-缴=存-该$$

每当结算时，便可运用上述公式来验算两方差额是否相等，并以此确定当年盈亏。傅山将这种双车计算盈亏并检查账目平衡关系的会计方法，形象地称为"合龙门"，"龙门账"也由此而得名。

辛亥革命以后，我国会计学家积极引进了西方会计，使我国会计事业有了新的发展。在20世纪30年代，会计学界曾发起了改良中式簿记运动，对中小型企业的会计产生了一定影响，但整体上仍存在"中式簿记"和"西式簿记"并存的局面。

从世界范围看，近代会计的发展主要经历了三个重要的历史时期：复式簿记的产生、会计社会公正业务的出现和财务会计与管理会计的分离。

12—13世纪，意大利的北方城市成为欧洲的经济中心，在这些城市中，资本借贷业务较为盛行，从而流行着适应资本借贷的复式记账方法，如威尼斯簿记法、热那亚簿记法等。1494年，意大利数学家、修士卢卡·帕乔利（Luca Pacioli）在威尼斯出版了《算术、几何、比及比例概要》（*Summa de Arithmetica, Geometria, Proportioni et Proportionalita*）一书。该书又译为《数学大全》，其中专列一篇《簿记论》（共37章，涉及记账主体的概念，以"借""贷"为记账符号，介绍了借贷记账法的记账规则和平衡公式、会计科目和账簿的设置、试算表的编制和财产盘查的方法等），对当时意大利的复式记账法进行了系统全面的整理介绍，并形成了一定的理论体系，是最早比较全面地论述复式簿记及其发展的总结性文献。《簿记论》的出现，标志着会计从以实务为基础开始向理论研究的方向发展，也标志着古代会计时代发展为近代会计时代。然而，自1494年复式记账理论的系统问世到18世纪末期，

会计的发展无论在理论上还是实践上基本都处于停滞阶段，特别是在理论上，人们对会计的认识还停留在"核算工具"的基础上。

发生于 16 世纪的尼德兰革命、发生于 17 世纪的英国资产阶级革命，以及发生于 18 世纪的法国资产阶级革命，使世界进入资本主义统治时代。18 世纪 60 年代，产业革命开始，这场由科学技术推动生产力的革命在世界范围内展开，使人类进入机器大工业时代。这个时期，欧洲的经济中心已从意大利转到英国、法国等国，因而这个时期的会计发展主要表现为意大利记账法向欧洲大陆传播。1581 年威尼斯会计学院的正式成立，标志着世界上第一所专门的会计学校由此诞生。从此，《算术、几何、比及比例概要》及其中所介绍的借贷记账法传播到英国、美国、法国、日本、中国、葡萄牙等国，并逐渐传播到全世界。这一时期会计主要是作为一项管理工具，而不是外界使用者的一项信息来源，在核算上没有会计期间或连续经营的概念，也没有一个单一的、稳定的货币计量基础。会计主要由业主个人掌握和使用，就如《算术、几何、比及比例概要》书中所述："簿记的目的在于向业主及时地提供有关资产和负债的信息。"会计人员只是向业主负责，并受业主信任，其账目也是保密的，因而这一时期的会计实务通常被称为保管责任会计。1853 年，在苏格兰的爱丁堡，由 47 位会计师筹建了世界上第一个会计师团体组织——爱丁堡会计师公会，1854 年该公会通过了英国国会的批准并由英国女王授予第一份特许状，从此产生了特许会计师（Chartered Accountants）。爱丁堡会计师公会及特许会计师的问世标志着会计人员从此开始执行一项新任务，即为社会公正服务。它们扩大了会计服务的对象和业务内容，引起了会计的重大变化。

第一次世界大战之后，美国不仅经济资源和工厂保持完整，而且通过战争实现了财富积累，从而在经济实力、科学技术和经营管理等方面完全取代了大英帝国的统治地位，世界经济中心开始向美国转移。特别是第二次世界大战以后，由于资本主义企业规模日益扩大，国内外市场竞争激烈，失业率增加，经济危机频繁，加上科学技术广泛运用于生产领域，使企业所面临的发展压力日益增长。在此情况下，西方国家的跨国垄断集团开始形成，股份公司得到进一步发展，出现了企业所有权与经营权的分离，这就要求会计要满足企业所有者和经营者的不同需要，管理会计从传统会计系统中分离出来，形成了两个相对的会计系统——财务会计和管理会计。

财务会计为社会公众及与企业有经济利益关系者服务，主要对外提供信息，通常称为外部会计。财务会计主要通过落实责任、考核实绩和分析计划执行情况，对企业生产经营活动进行控制。

管理会计是为企业管理当局服务的，通常称为内部会计。例如，为提高内部工作效率，降低产品成本，扩大企业利润，从而产生了专门配合职能管理与行为科学管理的"责任会计（Responsibility Accounting）"和"成本—业务量—利润分析（Cost-Volume-Profit Analysis，CVP）"等专门方法。这些方法所涉及的"标准成本""预算控制""差异分析""责任会计""量本利分析"等实际已构成了现代管理会计的理论体系。管理会计主要是通过确立目标、编制计划和确定实现计划的手段与方法，对企业未来的生产经营活动进行全面筹划。它利用财务会计提供的会计信息及其他生产经营活动中的有关资料，运用数学、统计学等一系列技术和方法，通过整理、计算、对比、分析等手段的运用，向企业管理当局提供用于长短期经营决策并指导和控制企业生产经营活动的信息。管理会计着眼于企业未来的生产经营活动，并不受任何统一会计制度等规章制度的硬性约束，也不受固定的程式和会计惯例的制约，其工作的开展取决于企业管理当局的需要，可以使用多种计量单位，也可以灵活多变地采用差量分析、边际分析、现金流量分析等多种技术和方法。

1.1.2 会计职能和会计作用

1. 会计职能

会计职能是指会计在经济管理中所具有的功能。马克思所说的"对生产过程的控制和观念的总结"，就是指会计对经济活动的反映和监督，这是对会计职能的科学概括。《中华人民共和国会计法》（以下简称《会计法》）则把会计的职能概括为"核算"与"监督"，它规定"会计机构、会计人员依照本法规定进行会计核算，实行会计监督"。可见，核算（或反映）和监督是会计的两个基本职能。

（1）会计核算职能。核算职能是会计的首要职能，它是指会计以货币为主要计量单位，采用一定的会计方法，对企业的经济活动进行综合、连续、系统、完整的反映，为各类报表使用者提供信息的功能。

会计核算职能有时也称为会计反映职能。但就含义而言，反映不限于已经发生或已经完成的经济活动，也可以预测未来。预测和计划是对未来的反映，是为了确定目标，把握未来的经济活动。记录是反映，分析也是反映。记录所反映的往往是表面现象；而分析则揭示出客观事物之间内在的联系，进一步了解、把握事物变化的内在原因，是反映的深化。此外，反馈信息也属于反映的范畴。

会计核算与其他提供经济信息的核算活动（业务核算、统计核算）相比，具有以下特点：

1）会计核算主要以货币为计量单位，从价值量方面反映各单位的经济活动状况。数量的计量尺度主要有三种，即实物计量尺度、劳动计量尺度和货币计量尺度。会计在进行核算时，主要采用的是能进行综合计算的货币计量尺度，必要时再辅以实物计量尺度和劳动计量尺度。

2）会计核算已经发生的事实，具有可验证性。传统意义上，会计核算面向的是过去的经济事实，反映事实，就是探求和说明其真相。为此，会计对任何一项经济业务的反映和记录，都必须以合法的凭证为依据，会计提供的信息也因此而具有可验证性。正是会计核算的这一特点，使事后的审计成为可能，并且使会计数据的可靠性得到社会公认。

3）会计核算具有综合性、连续性、系统性和完整性。综合性是指会计使用货币计量，把大量分散的、不易理解的数据加以分类、汇总、排序，使之成为便于理解、能说明全面情况的信息，总括记录和反映各项经济业务，提供各种总括的价值指标。连续性是指会计对各项经济业务的记录，按其发生的先后顺序逐年、逐月、逐日、逐笔不间断地进行，会计对经济业务的记录是连续的。系统性是指会计对各项经济业务，既要进行相互联系的记录，又要用科学的方法对其进行必要的分类和整理。完整性是指空间上要反映整个企业的全部经济业务，单位内部的所有经济业务，不管金额大小，都要全面完整地予以记录和反映，不能有任何遗漏。

（2）会计监督职能。会计监督就是通过会计核算监察、督促经济活动按照有关的法规、计划和目标进行。会计监督的内容主要包括：监督会计资料的真实可靠，监督经济业务的合法性，监督单位财产的安全和完整，监督财经法规和财经纪律的执行。

会计监督与其他形式的经济监督相比，有以下特点：

1）会计监督伴随会计核算同时进行，具有完整性和连续性。
2）会计监督主要利用各种价值指标，以财务活动为主，具有综合性。
3）以国家的财经法规和财经纪律为准绳，具有强制性和严肃性。
4）会计监督是三位一体的全方位监督。根据《会计法》的规定，我国实行的是三位一体的全方位会计监督，即单位内部监督、社会监督和国家监督。

会计核算职能是会计监督职能的基础，会计监督职能是会计核算职能的延伸。没有会计核算，就不可能有会计监督。会计核算职能是最基本的、首要的职能。但是，监督或控制经济活动比核算更接近人的最终目的，因此更有意义。

2. 会计作用

作用是指客观事物本身所具有的功能作用于人的大脑而对周围环境所产生的影响效果。由于不同人的大脑反应不同，对周围环境所产生的影响结果也不一样。会计作用是指会计的各项功能或职能在特定的历史时期、特定的社会政治、经济制度下实现和利用之后所产生的效果。

会计作用的发挥取决于以下因素：一是会计所处的外部环境因素，即会计工作所处的社会历史时期、社会制度及政治经济环境等；二是会计职能被人们所认识和利用的程度。

会计的作用究竟有哪些？在不同的历史时期、不同的社会环境下，不同的信息使用者出于不同的需要会有不同的认识。总体来讲，会计的作用可以分为正面（或积极的）作用和负面（或消极的）作用。

3. 会计职能与会计作用的关系

会计职能是指会计工作在经济管理中所固有的功能，回答的是会计用来做什么的问题。会计作用是发挥会计职能所显现的客观效果，回答的是会计带来了哪些效果的问题。会计职能是内在的或固有的功能，是客观状态的功效，主要是从理性方面进行的探索，不以人的意志为转移；而会计作用是功能发挥的效应，是主观的，是在特定历史时期或特定背景下，会计所产生的实际功效。

理论上，有些学者将会计作用视为会计职能的拓展，提出了会计多职能论，如"三职能论""四职能论""五职能论"，甚至"十职能论"。其中，比较有代表性的是会计"六职能论"，即会计除具有传统的核算与监督职能外，还有预测、决策、控制和分析职能。

1.1.3 会计的定义

如何理解会计？不同的学者在不同的时期以及不同的角度，对这一问题有不同的认识和理解，从而对会计的定义有不同的总结。

1. 从字形上认识、理解会计

从字形上看，会计的含义十分明显，即与计算密不可分。我国古代的"会""计"是分开使用的。"會"（简体"会"）字是"合"字与"曾"（通"增"）字的组合，即表示"总和"或"合计"之意。尽管"会"字的读音有"kuài""huì"之分，但两种读音下的"会"字都有聚集、汇合、汇总之意。"计"从"言"，从"十"。而"十"是"一"与"丨"的组合，从字形上理解，"一"表示东西方向，"丨"表示南北方向，东西南北相交于一点，也有汇集、合计之意，且"十"形似数学符号中的"+"，也可以结合数学理解为相加、合计。"言"在这里可以表示"直言"，说真话，就如成语"仗义执言"。《孟子正义》说"零星算之为计，总合算之为会"，这也说明"会"和"计"是两个意义相近的词。所以从字面意义上讲，会计离不开计算、计量。东西方文字的创造一定程度上具有相通的理念，"会计"一词中也蕴含着相同的含义，如"accounting（会计）""accountant（会计师）"都含有"account（计算、计量）"之意。

2. 从本质上认识、理解会计

仅从字形上认识会计，所下的定义是不全面的。因此，中外会计学界在不同的历史时期和不同的社会经济条件下，对会计的本质进行了长期的探索，从而形成了多视角的会计定义表述。

艺术论

（1）会计是一种技术、手段、方法或工具。此论认为，会计是一种物质生产和流通过程中的文字和数量记录，是文字与数量相结合的应用技术，也是为管理提供信息的应用技术，或者说会计是一种处理数据的技术方法。会计的本质是管理经济活动的一种工具、方法，或者说是提供财务经济信息的规则、技术或艺术。

（2）会计是一个信息系统。此论认为，会计在本质上是一个信息系统，它一端与信息源联系着，另一端与信息宿联系着，并包含着信息获取、信息传输、信息储存、信号处理、特征提取、分类判断、反馈控制、测量显示等环节；会计用综合信息理论解决经营的经济效率问题，构成了为决策提供定量化信息的企业综合信息系统的主要部分。

（3）会计是一种管理活动。此论认为，无论从理论上看还是从实践上看，会计不仅仅是管理经济的工具，它本身就具有管理的职能，是人们从事管理的一种活动。此论强调，无论从历史来看还是从现实来看，会计工作都是一种管理活动，它的核算和监督内容以及达到的目的受不同的社会制度所制约。

1.1.4 会计的特点

人们对会计在不同的历史时期从不同侧面进行考察，从而形成了不同的认识和表述，但通过比较并结合会计工作的实践，不难发现这些表述有一些共同的特点，这些特点在某种程度上反映出会计的本质特征。

（1）均强调会计的计量特点。原始的会计计量只是简单地用实物数量和劳动量度对经营活动和财务收支进行计算和记录，随着社会生产的日益发展，会计从简单的计量记录逐步发展成为以货币为计量单位来综合反映和监督经济活动的过程。

（2）强调计量的对象是经济活动。会计计量和反映的是已发生或已完成的各项经济活动。

（3）主要目标是提高经济效益、提供经济信息、服务于经济决策。除了这些主要目标，会计在计量和提供信息的过程中还具有监督的职能，而且随着社会经济的发展，这种职能的范围和内容在不断深化，如由对经济活动进行事后监督发展深化为事前监督和事中监督等。

（4）采用了一定的方法或程序，如鉴定、记录、计量等。

1.2 会计对象

1.2.1 会计对象的一般说明

会计对象是指会计所核算和监督的内容，即会计的客体。在社会主义市场经济条件下，会计对象是社会再生产过程中主要以货币形式表现的经济活动，即企业和行政事业单位的资金运动。

根据马克思关于会计是"对过程的控制和观念的总结"的论述，"过程"是会计核算和监督的对象，这是对会计对象最一般、最概括的表述。这里所说的"过程"可以理解为社会再生产过程，它是由各个企业、行政事业单位共同进行的。这些单位的工作性质和任务虽然有所不同，但是它们的活动却不同程度地与社会产品的生产、交换、分配和消费有关，都是社会再生产过程的组成部分。

社会资金运动的每一个环节内部又有其自身的再生产运动——小的资金运动循环，每一个小的资金运动循环也都包括生产、分配、交换、消费的过程，只是每一过程的重心有所不同。每一个小的资金运动循环都有其各自的特点，构成了各具特色的会计对象，例如，生产过程中的资金运动构成了制造业企业的会计对象，交换过程中的资金运动构成了商品流通企业的会计对象，分配过程中的资金运动构成了政府和非营利组织的会计对象等。

1.2.2 企业会计对象的表述

企业是以营利为目的经济组织，其一切经济活动都以营利为目标。这一目标表现为资金运动形态，也就是投入的资金要小于收回的资金，这是所有企业资金运动的根本特点。资金投入企业后，其循环周转的特点又有所不同，根据不同特点，可以将企业划分为制造业企业和商品流通企业以及服务业企业。以下以制造业企业和商品流通企业的资金运动为例，简述会计对象在企业中的具体表现。

1. 制造业企业的资金运动过程及会计对象

制造业企业的资金运动按其运动的程序可分为资金投入、资金周转、资金退出三个基本环节。相应的，制造业生产经营过程可以划分为供应过程（"供"）、生产过程（"产"）和销售过程（"销"）。随着企业"供""产""销"过程的不断进行，其资金也在不断地进行着循环和周转，由货币资金转化为固定资金、储备资金，再转化为生产资金、成品资金，最后又转化为货币资金，如图1-1所示。

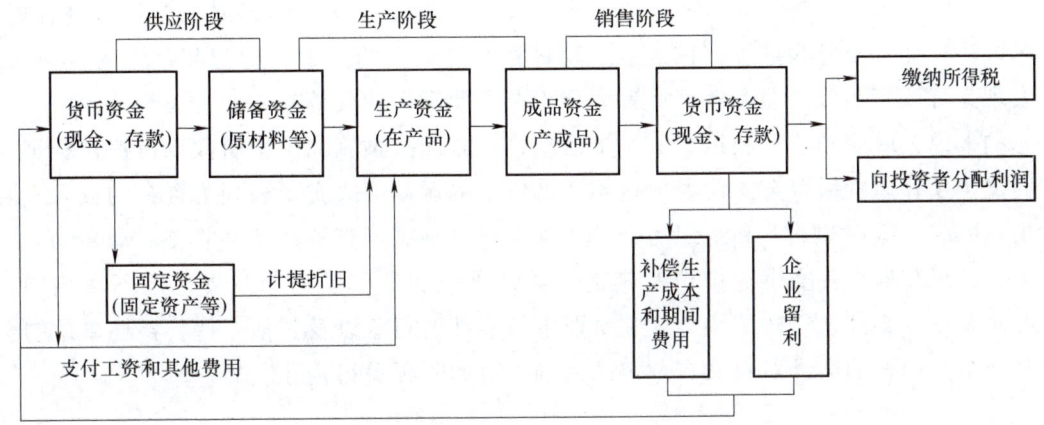

图1-1 制造业企业的资金运动过程

在上述过程中，可用 $G—W\cdots P\cdots W'—G'(G+\Delta G)$ 简略地表示其资金运动过程。由于资金的取得、运用和退出等经济活动所引起的各项财产和资源的增减变化情况，在经营过程中各项生产费用的支出和产品成本形成的情况，以及企业销售收入的取得和企业纯收入的实现、分配情况，就构成了制造业企业会计的具体对象，会计要依次反映这些阶段的经济活动。

2. 商品流通企业的资金运动过程及会计对象

商品流通企业的经营活动主要分为两个过程：购进过程和销售过程。在购进过程主要是将货币资金转化为商品资金，可用 $G—W$ 表示；在销售过程，则主要是将商品资金转化为货币资金，可用 $W—G'$ 表示。在商品流通经营过程中，还要消耗一定的人力、物力和财力，也会获得相应的收益，这些资金可用 ΔG 表示，因此 $G'=G+\Delta G$，整个商品流通企业的资金就是沿着 $G—W—G'$ 的轨迹运动的，其运动过程如图1-2所示。

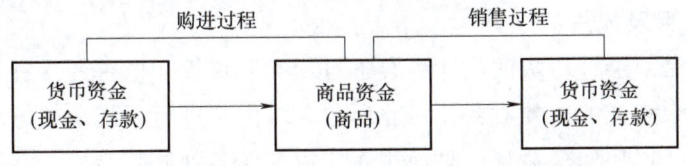

图1-2 商品流通企业的资金运动过程

上述资金运动构成了商品流通业会计核算的对象。

1.2.3 政府和非营利组织会计对象的表述

政府和非营利组织的共同特点是不以营利为目的，而以完成国家赋予的任务和社会服务为宗旨。因此，其资金运动的轨迹相对简明，即投入资金（即资金进入循环过程）——消耗

（即资金耗费）—任务完成（资金消失或核销）。根据资金的来源不同，政府和非营利组织分为政府（即行政）单位、事业单位（简称行政事业单位）及其他公益性单位。前者的资金来源主要是国家财政拨款，而后者的资金来源则更多样化，既有国家财政拨款，也有捐赠，有些单位还有部分服务收益等。在资金运动过程中所耗费的人力、物力和财力的货币表现，前者表现为行政事业费和业务费，后者表现为业务费和事业费等。

总的来说，政府和非营利组织的经济活动，一方面按预算向国家财政取得拨入资金，另一方面又按预算以货币资金支付各项费用，其资金的运动形式主要表现为资金的拨入—资金的付出。因此，政府和非营利组织的会计对象主要是国家预算资金及其收支活动。

由于各级政府、各类事业单位及其他公益性单位的业务活动和收支范围不尽相同，所以，财政总预算会计、行政单位会计和事业单位会计的对象以及其他一些公益性单位的会计对象甚至基金单位的会计对象又有一定的差别，对此不再另行论述。

1.3 会计方法

1.3.1 会计方法概述

会计方法是用来核算和监督会计对象、完成会计任务、实现会计目标的手段。会计方法的产生、发展和完善与社会生产力的发展密切相关，它是人们长期进行会计实践活动的结晶，研究和运用会计方法，是为了更好地实现会计目标。会计方法包括会计核算方法、会计分析方法、会计检查方法、会计预测方法和会计决策方法等。本书主要介绍会计核算方法。

1.3.2 会计核算方法

会计核算方法是对经济业务进行完整、连续、系统地记录和计算，为经营管理提供必要的信息所应用的一系列专门方法，包括设置会计科目及账户、复式记账、填制和审核凭证、登记账簿、成本计算、财产清查以及编制财务会计报告等几个方面。

1. 设置会计科目及账户

设置会计科目是对会计对象的具体内容进行归类、核算和监督的一种专门方法。会计对象的具体内容是复杂多样的，要对会计对象所包含的内容进行系统的核算和监督，就必须对其进行科学的分类，以便取得会计信息使用者所需要的各种核算指标，并随时加以分析、检查和监督。

按照会计科目设置会计账户则能全面、系统、分类地核算和监督各项经济业务的发生情况，以及由此而引起的各项资产、负债、所有者权益，以及各项损益的增减变动。

2. 复式记账

复式记账是对发生的每项经济业务在两个或两个以上的相关账户中进行登记的一种记账方法。采用这种记账方法可以使每项经济业务所涉及的两个或两个以上的账户发生对应关系，同时，在对应账户上记录的金额相等，即保持平衡。通过账户的对应关系，可以了解有关经济业务的内容；通过账户的平衡关系，可以检查有关经济业务的记录是否正确。

3. 填制和审核凭证

填制和审核凭证，是核算和控制每项经济业务的专门方法。会计凭证是记录经济业务、明确经济责任的书面证明，是登记账簿的依据。只有经过审核并认为正确无误的会计凭证，才能作为记账的依据。填制和审核凭证，不仅是为保证会计记录的完整、可靠、合理、合法，为经济管理提供真实可靠的数据资料，也是实行会计监督的一个重要方面。

4. 登记账簿

登记账簿就是在账簿上连续、完整、科学地规划记录和反映会计对象的一种专门方法。账簿是用来记录各项经济业务的簿籍，是保存会计数据资料的重要工具。登记账簿必须以凭证为依据，并定期进行结账、对账，以便为编制财务会计报告提供完整而且系统的会计数据。

5. 成本计算

成本计算是指在经营过程中，按一定的成本对象，对生产、经营过程中所发生的成本、费用进行归集，以确定各对象的总成本和单位成本的一种专门方法。在制造业企业中，成本计算是一种非常重要的会计核算方法，通过成本计算，可以确定材料的采购成本、产品的生产成本和销售成本，还可以反映和监督生产经营过程中发生的各项费用是否节约或超支，并据以确定企业经营盈亏。

6. 财产清查

财产清查是指通过盘点实物、核对账目，以及对各项往来款项进行查询、核对，以保证账账、账证、账表、账实相符的一种专门方法。通过财产清查，可以查明各项财产、物资、债权债务和所有者权益情况，加强物资管理，监督财产的完整，并为编制财务会计报表提供正确的资料。在清查中如发现财产物资和货币资金的实有数与账面结存数不一致，应及时查明原因，通过一定审批手续进行处理，并调整账簿记录，使账面数额与实存数额保持一致，以保证会计核算资料的正确性和真实性。

7. 编制财务会计报告

编制财务会计报告是以账簿记录为依据，采用一定的格式，总括、综合地反映企业和行政事业单位特定时点（月末、季末、年末）和一定时期（月、季、年）的财务状况、经营成果以及现金流量等书面文件的一种方法。财务会计报告所提供的资料，不仅是分析考核财务成本计划和预算执行情况，以及编制下期财务成本计划和预算的重要依据，也是进行经济决策和国民经济综合平衡工作的必要的参考资料。

上述各种会计核算方法相互联系、密切配合，互为补充，有机地构成了一个完整的方法体系。

1.4 会计目标

1.4.1 会计目标的含义

会计目标是会计行为主体在一定的社会环境中，通过会计实践活动，希望达到的目的、境界或结果。会计目标是会计最基本的概念之一,是会计研究的逻辑起点,也是会计实践活动的出发点和归属。

会计目标是为会计信息使用者提供他们期望的、有用的会计信息。从不同的角度,可以将会计目标分为不同的种类。从时间上看,会计目标可分为短期目标、中期目标和长期目标;从程度上看,会计目标可以分为最低目标、中间目标和最高目标;从总分关系上看,会计目标可以分为总目标和分目标;从抽象度上看,会计目标可以分为基本目标和具体目标。

1.4.2 会计目标的两种观点

对于会计目标的研究,主要形成了两大观点:决策有用观和受托责任观。

1. 决策有用观

决策有用观认为,会计的根本目标是向信息的使用者提供有利于其决策的会计信息,主要强调会计信息的相关性和有用性。在会计事项确认上,决策有用观认为会计人员不仅要确认实际已经发生的经济事项,还要同时确认已经对企业产生影响的而尚未发生的经济事项;在会计计量方式上,主张以历史成本为主,并鼓励在物价变动情况下使用多种计量属性;在会计报表披露上,主张动态反映企业财务状况和经营成果变化,满足会计信息使用者需求的多样性。

2. 受托责任观

受托责任观认为,会计的目标是向资源的提供者报告资源受托管理的情况,主要强调会计信息的可靠性。在委托方与受托方信息不对称的情况下,会计要以恰当的方法,有效反映资源的委托情况和受托责任的履行情况,保障委托者获得相对应的权益;会计要保持中立性,以客观的立场反映受托责任信息,其行为不受委托者和受托者的影响;在计量属性和计量模式选择上,受托责任观主张采用可靠性的历史成本。

受托责任的含义大致包括三个方面,一是资源的受托方接受委托方所交付的资源,受托方承担有效地管理以及应用受托资源,使其保值增值的责任;二是资源的受托方承担如实地向资源的委托方报告受托责任运行过程与结果的义务;三是资源的受托方负有重要的社会责任,譬如,保持企业所处社区的良好环境、培养人力资源等。

3. 会计目标的两种观点的比较

会计目标的两种观点是历史环境影响的产物,适应了当时历史发展的需要。并且,由于历史环境的延续性和继承性,两者在某个历史时期的发展呈现出交替和重叠,分不出孰优孰劣。两种观点都以所有权和经营权两权分离为其外部表现,在特定的客观环境下都有其一定的合理性。

两种观点的不同之处,主要表现在两个方面:一是经济环境不同。受托责任观产生的原因在于所有权与经营权的分离必须有明确的委托受托关系存在。委托方和受托方中任何一方的模糊或缺位,都将影响受托责任的履行。委托方和受托方必须处在直接接触的位置上,双方都关注受托资源的保值和增值情况,此时的资本市场尚未发展成熟。决策有用观适用的经济环境虽然也是所有权与经营权分离,但是资源的分配是通过资本市场进行的,也就是说,委托方与受托方的关系不是直接建立起来的,而是通过资本市场这一媒介而建立起来的,这导致了二者关系的模糊。二是信息服务对象不同。受托责任观的服务对象主要是企业的所有者,会计信息主要满足所有者对管理者的监督和考评。决策有用观的会计信息服务于多元化的相关利益者,包括现有的或潜在的债权人、出资者以及政府等。

两种观点相同之处在于:一是两者的理论基础在本质上是一致的,都是提供信息。不论是受托责任观还是决策有用观,其本质目标都是为使用者提供会计信息,只不过提供信息的侧重点不同。受托责任信息的提供是为了委托人评价受托责任的履行情况的需要,而决策有用信息的提供是为了满足投资人和债权人进行投资决策的需要。二是两者之间并非完全对立,某种程度上两种观点彼此能够映射出对方的影子。委托人通过财务报告评价受托责任履行情况,从而决定是否继续或终止委托受托关系,可以视为特定化的决策,这便是受托责任观和决策有用观的转换结合。

总之,两种观点并非不可调和,其差异的产生,主要是由于社会经济环境发生变化,信息使用者的范围以及信息需求发生变化。

1.4.3 会计目标与相关概念的关系

会计目标、会计任务、会计职能等会计概念很容易混淆。事实上,这些概念是有区别的,不能等同使用。

1. 会计目标与会计任务

目标是奋斗的方向、标准或境界,它可能实现,也可能无法实现。在一定程度上讲,它是精神或理念上的。任务则是为了实现目标应当做的具体工作,或应当努力去完成的事项。换句话说,会计任务是实现会计目标的行动或路径。

2. 会计目标与会计职能

会计目标和会计职能的最根本区别在于,会计目标是主观要求,会计职能是客观存在。前者是指会计所期望达到的目的或结果,表明"会计应当做什么";后者是指会计本身所具备的功能和作用,表明会计"能够做什么"。显然,会计目标要受到信息使用者和提供者的主观期望影响,并取决于一定时期的社会经济环境,具有主观性和不稳定性的特点。而会计职能则是不以人们的意志为转移的客观存在,并不因外部条件的变化而变化,具有客观性和相对稳定性的特点。

1.5 会计假定

会计假定,也称会计假设,是指会计人员面对变化不定的社会经济环境,对未经确切认识或无法论证的经济事物和会计现象,根据客观的正常情况或趋势做出的合乎逻辑的判断。会计假定是会计工作的前提条件,是建立和运用会计原则、程序和方法的基础。会计基本假定包括会计主体、持续经营、会计期间、货币计量。

1.5.1 会计主体假定

会计主体，也称会计实体或会计个体，是会计核算工作为之服务的一个特定单位或范围。

会计主体假定的意义，在于使每个企业单位的会计人员明确进行会计工作应采取的立场。组织会计工作首先应明确"为谁核算"，这是因为会计所反映的各项业务，都是同特定的经济实体，即会计主体相联系的。一切核算工作都是站在特定的会计主体立场上进行的，若会计主体不明确，资产和负债就难以确定，收入和支出便无法衡量，会计核算方法的应用也就无从谈起。

会计主体与经济法人不是一个对等的概念，作为法人，其经济上必然是独立的，法人必然是会计主体。但是，构成会计主体的，可以是法人，也可以不是法人。现代公司制企业，在会计上既是一个会计主体，在法律上又具有法人资格；个人独资企业和合伙企业，是独立的会计主体，但在法律上不具有独立法人资格。独资与合伙企业会计主体的资产与负债应与业主个人的资产与负债相分离，但在法律上却是有联系的。此外，会计主体并不限于一个企业单位，一个企业可以有多个会计主体，一个会计主体也可以包括多个独立企业。例如，一家公司有两个部门经营两种完全不同行业的业务，为了反映两个部门的经营业绩，两个部门分别进行"独立"核算，编制部门会计报告。这样，该公司两个所属部门分别成为会计主体。又如母子公司在法律形式上为各自独立的个体，在会计上各自也是会计主体。将母子公司联系起来看，在经济实质上则为同一群人所控制的合并会计报表所体现的会计主体，不仅涵盖了两个会计主体，同时也涵盖了两个法律主体。

1.5.2 持续经营假定

持续经营假定，也称持续经营假设或惯例，是指在企业经营期限无法正确预测的前提下，假定企业经营活动具有连续不断的性质，不会在可以预见的未来清算解散。持续经营假定是会计主体假定的延伸，是在会计主体明确的前提下进行假定的。

持续经营假定的意义，在于这一假定是建立折旧、跨期摊派核算等理论的基础。在持续经营假定下，企业的固定资产被认为能在其经济寿命期内加以有效利用，其价值随着固定资产使用年限的增加而逐渐磨损，并通过一定方式加以补偿。企业能够通过一定方式和方法筹措资金，也是基于企业能持续经营这一假定基础上的，只有持续经营，企业才能筹措到资金，并能在未来期限内偿还负债。

总之，只有在持续经营假定下，企业在会计信息收集和整理上所使用的会计程序和方法才能保持稳定，才能做到正确的记录和报告，为决策者提供可靠的信息。当然，持续经营假定并不意味着企业将永远存在下去，特别是在市场经济环境中，企业破产、清算和结束是一种正常现象。所以，持续经营假定有一定的局限性。

1.5.3 会计期间假定

会计期间假定，也称会计分期假定，是指在会计工作中为准确地反映和监督企业的经营活动、及时计算企业的损益而人为地将企业连续不断的经营活动分割为若干较短的时期，这里的较短的时期在具体实施中，通常为会计年度。

会计年度有历年制和非历年制。历年制会计年度起讫日期采用公历日期，即从1月1日起至12月31日止为一个会计年度。为了及时反映财务状况，提供会计信息，又将会计年度细分为季度和月份。非历年制会计年度起讫日期采用非公历日期，一般以营业年度，即以业务的一个经营周期作为一个会计年度。季节性的企业采用营业年度，可以更好地反映完整的营业周期的情况。

会计期间假定的意义，在于会计期间的划分，是及时、正确地计算企业的收入、费用和损益，提供财务报告，为经营管理者提供会计信息的前提。有了会计分期假定，才产生了收付实现制和权责发生制，使不同的会计主体有了记账的基准。会计对于收益性支出与资本性支出的划分、"前期"与"本期"的概念、待摊与预提、固定资产和无形资产的折旧与摊销、递延费用与递延收益等概念，都是会计分期假定的产物。如果没有会计分期假定，不分段、分期地计算企业的损益，会计领域的上述种种概念也就没有存在的必要。

1.5.4　货币计量假定

货币计量假定，也称货币评价惯例或币值不变假定，是指会计主体所发生的一切会计事项都可以用货币作为计量单位来计量，并且币值不变。该假定包含两层含义：一是以货币作为会计的统一计量单位，凡不能以货币衡量的事项，就无法加以记录并在报表上加以表达；二是在会计数据处理时，假定币值不变或者变动不大，从而可以将其影响忽略不计。

货币计量假定的意义，在于方便会计信息系统的建立。企业拥有的各种经济资源的具体使用价值不同，实物量度各异，一个企业试图用实物量度或时间量度综合表达其经济资源是不现实的，只有货币计量尺度才是综合反映企业经济资源的有效工具。采用货币量度，不同企业的会计信息以及同一企业不同时期的会计信息就能相互比较、分析和评价。

货币计量假定使得会计具有以下两个方面的局限性：一是会计记录和会计报表只反映了货币计量信息，而不能反映出非货币计量信息。譬如，企业职工的精神面貌属于非货币计量信息，但它对企业的利润目标的实现将起到重要作用，会直接影响货币计量信息的可靠性程度。二是货币计量假定是假定币值不变的，这使得在通货膨胀时期，按货币计量假定提供的会计信息具有相当的局限性。

1.6　会计信息质量要求

会计信息质量要求是对企业财务报告所提供会计信息质量的基本规范，是使企业财务报告所提供会计信息对信息使用者决策有用应具备的基本特征。

根据《企业会计准则——基本准则》的规定，会计信息质量要求主要包括：可靠性、相关性、可理解性、可比性、实质重于形式、重要性、谨慎性和及时性等内容。

1.6.1 可靠性

可靠性要求企业应当以实际发生的交易或者事项为依据进行确认、计量和报告，如实反映符合确认和计量要求的各项会计要素及其他相关信息，保证会计信息真实可靠、内容完整。贯彻会计信息质量要求的可靠性，企业应当做到：一是以实际发生的交易或者事项为依据进行确认、计量，将符合会计要素定义及其确认条件的资产、负债、所有者权益、收入、费用和利润等如实反映在财务报表中，不得用虚构的、没有发生的或者尚未发生的交易或者事项进行确认、计量和报告。二是在符合重要性和成本效益原则的前提下，保证会计信息的完整性。不能随意遗漏或者减少应予披露的信息，与会计信息使用者决策相关的有用信息都应当充分披露。

1.6.2 相关性

相关性要求企业提供的会计信息应当与投资者等财务报告使用者的经济决策需要相关，有助于投资者等财务报告使用者对企业过去、现在或者未来的情况做出评价或者预测。

会计信息是否有用，是否具有价值，关键是看其与会计信息使用者的决策需要是否相关，是否有助于决策或者提高决策水平。相关的会计信息应当能够有助于会计信息使用者评价企业过去的决策，证实或者修正过去的有关预测，因而具有反馈价值。相关的会计信息还应当具有预测价值，有助于使用者根据财务会计报告所提供的会计信息预测企业未来的财务状况、经营成果和现金流量。贯彻会计信息质量的相关性，要求企业在确认、计量和报告会计信息的过程中充分考虑会计信息使用者的决策模式和信息需要。但是，相关性是以可靠性为基础的，两者之间并不矛盾，不应将两者对立起来。也就是说，会计信息应在可靠性前提下，尽可能地做到相关性，以满足投资者等会计信息使用者的决策需要。

1.6.3 可理解性

可理解性要求企业提供的会计信息应当清晰明了，方便会计信息使用者的理解和使用。

企业编制财务报告、提供会计信息的目的在于方便各类需求者的使用。有效使用好会计信息，首要条件是必须了解会计信息的内涵，弄懂会计信息的内容。这就要求财务报告所提供的会计信息应当清晰明了，易于理解。只有这样，才能提高会计信息的有用性，实现财务报告的目标，满足向投资者等会计信息使用者提供决策有用信息的要求。

会计信息毕竟是一种专业性较强的信息产品，在强调会计信息的可理解性要求的同时，还应假定会计信息使用者具有一定的有关企业经营和会计方面的知识，并且愿意付出努力去研究这些信息。对于某些复杂的信息，如交易本身较为复杂或者会计处理较为复杂，但其与会计信息使用者的经济决策相关的，企业也应当在财务报告中予以充分披露。

1.6.4 可比性

可比性要求企业提供的会计信息应当相互可比。主要包括两层含义,同一企业不同会计期间可比和不同企业相同会计期间可比。

(1) 同一企业不同会计期间可比。为了便于投资者等财务报告使用者了解企业财务状况、经营成果和现金流量的变化趋势,比较企业不同时期的财务报告信息,分期、客观地评价过去、预测未来,从而做出决策,会计信息质量的可比性要求同一企业不同会计期间发生的相同或者相似的交易或者事项,应当采用一致的会计政策,不得随意变更。但是,满足会计信息可比性要求,并非表明企业不得变更会计政策,如果按照规定或者在会计政策变更后可以提供更可靠、更相关的会计信息,就可以变更会计政策。有关会计政策变更的情况,应当在附注中予以说明。

(2) 不同企业相同会计期间可比。为了便于投资者等财务报告使用者评价不同企业的财务状况、经营成果和现金流量及其变动情况,会计信息质量的可比性要求不同企业同一会计期间发生的相同或者相似的交易或者事项,应当采用规定的会计政策,确保会计信息口径一致、相互可比,以使不同企业按照一致的确认、计量和报告要求提供有关会计信息。

1.6.5 实质重于形式

实质重于形式要求企业应当按照交易或者事项的经济实质进行会计确认、计量和报告,不仅仅以交易或者事项的法律形式为依据。

企业发生的交易或事项在多数情况下经济实质和法律形式是一致的,但在有些情况下也会出现不一致。例如,企业按照销售合同销售商品但又签订了售后回购协议,虽然从法律形式上看实现了收入,但如果企业没有将商品所有权上的主要风险和报酬转移给购货方,没有满足收入确认的各项条件,即使签订了商品销售合同或者已将商品交付给购货方,也不应当确认销售收入。

1.6.6 重要性

重要性要求企业提供的会计信息应当反映与企业财务状况、经营成果和现金流量有关的所有重要交易或者事项。

如果财务报告中提供的会计信息的省略或者错报会影响投资者等会计信息使用者据此做出决策的,该信息就具有重要性。重要性的应用需要依赖职业判断,企业应当根据其所处环境和实际情况,从项目的性质和金额等方面对会计信息的重要性加以判断。

1.6.7 谨慎性

谨慎性要求企业对交易或者事项进行会计确认、计量和报告时保持应有的谨慎,不应高估资产或者收益、低估负债或者费用。

在市场经济环境下,企业的生产经营活动面临着许多风险和不确定性,如应收款项的可收回性、固定资产的使用寿命、无形资产的使用寿命、售出存货可能发生的退货或者返修等。会计信息质量的谨慎性，要求企业在面临不确定性因素的情况下做出职业判断时，保持应有的谨慎，充分估计到各种风险和损失，既不高估资产或者收益，也不低估负债或者费用。例如，企业对售出商品所提供的产品质量保证确认一项预计负债，体现了会计信息质量的谨慎性要求。

谨慎性的应用也不允许企业设置秘密准备，如果企业故意低估资产或者收入，或者故意高估负债或者费用，将不符合会计信息的可靠性和相关性要求，损害会计信息质量，扭曲企业实际的财务状况和经营成果，从而对会计信息使用者的决策产生误导，这是《企业会计准则》所不允许的。

1.6.8 及时性

及时性要求企业对于已经发生的交易或者事项，应当及时进行确认、计量和报告，不得提前或者延后。

会计信息的价值在于帮助所有者或者其他利益相关方做出经济决策，具有时效性。即使是可靠的、相关的会计信息，如果不及时提供，就失去了时效性，对于会计信息使用者的效用就大大降低，甚至不再具有实际意义。在会计确认、计量和报告过程中贯彻及时性质量要求，一是要求及时收集会计信息，即在经济交易或者事项发生后，及时收集整理各种原始单据或者凭证；二是要求及时处理会计信息，即按照《企业会计准则》的规定，及时对经济交易或者事项进行确认或者计量，并编制财务报告；三是要求及时传递会计信息，即按照国家规定的有关时限，及时地将编制的财务报告传递给财务报告使用者，便于其及时使用和决策。

为了及时提供会计信息，在会计实务中，可能需要在有关交易或者事项的信息全部获得之前即进行会计处理，这样就满足了会计信息的及时性要求，但可能会影响会计信息的可靠性；反之，如果企业等到与交易或者事项有关的全部信息获得之后再进行会计处理，这样的信息披露可能会由于时效性问题，对于投资者等财务报告使用者决策的有用性大大降低。这就需要在及时性和可靠性之间进行相应权衡，以更好地满足投资者等财务报告使用者的经济决策需要为判断标准。

1.7 会计学科体系

1.7.1 会计学的概念

会计学是研究会计实践活动，提供与会计实践活动有关的方法与理论的学问。

会计作为一项经济管理活动，已有几千年的历史；但会计作为一门学问，仅有几百年的历史。1494年的《数学大全》对借贷记账法进行了充分而广泛的论述，被认为是会计学（或簿记学）的滥觞。然而，比较成熟的会计学理论体系的形成，则是近100多年的事情。

20世纪30年代，资本主义企业为了增强竞争能力，保证盈利目标的实现，更需要通过会计加强企业管理，因此，经济管理的强烈需要推动了会计理论研究的发展。

会计学形成初期，是以复式记账原理为核心内容的簿记学，在会计理论上先后有"借主贷主说"和"拟人说"。19世纪后半期到20世纪初，由于资本主义生产规模越来越大，才有研究会计学的专著陆续出现。它们围绕填制凭证、登记账簿、编制报表等实务，形成了会计循环等理论，其中资产负债表理论具有典型意义。

第二次世界大战后，一方面，系统论、信息论和控制论作为一组新兴的科学技术理论迅速崛起，为各门学科的发展提供了新思想和新方法，填充了社会科学与自然科学之间的沟壑，也给会计学带来了活力，在会计的某些领域已经或正在突破传统理论与方法的束缚，萌芽和孕育着新的会计理论与方法；另一方面，伴随资本主义社会的发展，企业规模的不断扩大，以及股份公司组织完善，发生了企业经营权和所有权分离，从而对会计管理也提出了新的要求，在成本会计理论的基础上，逐步形成了以满足企业内部管理需求为主的管理会计体系，产生了与财务会计理论并行的会计学新分支。

1.7.2 会计学的属性

科学是人们关于自然和社会客观规律认识的知识体系。人们认识人类社会客观规律性的学问，统称为社会科学，它是一个庞大的学科体系。会计学从较大范围看，是研究社会经济现象规律的一门学问，是广义经济学科的组成部分。当代经济学大体又可分为三类：政治经济学、经济管理学和计量经济学，会计学则是经济管理学的一个分支学科，它是主要研究如何建立和运用各种会计方法和技术，对生产过程的经济活动进行反映和控制以及其中的规律性的一门科学，属于应用经济管理学。此外，从会计学形成和发展的历史可以看出：会计学不仅是一门经济科学，而且是一门具有数学特征的管理科学。

1.7.3 会计学科体系

随着经济和社会的发展，会计学的内容是不断丰富和发展的，其研究范围和程度也在不断扩展深化，会计学分化出许多分支，每一分支都形成了各自相对独立的学科，这些学科相互促进、相互补充，构成了一个完整的会计学科体系。

1. 按学科的职能划分

按学科的职能划分，会计学科分为：基础性学科（包括会计工作基础学科，如会计原理、计算机会计学；会计行为基础学科，如会计哲学、会计伦理学等）；职能性学科（包括企业会计职能学科，如财务管理学、经济责任会计学；社会会计职能学科，如咨询会计学、会计教育学等）；部门性学科（包括第一产业部门学科，如农业会计、农户会计；第二产业部门学科，如工业会计、基建会计；第三产业部门学科，如商业会计、交通运输会计、银行会计等）；综合性学科（如成本会计学、外商投资企业会计）；专门性学科（如税务会计、会计法学、物价变动会计、环境会计等）。

同时，会计学科按学科职能不同还可以有以下分类方式：会计基础学科、会计单位学科、会计专门学科、会计综合学科；或分为会计基础学科、企业会计学科、事业会计学科、个体经济会计学科、人本会计学科、专门性会计学科、综合性会计学科等。

2. 按学科内容的性质划分

按学科内容的性质划分，可以将会计学科分为：基础性学科、实用性学科、检验性学科、研究性学科。

3. 按学科内容的范围划分

按学科内容的范围划分，可以将会计学科分为：总论、分论、专论。

4. 按理论与应用的标准划分

按理论与应用的标准划分，会计学科可以划分为理论会计学和应用会计学。其中，理论会计学又分为会计史学和会计理论；应用会计学又分为财务会计学（包括企业会计、政府与非营利组织会计、国际会计）、管理会计（包括传统的管理会计，如成本会计、责任会计等；现代的管理会计，如作业成本会计、现金流量会计、质量成本管理会计、增值会计、战略管理会计等）和审计（包括国家审计、单位内部审计、注册会计师审计等）。

5. 按会计研究的内容划分

按会计研究的内容划分，会计学科可以分为基础会计学、财务会计学、高级财务会计学、管理会计学、成本会计学、会计史学、会计制度学等。

6. 按会计的主体划分

按会计的主体划分，会计学科可以分为宏观会计学和微观会计学。宏观会计学又可分为总预算会计学、社会会计学、国际会计学等；微观会计学又分为企业会计学、非营利组织会计学等。

7. 按会计应用的部门划分

按会计应用的部门划分，会计学科可以分为：工业会计、农业会计、商业会计、施工企业会计、交通运输会计、银行会计、旅游和饮食服务业会计、预算会计等。

通过对会计学科的属性及其分支学科的分类，有利于准确地了解各会计分支学科的内容，掌握各会计分支学科在会计学科体系中的位置，以便于我们更好地、更全面地了解会计学。

【思考题】

1. 会计的发展历程是怎样的？会计在不同发展时期各有哪些显著特点？
2. 什么是会计目标？如何理解现代企业的会计目标？
3. 什么是会计主体？明确会计主体有何意义？
4. 怎样理解会计信息质量的可靠性与相关性的要求？
5. 谈谈你对会计学科的理解。

第 2 章 会计要素、会计科目和会计账户

【学习目标】

1. 掌握资产、负债、所有者权益、收入、费用和利润的概念与分类。
2. 理解任何经济业务的发生都不会破坏会计等式的恒等性。
3. 理解会计科目与账户之间的关系，了解设置账户的意义及账户的对应关系。

为了提供各种分门别类的会计信息，客观上应对会计对象的具体内容进行适当的分类，归纳出若干类具有独特性质的会计要素。会计科目是对会计要素的进一步分类，同时又是会计账户的名称。

2.1 会计要素

2.1.1 会计要素的含义

会计要素，也称会计报表要素，是对会计对象的基本分类，是会计核算对象的具体化，也是用于反映会计主体财务状况和确定会计主体经营成果的基本单位。财政部于 2006 年 2 月发布了企业会计准则体系，其中《企业会计准则——基本准则》对会计要素做了详细的规定和说明。企业单位的会计要素包括资产、负债、所有者权益、收入、费用和利润，这六个会计要素可以分为两大类：一类为反映财务状况的要素，也就是资产负债表要素，包括资产、负债和所有者权益；另一类为反映经营成果的要素，也称利润表要素，包括收入、费用和利润。

对以营利为目的的经济组织而言，确定会计要素，不仅有利于依据各要素的性质和特点分别制定对其进行确认、计量、记录、报告的标准和方法，还可以为合理建立会计科目体系和设计会计报表提供依据和基本框架。

2.1.2 资产负债表要素

1. 资产

（1）资产的定义和特征。资产是指由企业过去的交易或者事项形成的、由企业拥有或

者控制的、预期会给企业带来经济利益的资源。根据资产的定义，资产具有以下特征：

1）资产是由企业过去的交易或者事项形成的。过去的交易或者事项包括购买、生产、建造行为或者其他交易或事项。换句话说，只有过去的交易或者事项才能形成资产，企业预期在未来发生的交易或者事项不形成资产。

2）资产应为企业拥有或者控制的资源。资产作为一项资源，应当由企业拥有或者控制，具体是指企业享有某项资源的所有权，或者虽然不享有某项资源的所有权，但该项资源能被企业所控制。

在对资产进行判断时，首先要考虑的是资产的所有权。所有权具有排他性，一般情况下，如果某项资产归属于企业，企业能够从该项资产中获取经济利益，而其他企业或单位则不能从中获取经济利益。当然也有一些情况，资产虽然不被企业所拥有，但企业控制了资产，并且在控制资产的时间内，能够从资产中获取经济利益，这类情况也能满足资产的定义。例如租赁业务（短期租赁和低价值资产租赁除外），租入资产的企业虽然没有资产的所有权，但拥有资产的使用权，并且能够拥有其带来的经济利益，所以，在会计记账时，应当确认一项使用权资产并进行计量和报告。

3）资产预期会给企业带来经济利益。资产预期会给企业带来经济利益，是指资产具有直接或者间接导致现金和现金等价物流入企业的潜力。这种潜力可以来自企业日常的生产经营活动，也可以是非日常活动；带来经济利益可以是现金或者现金等价物流入的形式，也可以是能转化为现金或者现金等价物流入的形式，或者是可以减少现金或者现金等价物流出的形式。例如，企业购置的固定资产是生产经营过程中必不可少的劳动资料，在生产过程中其价值不断地转化到所生产的产品中去，产品完工后即作为商品对外销售，从而为企业带来经济利益。资产预期能否会为企业带来经济利益是资产的重要特征。如果某一项目预期不能给企业带来经济利益，那么就不能将其确认为企业的资产。例如，企业购置的固定资产已经损坏无法继续使用，则不能为企业带来经济利益，这种情况下就不能将其再继续作为资产确认了。

（2）资产的确认条件。将一项资源确认为资产，需要符合资产的定义，还应同时满足以下两个条件：

1）与该资源有关的经济利益很可能流入企业。从资产的定义来看，能否带来经济利益是资产的一个本质特征，但在现实生活中，由于经济环境瞬息万变，与资源有关的经济利益能否流入企业或者能够流入多少实际上带有不确定性。因此，资产的确认还应与对经济利益流入的不确定性程度的判断结合起来。如果根据编制财务报表时所取得的证据，与某资源有关的经济利益很可能流入企业，那么就应当将其作为资产予以确认；反之，则不能将其确认为资产。

2）该资源的成本或者价值能够可靠地计量。财务会计系统是一个确认、计量和报告的系统，其中计量起着枢纽作用，可计量性是所有会计要素确认的重要前提，资产的确认也是如此。只有当有关资源的成本或者价值能够可靠地计量时，该资源才能作为资产予以确认。在实务中，企业取得的许多资产都是发生了实际成本的。在某些情况下，企业取得的资产没有发生实际成本或者发生的实际成本很小,例如企业持有的某些衍生金融工具形成的资产,对于这些资产,尽管它们没有发生实际成本或者发生的实际成本很小,如果其公允价值能够可靠地计量,那么也被认为符合了资产可计量性的确认条件。

2. 负债

(1)负债的定义和特征。负债是指由企业过去的交易或者事项形成的,预期会导致经济利益流出企业的现时义务。根据负债的定义,负债具有以下特征:

1)负债是由企业过去的交易或者事项形成的。换句话说,只有过去的交易或者事项才形成负债,企业在未来发生的承诺、签订的合同等交易或者事项,不形成负债。

2)负债预期会导致经济利益流出企业。预期会导致经济利益流出企业也是负债的一个本质特征,只有企业在履行义务时会导致经济利益流出,相关义务才符合负债的定义,如果不会导致企业经济利益流出,就不符合负债的定义。

3)负债是企业承担的现时义务。负债必须是企业承担的现时义务,这是负债的一个基本特征。其中,现时义务是指企业在现行条件下已承担的义务。未来发生的交易或者事项形成的义务,不属于现时义务,不应当将其确认为负债。

这里所指的义务可以是法定义务,也可以是推定义务。其中,法定义务是指其具有的约束力的合同或者法律法规规定的义务,通常必须依法执行。例如,企业购买行为形成的应付账款,企业借贷行为形成的借款,企业按照税法规定应当缴纳的税款等,均属于企业承担的法定义务,需要依法予以偿还。推定义务是指根据企业多年来的习惯做法、公开的承诺或者公开宣布的政策而导致企业将承担的责任,这些责任也使有关各方形成了企业将履行义务解脱责任的合理预期。例如,某企业多年来执行一项销售政策,对于售出商品提供一定期限内的售后保修服务,预期将为售出商品提供的保修服务就属于推定义务,应当将其确认为一项负债。

(2)负债的确认条件。将一项现时义务确认为负债,需要符合负债的定义,还应当同时满足以下两个条件:

1)与该义务有关的经济利益很可能流出企业。从负债的定义可以看到,预期会导致经济利益流出企业是负债的一个本质特征。在实务中,履行义务所需流出的经济利益带有不确定性,尤其是与推定义务相关的经济利益通常需要依赖于大量的估计。因此,负债的确认应当与对经济利益流出的不确定性程度的判断结合起来。如果有确凿证据表明,与现时义务有关的经济利益很可能流出企业,就应当将其作为负债予以确认;反之,如果企业承担了现时义务,但是导致经济利益流出企业的可能性已不复存在,就不符合负债的确认条件,不应将其作为负债予以确认。

2)未来流出的经济利益的金额能够可靠地计量。负债的确认在考虑经济利益流出企业的同时,对于未来流出的经济利益的金额应当能够可靠地计量。对于与法定义务有关的经济利益流出金额,通常可以根据合同或者法律规定的金额予以确定,考虑到经济利益流出的金额通常在未来期间,有时未来期间较长,有关金额的计量需要考虑货币时间价值等因素的影响。对于与推定义务有关的经济利益流出金额,企业应当根据履行相关义务所需支出的最佳估计数进行估计，并综合考虑有关货币时间价值、风险等因素的影响。

3. 所有者权益

（1）所有者权益的定义。所有者权益是指企业资产扣除负债后，由所有者享有的剩余权益。股份有限公司的所有者权益又称为股东权益。所有者权益是所有者对企业资产的剩余索取权，它是企业资产中扣除债权人权益后应由所有者享有的部分，既可反映所有者投入资本的保值增值情况，又体现了债权人权益的部分。

（2）所有者权益的来源构成。所有者权益的来源包括所有者投入的资本、直接计入所有者权益的利得和损失以及留存收益等，通常由实收资本（或股本）、资本公积（含资本溢价或股本溢价、其他资本公积）、盈余公积和未分配利润构成，商业银行等金融企业在税后利润中提取的一般风险准备，也构成所有者权益。

1）所有者投入的资本是指所有者投入企业的资本部分。它既包括构成企业注册资本或者股本部分的金额，也包括投入资本超过注册资本或者股本部分的金额，即资本溢价或者股本溢价。资本溢价或股本溢价在我国企业会计准则体系中被计入了资本公积，并在资产负债表中的资本公积项目下反映。

2）直接计入所有者权益的利得和损失是指不应计入当期损益、会导致所有者权益发生增减变动的、与所有者投入资本或者向所有者分配利润无关的利得或者损失。其中，利得是指由企业非日常活动所形成的、会导致所有者权益增加的、与所有者投入资本无关的经济利益的流入，利得包括直接计入所有者权益的利得和直接计入当期利润的利得。损失是指由企业非日常活动所发生的、会导致所有者权益减少的、与向所有者分配利润无关的经济利益的流出，损失包括直接计入所有者权益的损失和直接计入当期利润的损失。直接计入所有者权益的利得和损失主要包括可供出售金融资产的公允价值变动额、其他权益工具投资的公允价值变动额、现金流量套期中套期工具公允价值变动额（有效套期部分）等。

3）留存收益是企业历年实现的净利润留存于企业的部分，主要包括累计计提的盈余公积和未分配利润。

（3）所有者权益的确认条件。所有者权益体现的是所有者在企业中的剩余权益，因此，所有者权益的确认主要依赖于其他会计要素，尤其是资产和负债的确认；所有者权益金额的确定也主要取决于资产和负债的计量。

所有者权益反映的是企业所有者对企业资产的索取权，负债反映的是企业债权人对企业资产的索取权，两者在性质上有本质区别，因此企业在会计确认、计量和报告中应当严格区分负债和所有者权益，以如实反映企业的财务状况，尤其是企业的偿债能力和产权比率等。在实务中，企业某些交易或者事项可能同时具有负债和所有者权益的特征，在这种情况下，企业应当将属于负债和所有者权益的部分分开核算和列报。

2.1.3 利润表要素

1. 收入

（1）收入的定义和特征。收入是指企业在日常活动中形成的、会导致所有者权益增加的、与所有者投入资本无关的经济利益总流入。收入的实质是企业经济活动过程中的产出，即生产经营活动的结果。收入只有在经济利益很可能流入，从而导致资产增加或者负债减少，而且经济利益的流入额能够可靠地计量时才能予以确认。根据收入的定义，收入具有以下特征：

1）收入是企业在日常活动中形成的。日常活动是指企业为完成其经营目标所从事的经常性活动以及与之相关的活动。例如，工业企业制造并销售所制造的产品、商业企业销售相关商品、保险企业签发保单、咨询企业提供咨询服务、软件企业为客户开发软件、安装企业提供安装服务、商业银行对外贷款、租赁企业出租资产等，均属于企业的日常活动。明确界定日常活动是为了将收入与利得相区分，因为企业非日常活动所形成的经济利益的流入不能确认为收入，而应当计入利得。

2）收入会导致所有者权益的增加。与收入相关的经济利益的流入就是指资产的增加、负债的减少或者二者皆有，这就必然会导致所有者权益的增加；不会导致所有者权益增加的经济利益的流入不符合收入的定义，不应确认为收入。

3）收入是与所有者投入资本无关的经济利益的总流入。收入应当会导致经济利益的流入，从而导致资产的增加。但是这种经济利益的流入不是由于所有者投入资本的增加所导致的，而是企业通过生产经营活动而获得的。

（2）收入的确认条件。按照《企业会计准则第14号——收入》的规定，企业应当在履行了合同中的履约义务，即客户取得相关商品控制权时确认收入，具体判断标准如下：

1）合同各方已批准该合同并承诺将各自履行其义务。
2）该合同明确了合同各方与所转让商品或提供劳务相关的权利和义务。
3）该合同有明确的与所转让商品或提供劳务相关的支付条款。
4）该合同具有商业实质，即履行该合同将改变企业未来现金流量的风险、时间分布或金额。
5）企业因向客户转让商品或提供劳务而有权取得的对价很可能收回。

2. 费用

（1）费用的定义和特征。费用是指企业在日常活动中发生的、会导致所有者权益减少的、与向所有者分配利润无关的经济利益的总流出。根据费用的定义，费用具有以下特征：

1）费用是企业在日常活动中形成的。费用必须是企业在其日常活动中所形成的，日常活动要区别于偶发事件，目的是将费用与损失相区分，日常活动所产生的费用通常包括销售成本（营业成本）和管理费用等，企业非日常活动如偶发事件等所形成的经济利益的流出不确认为费用，而应当计入损失。

2）费用会导致所有者权益的减少。与费用相关的经济利益的流出会导致资产的减少、负债的增加或者二者皆有，从而最终导致所有者权益的减少，不会导致所有者权益减少的经济利益的流出不符合费用的定义，不应确认为费用。

3）费用是与向所有者分配利润无关的经济利益的总流出。费用的发生应当会导致经济利益的流出，是需要消耗资产或者增加负债（最终也会导致资产的减少）的。企业向所有者分配利润也会导致经济利益的流出，而这种经济利益的流出显然属于所有者权益的抵减项目，不应确认为费用，应当将其排除在费用的定义之外。

（2）费用的确认条件。费用的确认除了应当符合定义外，也应当满足严格的条件，即费用只有在经济利益很可能流出从而导致企业资产减少、负债增加或者二者皆有，并且经济利益的流出额能够可靠地计量时才能予以确认。因此，费用的确认至少应当符合以下条件：一是与费用相关的经济利益应当很可能流出企业；二是经济利益流出企业的结果会导致资产的减少、负债的增加或者二者皆有；三是经济利益的流出额能够可靠地计量。

3. 利润

（1）利润的定义。利润是指企业在一定会计期间的经营成果。

（2）利润的来源构成。利润的来源包括收入减去费用后的净额、直接计入当期利润的利得和损失等。其中，收入减去费用后的净额反映的是企业日常活动的经营业绩，直接计入当期利润的利得和损失反映的是企业非日常活动的业绩。直接计入当期利润的利得和损失，是指应当计入当期损益、最终会引起所有者权益发生增减变动的、与所有者投入资本或者向所有者分配利润无关的利得或者损失。企业应当严格区分收入和利得、费用和损失，以更加全面地反映自身的经营业绩。

利润可以划分为三个层次，即营业利润、利润总额和净利润。

1）营业利润是指企业在其正常生产经营过程中产生的经营成果。营业利润是由营业收入扣除营业成本、税金及附加和期间费用等项目后，加上公允价值变动净收益和投资净收益等项目计算得出的。

2）利润总额是指企业在一定会计期间内产生的各种经营成果的总额。它包括正常经营过程中的利润和非正常经营过程中的利润。正常经营过程中的利润即营业利润，非正常经营过程中的利润是营业外收入减去营业外支出后的金额。

3）净利润是指利润总额减去所得税后的余额。

（3）利润的确认条件。利润反映的是收入减去费用、利得减去损失后的净额的概念，因此，利润的确认主要依赖于收入和费用以及利得和损失的确认，其金额的确定也主要取决于收入、费用、利得、损失金额的计量。

2.1.4 会计等式

会计等式，是揭示会计要素之间质和量的关系的数学等式，也称为会计平衡公式、会计方程式。它是进行复式记账、试算平衡以及编制财务报表的理论依据，是复式记账的基础和前提。

1. 静态会计等式

企业从事生产经营活动，必须拥有一定数量的经济资源（即资产），作为从事经济活动的基础，这些资产在经济活动中分布在各个方面，表现为不同的存在形态，例如房屋建筑物、机器设备、原材料、产成品、货币资金等。企业的资产不可能凭空形成，它们必然是由资产的所有者所提供的。也就是说，企业所拥有的资产都有特定的来源，而且资产的提供者不会将其资产无偿地提供给企业,他们往往对所提供的资产存在着一定的求偿权,资产的来源或称资产提供者的求偿权,在会计上被称为权益。资产与权益是同一事物的两个不同的表现方面,二者相互依存,没有无权益的资产,也没有无资产的权益,而且在客观上也必然存在着相等的关系,即从数量上看,有一定数额的资产必然有一定数额的权益,反之,有一定数额的权益也必定有一定数额的资产,也就是说,资产与权益在任何一个时点都必须保持恒等的关系,这种恒等关系用公式表示即为

$$资产=权益$$

由于企业的资产来源于企业的债权人和投资者两个方面,所以权益是由债权人权益和所有者权益两部分构成的。债权人权益在会计上被称为负债,所有者权益是企业的资产减去负债后的净资产的所有权。由于权益是由负债和所有者权益两部分组成的,因此会计恒等式可以进一步表示为

$$资产=负债+所有者权益$$

以上等式能直接反映出资金运动三个静态要素之间的内在联系和企业在某一时点的财务状况,因而也是构成资产负债表基本框架的三个基本要素,该等式也称为静态会计恒等式。由于该等式是会计等式中通用和一般的形式,因此通常也称为会计基本等式。

2. 动态会计等式

由于企业生产经营的主要目的是通过赚取利润使所有者权益即净资产增加,因此企业必然力求不断取得收入,而收入的取得又是以费用的发生为代价的,收入和费用相比较,其差额即为企业的经营成果,用公式表示为

$$收入-费用=利润$$

以上等式反映了企业在一定会计期间内经营成果的形成过程,揭示了资金运动三个动态要素之间的内在联系,因而它们也是构成利润表基本框架的三个基本要素,该等式也称为动态会计恒等式。

3. 综合会计等式

在某个会计期间观察企业会计六大要素之间的关系,还可以将上述静态会计恒等式与动态会计恒等式联系起来,产生如下会计恒等式:

$$资产=负债+所有者权益+利润$$

或

$$资产=负债+所有者权益+(收入-费用)$$

$$资产+费用=负债+所有者权益+收入$$

"资产+费用=负债+所有者权益+收入"这一等式表明了企业在一定期间取得的经营成果对资产和所有者权益产生的影响。如果企业的收入大于费用,企业就可获得净收益即利润,可使企业的所有者权益增加;而企业取得的收入通常是以现金或应收账款方式形成企业的资产加以衡量的。因此,收入取得的同时又将导致资产的增加。如果企业发生的费用大于收入,企业就会发生经营亏损,从而使企业的所有者权益减少;而费用是企业在取得收入时发生的耗费,它通常是以企业耗用的资产来加以衡量的,因此,费用的发生同时将导致企业资产的减少。

由此可见,"资产+费用=负债+所有者权益+收入"这一等式是静态会计恒等式的一种扩展形式,它将会计的六大要素有机地联系起来,从而完整地反映了企业资金运动过程;同时,该等式也是反映资产负债表和利润表构成要素及内在联系的等式。当某一会计期间结束,实现的利润已分配完毕,该等式又将回到静态会计恒等式的形态上来。

4. 经济业务对会计恒等式的影响

任何一个企业,在任何一个时点上的资产总计、分布状态及其来源构成都不是固定不变的,随着企业生产经营活动的连续进行,各会计要素也会随之不断发生数量上的变化,这些变化是否会影响上述恒等关系?下面将结合企业典型的经济业务举例说明。所谓经济业务也称会计事项,是指企业在生产经营过程中能引起会计要素增减变化的经济活动。

【例 2-1】 假设大华工厂 2021 年 1 月 31 日的资产、负债及所有者权益的构成,即资产负债表简表见表 2-1。

表 2-1 大华工厂资产负债表简表

2021 年 1 月 31 日　　　　　　　　　　　　　　　　　　　　单位:元

资产	金额	负债及所有者权益	金额
库存现金	2 000	短期借款	1 000 000
银行存款	200 000	应付账款	500 000
应收票据	100 000	应交税费	100 000
应收账款	650 000	应付职工薪酬	30 000
原材料	160 000	长期借款	2 000 000
库存商品	400 000	实收资本	27 870 000
长期股权投资	18 488 000	资本公积	8 000 000
固定资产	20 000 000	盈余公积	500 000
无形资产	500 000	未分配利润	500 000
合计	40 500 000	合计	40 500 000

表 2-1 表明,该工厂期初资产总额与权益总额相等,均为 40 500 000 元。假设该工厂 2 月份发生的部分经济业务如下:

① 购入原材料一批,货款为 50 000 元,材料已经收到,款项尚未支付,不考虑增值税的影响。

业务分析:这是一项资产与负债同时增加的经济业务。该项经济业务的发生,使企业的资产(原材料)增加了 50 000 元;同时,由于款项未付,使其负债(应付账款)增加了 50 000 元,所有者权益没有变化。因此,该项经济业务使会计恒等式左右两边以相等的金额增加,不改变会计等式的平衡关系。

② 收到投资者追加投入资本 200 000 元,款项已经收到并存入银行。

业务分析:这是一项资产与所有者权益同时增加的经济业务。该项经济业务的发生,使企业的资产(银行存款)增加了 200 000 元;同时,使其所有者权益(实收资本)增加了 200 000 元,负债没有变化。因此,该项经济业务使会计恒等式左右两边以相等的金额增加,不改变会计等式的平衡关系。

③ 用银行存款偿还到期的短期借款 100 000 元。

业务分析：这是一项资产与负债同时减少的经济业务。该项经济业务的发生，使企业的负债（短期借款）减少了 100 000 元；同时，使其资产（银行存款）减少了 100 000 元，所有者权益没有变化。因此，该项经济业务使会计恒等式左右两边以相等的金额减少，不改变会计等式的平衡关系。

④ 由于经济形势的变化，经协商，退还投资者张某投资额 100 000 元。

业务分析：这是一项资产与所有者权益同时减少的经济业务。该项经济业务的发生，使企业的所有者权益（实收资本）减少了 100 000 元；同时，使其资产（银行存款）减少了 100 000 元，负债没有变化。因此，该项经济业务使会计恒等式左右两边以相等的金额减少，不改变会计等式的平衡关系。

⑤ 收回客户前欠的货款 30 000 元，款项已存入银行。

业务分析：这是一项资产内部一增一减的经济业务。该项经济业务的发生，使企业的一项资产（银行存款）增加了 30 000 元；同时，又使企业的另一项资产（应收账款）减少了 30 000 元，没有影响到负债和所有者权益，仅使资产内部项目一增一减，资产总额不变，仍不改变会计恒等式的平衡关系。

⑥ 从银行取得期限为 6 个月的借款 50 000 元，直接偿还前欠购货款。

业务分析：这是一项负债内部一增一减的经济业务。该项经济业务的发生，使企业的负债（短期借款）增加了 50 000 元；同时，又使企业负债（应付账款）减少了 50 000 元，没有影响到资产和所有者权益，仅使负债内部项目一增一减，负债总额不变，仍不改变会计恒等式的平衡关系。

⑦ 按法定程序报请批准后，将 1 000 000 元的资本公积转增资本。

业务分析：这是一项所有者权益内部一增一减的经济业务。该项经济业务的发生，使企业的所有者权益（实收资本）增加了 1 000 000 元；同时，又使企业所有者权益（资本公积）减少了 1 000 000 元，没有影响到资产和负债，仅使所有者权益内部项目一增一减，所有者权益总额不变，仍不改变会计恒等式的平衡关系。

⑧ 供应商 A 公司将企业原欠的购料款 100 000 元转作对企业的投资。

业务分析：这是一项负债减少、所有者权益增加的经济业务。该项经济业务的发生，使企业的负债（应付账款）减少了 100 000 元；与此同时，也使所有者权益（实收资本）增加了 100 000 元，没有影响到恒等式左边的资产，仅使恒等式右边发生了一增一减的变化，增减变化金额相等，权益总额不变，因此，也不改变会计恒等式的平衡关系。

⑨ 企业与 B 公司的联营合同到期，应向 B 公司归还投资款 800 000 元，但款项尚未支付。

业务分析：这是一项负债增加、所有者权益减少的经济业务。该项经济业务的发生，使企业的负债（其他应付款）增加了 800 000 元；与此同时，也使所有者权益（实收资本）减少了 800 000 元，没有影响到恒等式左边的资产，仅使恒等式右边发生了一增一减变化，增减变化的金额相等，权益总额不变，因此也不改变会计恒等式的平衡关系。

上述 9 种经济业务对会计恒等式中有关项目的具体影响见表 2-2。

表2-2　9种经济业务对会计恒等式中有关项目的具体影响

单位：元

资产					负债及所有者权益				
项目	期初数	本期增加额	本期减少额	期末数	项目	期初数	本期增加额	本期减少额	期末数
库存现金	2 000			2 000	短期借款	1 000 000	50 000	100 000	950 000
银行存款	200 000	230 000	200 000	230 000	应付账款	500 000	50 000	150 000	400 000
应收票据	100 000			100 000	其他应付款		800 000		800 000
应收账款	650 000		30 000	620 000	应交税费	100 000			100 000
原材料	160 000	50 000		210 000	应付职工薪酬	30 000			30 000
库存商品	400 000			400 000	长期借款	2 000 000			2 000 000
长期股权投资	18 488 000			18 488 000	实收资本	27 870 000	1 300 000	900 000	28 270 000
固定资产	20 000 000			20 000 000	资本公积	8 000 000		1 000 000	7 000 000
无形资产	500 000			500 000	盈余公积	500 000			500 000
					未分配利润	500 000			500 000
合计	40 500 000	280 000	230 000	40 550 000	合计	40 500 000	2 200 000	2 150 000	40 550 000

通过例 2-1 可以看到经济业务的发生并没有影响会计恒等式的"恒等"关系，只不过是恒等的基础由原来的 40 500 000 元，变为了 40 550 000 元。也就是说这些经济业务的发生并没有打破会计恒等式的平衡性，具体分析见表 2-3。

表 2-3 经济业务的 9 种情况对会计恒等式的影响分析表

序号	资产	=	负债	+	所有者权益	影响
①	+		+			资产增加，负债增加
②	+				+	资产增加，所有者权益增加
③	-		-			资产减少，负债减少
④	-				-	资产减少，所有者权益减少
⑤	+-					资产内部一增一减
⑥			+-			负债内部一增一减
⑦					+-	所有者权益内部一增一减
⑧			-		+	所有者权益增加，负债减少
⑨			+		-	所有者权益减少，负债增加

尽管企业发生的经济业务是多种多样、千变万化的，但对资产、负债和所有者权益的影响概括起来不外乎以下四种类型：

一是经济业务的发生，引起资产项目之间此增彼减，增减数额相等，资产与权益总额不变。

二是经济业务的发生，引起负债、所有者权益项目之间的此增彼减，增减数额相等，资产与权益总额不变。

三是经济业务的发生引起资产和负债或所有者权益双方同时增加，增加的数额相等，资产与权益总额增加。

四是经济业务的发生引起资产和负债或所有者权益双方同时减少，减少的数额相等，资产与权益总额减少。

由此可见，如果经济业务只影响资产、负债或所有者权益两大类中的某一类，则在同类项目之间有增有减，不但资产与权益双方总额的恒等关系不会被破坏，而且项目原来的总额也保持不变。如果经济业务同时影响资产和负债或所有者权益两大类项目，且在两大类项目中同增或同减，那么资产与权益双方将在新的基础上达到新的平衡。由于上述四种类型的经济业务是对全部经济业务的概括，可以说，无论企业发生何种经济业务都不会破坏资产与权益的恒等关系。这一恒等原理揭示了企业会计要素之间的规律性联系，是设置会计科目与账户，进行复试记账和编制会计报表的理论依据。

2.2 会计科目

会计要素反映的信息比较集中和概括，也比较抽象，在实际工作中，往往还需要提供更具体、更详尽的资料满足有关各方对会计信息的需要,这就有必要对会计要素的具体内容进行再分类,从而形成会计科目。设置会计科目就是对会计要素的具体内容加以科学归类,从而进行分类反映和监督的一种方法。

2.2.1 会计科目的概念及意义

会计科目是按照经济内容和管理要求对会计对象的具体内容,即会计要素进行分类核算的项目。

会计的对象是资金运动。为了对会计对象进行确认、计量、记录和报告,需要按照一定的标准将其划分为资产、负债、所有者权益、收入、费用和利润六大会计要素,这是对会计对象的第一次,也是最基本的分类。然而,仅有这种分类是不够的,因为每一个会计要素又包含了许多具体项目,如资产要素中包含了现金、银行存款、原材料等项目。随着企业经营活动中经济业务的发生,会计要素的具体内容又必然产生数量上的增减变动。会计要素的内部构成及各会计要素之间的增减变化也是错综复杂的,为了把各类经济业务的发生情况和由此引起的会计要素具体内容的增减变动及其结果,分门别类地进行核算和监督,以满足信息使用者的需求,需要对会计要素进行进一步的再分类。

在设置会计科目时,需要将会计对象中具体内容相同的归为一类,并确定一个名称,这个名称就是会计科目。凡属于这类内容的经济业务,都应在以这个科目为依据设置的账户下进行核算和监督,以反映与之相关的会计对象的增减变动及其结果。例如:为了核算和监督资产各具体内容的增减变动及结果,需要设置"库存现金""原材料""长期股权投资""固定资产"等科目;为了核算和监督负债和所有者权益各具体内容的增减变动和结果,需要设置"短期借款""长期借款""实收资本""盈余公积"等科目;同理,为了核算和监督收入、费用和利润等具体内容的增减变动,同样需要设置相应的会计科目。

2.2.2 设置会计科目的原则

会计科目作为向投资者、债权人、企业经营管理者等提供会计信息的重要手段,在其设置过程中应努力做到科学、合理、适用,并遵循下列原则:

(1)完整性。为了全面地反映企业整个资金运动的状况,必须对会计对象的具体内容进行全面、科学的分类界定,使所设置的会计科目含义明确,通俗易懂。各科目之间界限分明,相互独立,彼此联系,共同构成一个完整的体系。

(2)符合经济管理和经济决策的要求。会计科目的设置应能充分考虑各有关方面对会计信息的需求。既要考虑国家宏观经济管理及企业内部经营管理的要求,也要考虑投资者、债权人等各利益相关方对会计信息的需求。

(3)统一性与灵活性相结合。为适应国家宏观经济管理的需要,保证会计指标口径一致和会计信息的可比性,我国财政部发布的《企业会计准则——应用指南》规定了统一的会计科目。这类统一规定可以保证会计核算指标在一个部门,乃至全国范围内综合汇总,分析利用。同时,在保证提供统一核算指标的前提下,各单位可根据本单位的具体情况和经济管理的要求，对统一规定的会计科目进行必要的增补、删简、合并和分设，即保留一定的灵活性。

（4）相对稳定。会计科目应与其核算内容相一致，并保证含义明确，通俗易懂，科目的数量和详略程度应根据企业规模的大小、业务的繁简和管理的需要而定。会计科目的设置应做到相对稳定，以保证会计信息的连贯性、可比性，同时也有利于提高工作效率。

2.2.3 会计科目设置的内容和层级

会计科目的内容反映各科目之间的横向联系，会计科目的层级反映各科目内部的纵向联系。

1. 会计科目的内容

会计科目的内容是依据各会计要素的构成内容和性质予以划分的。为了适应会计报告的需要，一般将会计科目划分为五大类，即资产类、负债类、所有者权益类、成本类和损益类。同时为了便于核算和查阅，并适应会计电算化的需要，会计科目还应予以编号。现行《企业会计准则——应用指南》中统一制定的会计科目名称及编号见表 2-4（根据具体准则修订情况调整，部分不常用科目略）。

表 2-4 会计科目一览表

编号	会计科目名称	编号	会计科目名称
一、资产类		一、资产类	
1001	库存现金	1408	委托加工物资
1002	银行存款	1411	周转材料
1012	其他货币资金	1461	融资租赁资产
1101	交易性金融资产	1471	存货跌价准备
1121	应收票据	1501	债权投资
1122	应收账款	1502	债权投资减值准备
1123	预付账款	1503	其他债权投资
1131	应收股利	1504	其他权益工具投资
1132	应收利息	1511	长期股权投资
1221	其他应收款	1512	长期股权投资减值准备
1231	坏账准备	1521	投资性房地产
1401	材料采购	1531	长期应收款
1402	在途物资	1532	未实现融资收益
1403	原材料	1601	固定资产
1404	材料成本差异	1602	累计折旧
1405	库存商品	1603	固定资产减值准备
1406	发出商品	1604	在建工程
1407	商品进销差价	1605	工程物资

（续）

编号	会计科目名称	编号	会计科目名称
	一、资产类		四、所有者权益类
1606	固定资产清理	4001	实收资本
1701	无形资产	4002	资本公积
1702	累计摊销	4101	盈余公积
1703	无形资产减值准备	4103	本年利润
1711	商誉	4104	利润分配
1801	长期待摊费用		五、成本类
1811	递延所得税资产	5001	生产成本
1901	待处理财产损溢	5101	制造费用
	二、负债类	5201	劳务成本
2001	短期借款	5301	研发支出
2002	存入保证金		六、损益类
2201	应付票据	6001	主营业务收入
2202	应付账款	6051	其他业务收入
2203	预收账款	6101	公允价值变动损益
2211	应付职工薪酬	6111	投资收益
2221	应交税费	6301	营业外收入
2231	应付利息	6401	主营业务成本
2232	应付股利	6402	其他业务成本
2241	其他应付款	6403	税金及附加
2401	递延收益	6601	销售费用
2501	长期借款	6602	管理费用
2502	应付债券	6603	财务费用
2701	长期应付款	6701	资产减值损失
2702	未确认融资费用	6702	信用减值损失
2801	预计负债	6711	营业外支出
2901	递延所得税负债	6801	所得税费用
	三、共同类（略）	6901	以前年度损益调整

2. 会计科目的层级

为了兼顾不同会计信息使用者对会计信息的需求，会计科目还应按提供信息的详细程度适当予以分级。通常情况下，将一级会计科目称为总分类科目，二级、三级、四级会计科目及以下全部称为明细分类科目，也可称为一级明细科目、二级明细科目等。

总分类科目，也称一级科目或总账科目，是对会计要素的具体内容进行的总括分类，它是进行总分类核算的依据，所提供的是总括性的核算资料。

明细分类科目，也称明细科目，是对总分类科目所包含的内容的进一步详细分类，它是进行明细核算的依据,所提供的是详细、具体的核算资料。总分类科目、明细分类科目反映的都是同一经济内容,是对同一会计对象的不同层级的反映。

会计科目按提供指标的详细程度分类示例见表 2-5。

表 2-5 会计科目按提供指标的详细程度分类示例

总分类科目 (一级科目)	明细分类科目	
	一级明细科目	二级明细科目
原材料	原料及主要材料	圆钢 生铁 ⋮
	辅助材料	润滑油 防锈剂 ⋮
	燃料	汽油 柴油 ⋮

在我国,总分类科目一般由财政部统一制定,明细分类科目除会计制度规定设置的以外,各单位可根据实际需要自行设置。当然,也不是所有的总分类科目都需设置明细分类科目,有的总分类科目就不设明细分类科目,如"库存现金""累计折旧"等。

2.3 会计账户

会计科目只是对会计要素的具体内容加以科学的归类,在此基础上,要对企业的会计对象的具体内容进行反映和监督,还必须借助会计账户。

2.3.1 会计账户的概念及意义

会计账户是指根据会计科目开设的,具有一定的格式和结构,能够连续、系统地记录经济业务引起的各会计要素具体内容增减变动及其结果的记账实体。设置会计科目只是规定了对会计要素具体内容进行分类核算的项目,或者说只是对分类的结果规定了一个名称。而要把企业所发生的经济业务连续、系统、完整地记录下来,还需要借助于一定的实体——会计账户。设置会计账户是会计核算的一种专门方法,会计账户的名称就是会计科目,会计账户的核算内容也就是会计科目规定的内容,相应的,会计账户也应划分为资产类、负债类、所有者权益类、成本类、损益类五大类。同样为了既提供总括的核算资料,又提供详细具体的核算资料,会计账户也要相应地设置总分类账户和明细分类账户,进行总分类核算和明细分类核算。

2.3.2 会计账户的结构和分类

1. 会计账户的基本结构

要正确地设置和运用会计账户，首先应当了解各种会计账户的基本结构。各项经济业务所引起的企业资产、负债、所有者权益以及收入、费用的变动，虽然是错综复杂的，但单纯从数量的变化来看，归纳起来不外乎增加和减少两种情况。因此用来分类记录经济业务的会计账户，在结构上也相应地分为两个基本部分，用以分别反映其增加和减少的数额。会计账户的结构通常分为左右两方。一方用来登记增加数，另一方用来登记减少数，这就是会计账户的基本结构。对于会计账户左、右方的特定符号，以及增减变动的登记方向，要取决于不同的记账方法和该账户所反映的经济内容。

2. 会计账户的基本格式

对于一个完整的会计账户而言，除了必须具有反映增加和减少的两方这一基本结构外，还需要有一些其他相关的内容。实际工作中，使用的会计账户格式应包括以下内容：

（1）账户名称及编号。
（2）经济业务发生的日期。
（3）凭证号数，表明账户记录的依据。
（4）经济业务的简要说明（摘要）。
（5）增加额、减少额和余额。

会计账户的基本格式（三栏式）见表2-6。会计账户的增加方金额和减少方金额相抵后的差额，称为会计账户的余额。余额按其所在的不同时点又分为期初余额和期末余额。因此，每个会计账户都应具有四项金额要素，即期初余额、本期增加额、本期减少额和期末余额，其中，本期增加额和本期减少额可以统称为本期发生额。

表2-6　会计账户

账户名称（会计科目）　　　　　　　　　　　　　　　　　　　　　　　第　　页

20××年		记账凭证		摘要	借方	贷方	借或贷	余额
月	日	种类	号数					

期初余额是上期期末转入本期的数额，是期初的原有数。本期增加额是指在一定时期（如月份、季度、年度）内该账户所登记的增加金额的合计数。本期减少额是指在一定时期内该账户所登记的减少金额的合计数。

本期发生额是一个动态指标，它说明在一定时期内资金的增减变动情况。

期末余额是指一定时期期末结算出的该账户的余额。本期的期末余额转入下期，即成为下期的期初余额。期末余额是一个静态指标，它说明在某一特定日期资金增减变动的结果。

上述四项金额要素之间的关系，可用下列等式表示：

期末余额＝期初余额＋本期增加额－本期减少额

账户的余额、本期增加额和本期减少额的登记方向取决于各账户所记录的经济内容和记账方法的规则。

为了教学方便，表 2-6 可略去时间、凭证、摘要等通用内容，保留增加、减少内容，从而形成简化的"T"或"丁"字形账户格式，如图 2-1 所示。图中左方、右方的记账符号及所反映的是减少还是增加取决于该账户所反映的经济内容和使用的记账方法。不同的经济内容和记账方法，余额、增加额、减少额在"T"字形账户中所处的位置和方向是不同的。图 2-1 也称为账户的基本格式。

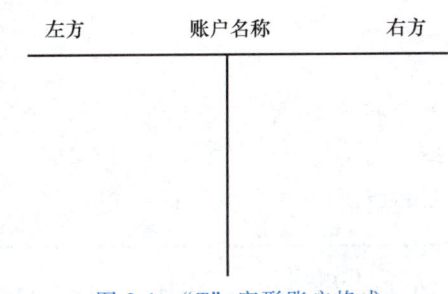

图 2-1 "T"字形账户格式

2.3.3 会计科目与会计账户的关系

会计科目与会计账户的关系如下：二者是有密切联系，但又是有本质区别的两个不同的概念。

二者的联系体现在：会计科目与会计账户都是对会计要素具体内容所进行的分类，而且反映的经济业务内容相同、分类的口径一致、性质相同。会计账户是根据会计科目开设的，会计科目是会计账户的名称，会计账户是会计科目的具体运用。会计科目反映的经济内容，就是会计账户要记录核算的内容。

二者的区别体现在：会计科目仅是一种分类，没有格式，不存在结构，只能平面地反映经济业务的内容范围；会计账户有一定的格式和结构，可以记录和反映一定时期内资金运动的增减变动情况和变动的结果，具有空间上的延续性。由于会计科目是会计账户的名称，会计账户是根据会计科目开设的，因而在实际工作中，许多语境下二者具有相同意义，无须严格加以区分。

> 【思考题】
> 1. 《企业会计准则——基本准则》中规定的会计要素有几类？
> 2. 什么是资产、负债和所有者权益？三者之间的关系是怎样的？
> 3. 什么是收入、费用和利润？三者之间的关系是怎样的？
> 4. 会计科目和会计账户的关系是怎样的？

第 3 章　会计记账方法

> 【学习目标】
> 1. 了解会计记账方法的含义和种类。
> 2. 熟悉借贷记账法的理论依据。
> 3. 掌握借贷记账法的基本知识。

会计记账方法是会计核算的基本方法之一，是通过会计账户记录经济业务的手段。在中西方会计理论和实务发展中，复式记账法占据着十分重要的地位。会计史学家认为，复式记账理论的问世，使得会计研究从单纯的会计实务研究中独立出来，向会计理论研究的方向发展，从而使得会计在真正意义上成为一门学科。

3.1　会计记账方法概述

3.1.1　会计记账方法的概念

会计记账方法是根据一定的原理，运用一定的记账符号和记账规则，以价值计量形式在账户中记录各项经济业务的技术方法。会计记账方法的具体内容包括：反映经济事项性质和记录方向的会计记录符号及其运用，对经济事项基本内容的反映和记账规则，每笔经济业务记录的基本内容在账户中的排列顺序等。记账方法按其同一笔记录所涉及的账户数量，可分为单式记账法和复式记账法。

3.1.2　单式记账法

单式记账法是一种除了对涉及现金应收应付的往来业务，以及银行存款收付业务在两个或两个以上有关账户中进行登记外，对于其他经济业务都只在一个账户中登记或不予登记的方法。其特点是平时只登记现金、银行存款的收付业务和各种往来账项；对发生的每一笔经济业务一般只在一个账户登记一笔账目，即使对所有的经济业务同时登记了不止一笔账目，也是各记各的，账户之间的记录没有直接联系，也不存在平衡关系。例如，用现金购买原材料时，只登记"库存现金"账户的减少，而对"原材料"账户的增加却不做记录；购买原材料而尚未支付货款的情况下，也只登记"应付账款"账户的增加，而不登记"原材料"账户的增加。对固定资产折旧、材料耗用等，均不做记录。

　　单式记账法在运用中虽然手续简便，但它存在着以下不足：一是账户设置不完整，没有完整的账户体系，就不能完整、连续、系统地反映经济活动的全过程。由于单式记账法对除库存现金和银行存款收付业务以外的其他经济业务都只在一个账户中登记，甚至根本不予登记，因此，它对经济业务活动过程的反映是不完整、不系统的。二是因账户设置的不完整性而导致各账户记录的数字之间缺乏必然的联系和勾稽关系。例如，"银行存款"账户中记录银行存款的余额某日减少了 4 000 元，但是由于没有相对应的账户说明银行存款减少的去向记录，使得"银行存款"账户中的这笔记录不能反映相关经济业务的来龙去脉，也无法检查账户记录是否正确。因此，单式记账法只适合在商品经济不发达、经济业务简单的环境下使用。

3.1.3　复式记账法

　　随着社会化生产的不断扩大，经济活动日益频繁，经济业务内容更加复杂，单式记账法已无法满足经济管理的需要。于是，人们从会计实践中总结出了更加科学适用的复式记账法。

　　复式记账法是对每一项经济业务都要在两个或两个以上相关账户中进行登记的一种记账方法。从客观上讲，每一项经济业务的发生，都会引起两方面的变化：一方面表现为资源占用方资源的增加或减少，另一方面表现为资源来源方资源的减少或增加。这两个方面的变化数量是相等的。例如，用"库存现金"购买原材料，一方面表现为库存现金的减少，另一方面表现为原材料的增加。只有从来源和占用两方面反映一项经济业务的变化，才能表达经济业务的全貌。有增就有减，有减就有增，复式记账法就是运用这种原理记录、反映经济活动的。

　　概括地说，对每项经济业务做双重登记的思想，是复式记账法的本质。复式记账法与单式记账法比较，具有显著的理论特征：一是复式记账法需要完整的会计账户体系，以满足其对每项经济业务的全面反映和记录；二是复式记账法对发生的每一项经济业务都必须在两个或两个以上相互联系的账户中记录，通过账户记录反映该项经济业务引起的会计要素变化的全过程；三是复式记账法对发生的每一项经济业务在两个或两个以上账户中同时记录的金额是相等的，以双重记录为基础对账户记录及其结果进行试算平衡，以验证账户记录的正确性和完整性。

　　复式记账法具有很强的技术性并构成会计核算方法的重要组成部分，它是随着生产的不断发展而逐步形成的一种科学记账方法。复式记账法根据记账符号、账户分类、记账规则和试算平衡等方面的不同，主要分为借贷记账法、增减记账法和收付记账法。为了适应我国进一步扩大对外开放，以及企业参与国际市场竞争和吸引外资的需要，会计记账方法应与国际惯例接轨。我国《企业会计准则》明确要求，会计记账应采用借贷记账法，不采用增减记账法和收付记账法。因此，本书重点阐述借贷记账法的有关内容。

3.2 借贷记账法

借贷记账法是以"借"和"贷"作为记账符号,运用复式记账原理对每一项经济业务在两个或两个以上相关账户中,以相同的金额在相反方向进行记录的一种记账方法。

3.2.1 借贷记账法的形成及理论依据

1. 借贷记账法的形成

借贷记账法最早产生于 13 世纪处于资本主义萌芽时期的意大利。当时借贷资本在意大利相当盛行,出于管理借贷资本的需要,记账时在账户上分两方来反映债权人与债务人的关系。账户的一方登记债权人的存款,称为贷主方,简称贷方;账户的另一方登记向债务人的放债,称为借主方,简称借方。对于借贷资本而言,"借"和"贷"与账户中记录的经济内容是相符的,它既是记账符号,又是具有特定内容的反映债权债务关系的文字记录。随着资本主义的发展,会计记账对象的范围不断扩大,记账内容也随之大量增加,运用"借"和"贷"来设置账户和登记账簿的记账方法被推广应用到各行各业中,借贷记账法被用来记录各种经济业务。作为借贷资本单纯反映债权债务关系,已满足不了经济发展和管理的需要,至此,反映债权债务关系的"借"和"贷"也逐渐失去原有界定的含义,而转化为指引记账方向的纯粹的记账符号,成为会计上的专门术语。除记账符号外,借贷记账法在长期运用的会计实践中建立了一整套以复式记账为基础的会计核算体系,在记录方式、记账规则和试算平衡等方面形成了一个独特的系统和科学的记账方法。

借贷记账法作为一种技术性比较先进的记账方法,于清朝末年从日本传入我国,起初是在铁路、银行和邮局等企业和部门使用的,后来逐渐扩大到工商企业。新中国成立后,借贷记账法得到推行并实现了较为广泛的应用。目前,借贷记账法已发展成为世界各国通用的记账方法。

2. 借贷记账法的理论依据

本书第 2 章所述的会计恒等式综合反映了会计要素之间的变化规律。当一个会计要素的项目发生增减变动时,另一个或两个会计要素的项目也随之发生增减变动,但无论发生何种变化,会计要素之间的平衡和恒等关系都不会受到破坏。按会计恒等式的平衡关系,通过借贷记账法在相关账户中登记经济业务可以反映经济业务的全貌。会计恒等式为借贷记账法奠定了理论基础,是建立借贷记账法的理论依据。

3.2.2 借贷记账法的基本内容

借贷记账法的基本内容主要包括记账符号、账户结构、记账规则、账户对应关系和会计分录。

1. 记账符号

借贷记账法以"借"和"贷"作为记账符号来反映资金的增减变化。其中,"借"表示资金运动数量变化时的资产、成本、费用的增加和负债、所有者权益、收入、利润的减少;"贷"表示资金运动数量变化时的负债、所有者权益、收入、利润的增加和资产、成本、费用的减少。简而言之,综合会计恒等式的左端项目或数量发生变化时,用"借"表示增加,用"贷"表示减少;综合会计恒等式的右端项目或数量发生变化时,用"贷"表示增加,用"借"表示减少。习惯上,"借"位于账户的左方,"贷"位于账户的右方。

2. 账户结构

在借贷记账法下,账户按会计要素分为六大类,即资产类、负债类、所有者权益类、收入类、费用类和利润类,也可按国家会计科目表的分类分为资产、负债、所有者权益、成本、损益五大类。账户的基本结构可表述为每一账户均分"借方"和"贷方",并规定账户的左方为"借方",右方为"贷方"。账户结构示例见表3-1。

表 3-1 账户结构示例

年		凭证号数	摘要	借方	贷方	借或贷	余额
月	日						

在记账时,账户的借贷两方必须做相反方向的记录,即对于每一个账户来说,如果借方用来登记增加额,则贷方就用来登记减少额;如果借方用来登记减少额,则贷方就用来登记增加额。那么,究竟用哪一方登记增加额,用哪一方登记减少额呢?这要根据各个账户所反映的经济内容,也就是账户的性质来决定。由于账户的性质不同,其"借方"和"贷方"反映的经济内容以及所表示的金额增减方向不同,账户结构也不同。

(1)资产类账户的结构。资产类账户的借方登记资产的增加额,贷方登记资产的减少额;由于资产的减少额通常小于它的期初余额与本期增加额之和,因此,资产类账户期末如有余额,一般在借方。资产类账户期末余额的计算公式如下:

资产类账户期末余额 = 期初借方余额 + 本期借方发生额 - 本期贷方发生额

资产类账户的简化结构如图3-1所示。

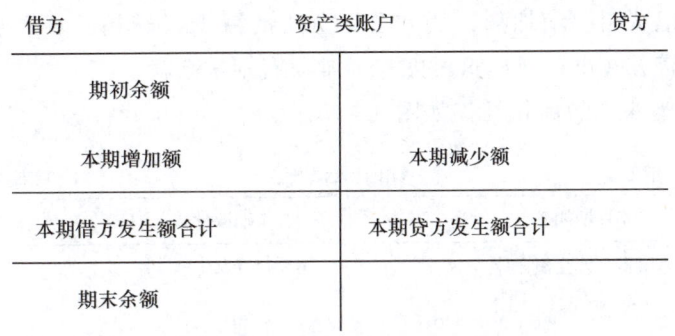

图 3-1 资产类账户的简化结构

(2)负债类账户及所有者权益类账户的结构。负债类账户及所有者权益类账户的结构与资产类账户正好相反,其贷方登记负债及所有者权益的增加额,借方登记负债及所有者权益的减少额;由于负债及所有者权益的增加额与期初余额之和,通常也要大于其本期减少额,因此,负债类及所有者权益类账户期末如有余额,一般在贷方。负债类账户及所有者权益类账户期末余额的计算公式如下:

负债类账户及所有者权益类账户期末余额=期初贷方余额+本期贷方发生额−本期借方发生额

负债类账户及所有者权益类账户的简化结构如图 3-2 所示。

借方	负债类账户及所有者权益类账户	贷方
		期初余额
本期减少额		本期增加额
本期借方发生额合计		本期贷方发生额合计
		期末余额

图 3-2　负债类账户及所有者权益类账户的简化结构

（3）收入类账户的结构。收入类账户的结构与负债类账户及所有者权益类账户相类似,贷方登记收入的增加额,借方登记收入的减少(转销)额;由于贷方登记的收入增加额一般要通过借方转出,因此,收入类账户通常没有期末余额。

收入类账户的简化结构如图 3-3 所示。

借方	收入类账户	贷方
本期减少额		本期增加额
本期借方发生额合计		本期贷方发生额合计

图 3-3　收入类账户的简化结构

（4）费用(成本)类账户的结构。企业在生产经营中所发生的各种耗费,在抵消收入之前,可将其视为一种资产,所以费用(成本)类账户的结构与资产类账户的结构基本相同。账户的借方登记费用的增加额,贷方登记费用的减少(转销)额;由于借方登记的增加额一般都要通过贷方转出,所以这类账户通常没有期末余额。

费用(成本)类账户的简化结构如图 3-4 所示。

借方	费用(成本)类账户	贷方
本期增加额		本期减少额
本期借方发生额合计		本期贷方发生额合计

图 3-4　费用(成本)类账户的简化结构

（5）利润类账户的结构。利润类账户的结构与负债类账户及所有者权益类账户大致相同,账户贷方登记利润的增加额,借方登记利润的减少额,期末余额一般在贷方。利润类账户是一个计算利润形成和分配的账户,借方登记形成利润时发生的支出数(可视为或理解为利润的减少），贷方登记形成利润时所发生的收入数（可视为或理解为利润的增加），余额在借方表示亏损、负利润或超分配，余额在贷方表示盈利。这类账户主要有"本年利润"和"利润分配"两个账户。其中，"本年利润"属于利润计算账户，一旦完成计算，期末应无余额；"利润分配"账户属于利润分配账户，余额可以在借方，也可以在贷方。

利润类账户的简化结构如图3-5所示（以利润计算账户为例，利润分配账户无期初、期末余额栏）。收入类、费用（成本）类和利润类账户也合称为损益类账户。

借方	利润类账户	贷方
		期初余额
本期减少额		本期增加额
本期借方发生额合计		本期贷方发生额合计
		期末余额

图 3-5 利润类账户的简化结构

根据上述内容，可将借贷记账法下各类账户的结构进行归纳，具体见表3-2。

表 3-2 借贷记账法下各类账户的结构

账户类别	借方	贷方	余额方向
资产类	增加	减少	借方
负债类	减少	增加	贷方
所有者权益类	减少	增加	贷方
收入类	减少（转销）	增加	一般无余额
费用（成本）费	增加	减少（转销）	一般无余额
利润类	减少	增加	一般在贷方

由此可见，借贷记账法下各类账户的期末余额一般与增加额的方向相同，即资产类账户的期末余额在借方，负债类账户及所有者权益类账户的期末余额在贷方。基于此，我们可以得出一个结论：根据账户余额所在的方向，也可判断账户的性质。即账户若为借方余额，则为资产（有余额的费用）类账户；账户若为贷方余额，则为负债类账户或所有者权益（利润）类账户。借贷记账法的这一特点，决定了它可以设置双重性质账户。

双重性质账户是指既可以用来核算资产、费用，又可以用来核算负债、所有者权益和收入的账户，如"其他应收款""待处理财产损溢""投资收益"等。由于任何一个双重性质账户都是把原来的两个有关账户合并在一起，并具有合并前两个账户的功能，所以，设置双重性质账户有利于简化会计核算手续。

3. 记账规则

任何一种记账方法都具有其特定的科学记账规则，借贷记账法的记账规则是"有借必有贷，借贷必相等"。这一规则的具体含义是：对发生的每一笔经济业务，都要以相等的金额、相反的方向在两个或两个以上相互联系的账户中进行登记，记入一个账户的借方，就必须同时对应记入另一个或另几个账户的贷方；记入一个账户的贷方，就必须同时对应记入另一个或另几个账户的借方。此外，记入借方的金额合计，必须与记入贷方的金额合计相等。

下面通过一组实例来进一步说明借贷记账法的记账规则。

【例 3-1】 企业从银行存款中提取 500 元现金备用。

业务分析：这项经济业务的发生，一方面引起资产类项目"库存现金"增加了 500 元；另一方面引起资产类项目"银行存款"减少了 500 元。根据资产类账户的结构可知，资产类项目"库存现金"增加，记入"库存现金"账户的借方，资产类项目"银行存款"减少，记入"银行存款"账户的贷方，记账金额均为 500 元。这项业务的账户登记结果如图 3-6 所示。

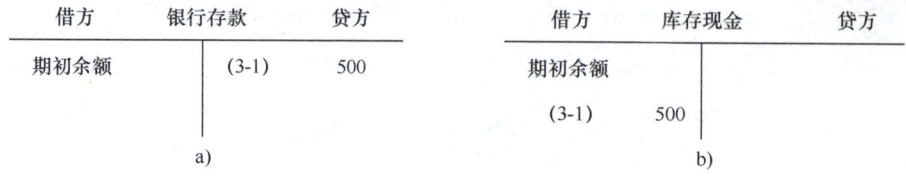

图 3-6 账户登记结果（3-1）

【例 3-2】 企业向银行借款 30 000 元，直接用来偿还所欠供货单位货款。

业务分析：这项经济业务的发生，一方面引起负债类项目"短期借款"增加 30 000 元；另一方面引起负债类项目"应付账款"减少 30 000 元。根据负债类账户的结构，负债类项目"短期借款"增加，应记入"短期借款"账户的贷方，负债类项目"应付账款"减少，应记入"应付账款"账户的借方，记入借、贷两方的金额均为 30 000 元。这项业务的账户登记结果如图 3-7 所示。

图 3-7 账户登记结果（3-2）

【例 3-3】 企业从武钢公司购入钢材 10t，货款 25 000 元，暂未支付，不考虑相关税费的影响。

业务分析：这项经济业务的发生，一方面引起资产类项目"原材料"增加 25 000 元；另一方面引起负债类项目"应付账款"增加 25 000 元。根据资产类账户的结构，资产类项目"原材料"增加，应记入"原材料"账户的借方；根据负债类账户的结构，负债类项目"应付账款"增加，应记入"应付账款"账户的贷方。记入借、贷两方的金额均为 25 000 元。这项经济业务的账户登记结果如图 3-8 所示。

【例 3-4】 企业用银行存款 30 000 元归还短期借款。

业务分析：这项经济业务的发生，一方面引起资产类项目"银行存款"减少 30 000 元；

另一方面引起负债类项目"短期借款"减少 30 000 元。根据资产类账户的结构，资产类项目"银行存款"减少，应记入"银行存款"账户的贷方；根据负债类账户的结构，负债类项目"短期借款"减少，应记入"短期借款"账户的借方。记入借、贷两方的金额均为 30 000 元。这项业务的账户登记结果如图 3-9 所示。

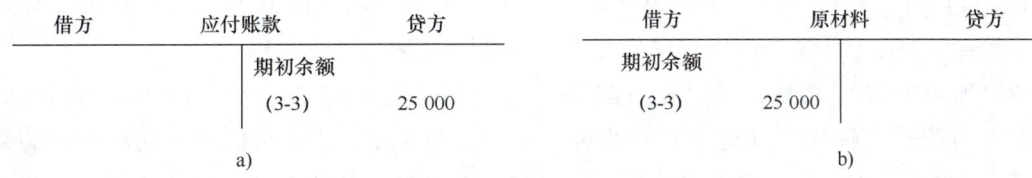

图 3-8　账户登记结果（3-3）

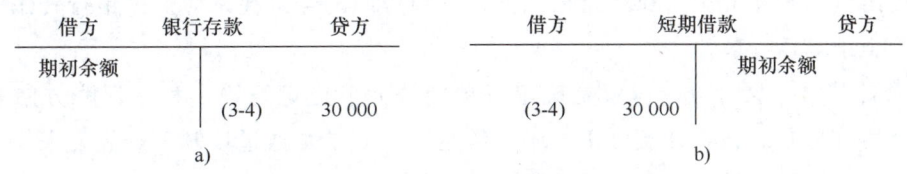

图 3-9　账户登记结果（3-4）

【例 3-5】　企业购入原材料一批，价值 50 000 元，其中用银行存款支付货款 40 000 元，余款尚欠。

业务分析：这项经济业务的发生，一方面引起资产类项目"原材料"增加 50 000 元；另一方面引起资产类项目"银行存款"减少 40 000 元和负债类项目"应付账款"增加 10 000 元。根据资产类账户的结构，资产类项目"原材料"增加，记入"原材料"账户的借方，金额为 50 000 元；资产类项目"银行存款"减少，记入"银行存款"账户的贷方，金额为 40 000 元；根据负债类账户的结构，负债类项目"应付账款"增加，应记入"应付账款"账户的贷方，金额为 10 000 元。这项业务的账户登记结果如图 3-10 所示。

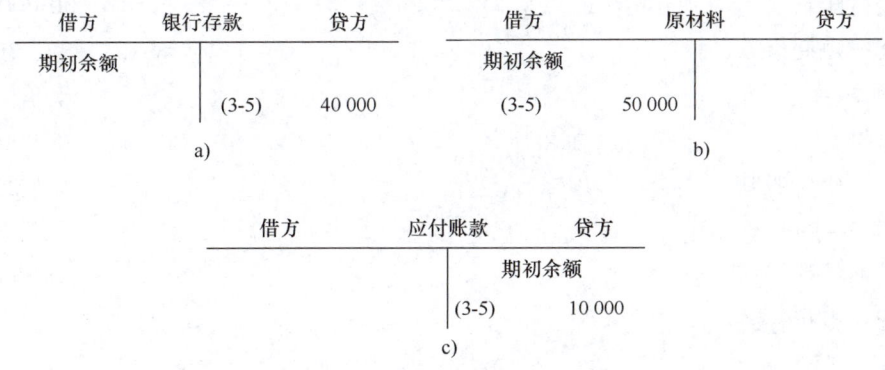

图 3-10　账户登记结果（3-5）

通过分析以上例题可以看出，在借贷记账法下，所有的经济业务都可以用"有借必有贷，借贷必相等"的记账规则进行账户登记。

4. 账户对应关系和会计分录

（1）账户的对应关系。在借贷记账法下，经济业务的发生会引起账户之间的应借、应贷关系，账户之间的这种对应关系称为账户对应关系，存在对应关系的账户称为对应账户。如【例3-1】中"银行存款"账户的贷方与"库存现金"账户的借方之间存在着一种对应关系，因此，"银行存款"账户与"库存现金"账户就称为对应账户。

通过账户的对应关系，可以检查经济业务的账务处理是否合理、合法。例如，借记"原材料"账户3 000元，贷记"库存现金"账户3 000元。我们可以看出它所反映的是一笔以现金3 000元购买原材料的经济业务，虽然这笔经济业务的账务处理并无错误，但它所反映的经济业务内容却违反了财务管理中的有关规定。因为现金管理规定中明确指出，除零星的小额支出（一般不超过2 000元）以外，各单位间的经济往来应通过银行转账结算，不得随意用现金结算。

（2）会计分录。会计分录，就是确定每项经济业务应记账户名称、记账方向和登记金额的记录，简称分录。在会计实际工作中，编制会计分录是通过填制记账凭证来体现的，它是以反映经济业务发生情况的原始凭证作为填制依据的。用借贷记账法编制会计分录时，习惯上将应借账户排列在上，应贷账户排列在下。在财会类教材及其他专业书籍中，我们通常以下列形式（借贷错开）来书写会计分录：

借：总分类账户——明细类账户　　金额
　　贷：总分类账户——明细类账户　　金额

根据【例3-1】~【例3-5】中的经济业务所编制的会计分录如下：

1)【例3-1】：
借：库存现金　　　　　　　　　　　　　　　　　　　500
　　贷：银行存款　　　　　　　　　　　　　　　　　500

2)【例3-2】：
借：应付账款　　　　　　　　　　　　　　　　　30 000
　　贷：短期借款　　　　　　　　　　　　　　　30 000

3)【例3-3】：
借：原材料　　　　　　　　　　　　　　　　　　25 000
　　贷：应付账款　　　　　　　　　　　　　　　25 000

4)【例3-4】：
借：短期借款　　　　　　　　　　　　　　　　　30 000
　　贷：银行存款　　　　　　　　　　　　　　　30 000

5)【例3-5】：
借：原材料　　　　　　　　　　　　　　　　　　50 000
　　贷：银行存款　　　　　　　　　　　　　　　40 000
　　　　应付账款　　　　　　　　　　　　　　　10 000

会计分录有简单分录和复合分录之分。由一个借方账户和一个贷方账户所组成的会计分录，即"一借一贷"的会计分录，称之为简单分录。由一个借方账户与多个贷方账户，由一个贷方账户与多个借方账户所组成的会计分录，或由多个借方账户与多个贷方账户所组成的会计分录，即"一借多贷"或"一贷多借"或"多借多贷"的会计分录，称之为复合分录。【例 3-1】~【例 3-4】均为简单分录，【例 3-5】为复合分录。复合分录实际上是由若干个简单分录组成的。

可以将【例 3-5】中的复合分录拆写成两个简单会计分录，具体如下：

借：原材料　　　　　　　　　　　　　　　　　　　　　　　　40 000
　　贷：银行存款　　　　　　　　　　　　　　　　　　　　　　40 000
借：原材料　　　　　　　　　　　　　　　　　　　　　　　　10 000
　　贷：应付账款　　　　　　　　　　　　　　　　　　　　　　10 000

由于复合分录既可以集中反映某项经济业务的全面情况，又可以简化记账手续，因此，对于内容相同而涉及账户较多的经济业务，往往编制复合分录加以反映。特殊经济业务还可编制多借多贷的复合分录。

3.2.3　试算平衡

试算平衡，就是根据各会计要素间的平衡关系和借贷记账法的记账规则，检查、验算各类账户记录是否正确的一种方法。根据借贷记账法的记账规则，任何一项经济业务发生后，记入有关账户借方的金额合计与记入有关账户贷方的金额合计必然相等。

因此，当一个会计期间（如一个月）结束后，将本期发生的全部经济业务登记入账以后，所有账户的借方本期发生额合计数与贷方本期发生额的合计数必然相等。同样道理，期末结账时，所有账户的借方期末余额合计数和贷方期末余额合计数也必然相等。因此，借贷记账法下的试算平衡方法主要有两种，一是发生额平衡法，二是余额平衡法。它们的试算平衡公式如下：

全部账户借方本期发生额合计数＝全部账户贷方本期发生额合计数

全部账户借方期末余额合计数＝全部账户贷方期末余额合计数

试算平衡可以用来检查账户记录是否正确。如果经过试算，发现借贷金额不平衡，那么账户记录肯定有错误，必须及时加以更正。如果经过试算，借贷金额平衡，也不能完全肯定记账没有错误，因为有些错误并不影响借贷双方的平衡。这类错误主要有以下三种情况：

1）将某一项或几项经济业务在有关账户中全部重记或漏记。
2）将某一项或几项经济业务记错账户，或将应记的借、贷方向颠倒。
3）某一项错误记录恰好被另一项错误记录抵销。在借贷记账法下，可以通过编制试算平衡表进行试算平衡。

对【例 3-1】~【例 3-5】中的账户记录进行试算平衡，所编制的试算平衡表见表 3-3。

表 3-3　试算平衡表

账户名称	期初余额		本期发生额		期末余额	
	借方	贷方	借方	贷方	借方	贷方
库存现金	800		500		1 300	
银行存款	85 200			70 500	14 700	
原材料	75 000		75 000		150 000	
应付账款		61 000	30 000	35 000		66 000
短期借款		100 000	30 000	30 000		100 000
合计	161 000	161 000	135 500	135 500	166 000	166 000

3.2.4　平行登记

1. 借贷记账法下总分类账户和明细分类账户的设置

为了适应经济管理的需要，对于企业所发生的经济业务都要在有关账户中进行登记，既要提供总括的核算资料，又要提供详细的核算资料，因此，可将账户划分为总分类账户和明细分类账户。

总分类账户简称总账，是按照会计科目表中一级科目来设置的分类账户。总分类账户提供的各种总括核算资料，可以概括地反映一个会计主体各项资产、负债及所有者权益等会计要素增减变动的情况和结果，但并不能提供关于各项会计要素增减变动过程及其结果的详细资料，也就难以满足经济管理上的具体需要。因此，各会计主体在设置总分类账户的同时，还应根据实际需要，在某些总分类账户的统驭下，分别设置若干明细分类账户。

明细分类账户简称明细账，是根据总分类账户核算的内容，按照管理的实际需要来设置的详细反映经济业务内容的账户。登记该类账户时除以货币作为计量单位以外，有的还要按实物数量来反映具体经济业务。例如，为了具体了解各种原材料的收、发、结存情况，就有必要在"原材料"总分类账户下，按照原材料的品种分别设置明细分类账户。又如，为了具体掌握企业与往来单位之间的货款结算情况，就应在"应付账款"总分类账户下，按各债权单位的名称分别设置明细分类账户。

总分类账户是对应各明细分类账户的统驭账户；明细分类账户是有关总分类账户的具体化，起辅助和补充的作用。总分类账户和明细分类账户所提供的资料是相辅相成、互相补充的，共同构成一个完整的账户体系。

2. 总分类账户和明细分类账户的平行登记

平行登记是指凡涉及明细分类账户的账务记录，对记录所发生的每项经济业务的会计凭证，一方面要在有关的总分类账户中进行总括登记；另一方面要在相关的明细分类账户中进行详细登记。平行登记的要点如下：

一是登记的依据相同。总分类账户和明细分类账户都应以审核无误后的同一经济业务的原始凭证作为登记账户的直接依据或间接依据。

二是登记的时间相同。对于每一笔经济业务，一方面要在有关的总分类账户中进行登记；另一方面还要分别在总分类账户所对应的明细分类账户中进行登记。

三是登记的方向相同。经济业务发生后，记入总分类账户的方向与记入其所属明细分类账户的方向相同。如果总分类账户登记在借方，则所对应的明细分类账户也应登记在借方；如果总分类账户登记在贷方，则所对应的明细分类账户也应登记在贷方。

四是登记的金额相等。记入某一总分类账户的金额，必须与记入所对应的各明细分类账户的金额之和相等。

下面分别以"原材料""应付账款"两个账户为例，说明借贷记账法下总分类账户与明细分类账户的平行登记方法。

假设某年12月1日，某企业"原材料"账户和"应付账款"账户期初余额资料如图3-11所示。

"原材料"账户

A材料	5 000kg	0.5元/kg	2 500元
B材料	500只	1元/只	500元
合计			3 000元

"应付账款"账户

甲工厂	600元
乙工厂	400元
合计	1 000元

图3-11 账户期初余额

12月份购入材料两批，具体资料如下：

（1）第一批购入B材料200只，每只1元，合计200元，货款由银行存款支付。

（2）第二批购入材料如图3-12所示。

A材料	700kg	0.5元/kg	350元
B材料	150只	1元/只	150元
合计			500元

图3-12 第二批购入材料

注：A材料货款已用银行存款支付。
B材料是向甲工厂购入的，货款尚未支付。

应付账款发生情况如下：

（1）向银行借入短期借款1 000元，归还应付账款甲工厂600元和乙工厂400元。

（2）购入B材料时，发生对甲工厂的应付账款150元。

（3）以银行存款归还前欠甲工厂的应付账款150元。

上述经济业务的账户平行登记方法如下：

首先，根据资料一，开设"原材料""应付账款"总分类账户、原材料明细账户和应付账款明细分类账户，并将期初余额分别登记入账。

然后，根据12月份的材料购入情况，将第一批购入的B材料记入"原材料"总分类账户的借方和B材料明细分类账户的借方；将第二批购入的A、B两种材料同样记入"原材料"总分类账户的借方和A材料、B材料的明细分类账户的借方。由于第二批购入B材料而发生的应付账款150元，还应记入"应付账款"总分类账户的贷方和应付账款明细分类账户"甲工厂"的贷方。

再根据应付账款发生情况，在"应付账款"总分类账户的借方和应付账款明细分类账户"甲工厂"的借方登记600元，"乙工厂"的借方登记400元。再将经济业务（3）发生的还款情况记入"应付账款"总分类账户的借方和应付账款明细分类账户"甲工厂"的借方。

最后，计算"原材料"总分类账户和"应付账款"总分类账户的借方、贷方的本期发生额和期末余额；同时，计算原材料明细分类账户、应付账款明细分类账户的借方、贷方的本期发生额和期末余额。总分类账户（采用三栏式）和明细分类账户的登记，及其本期发生额和期末余额的计算过程分别见表3-4~表3-9。

表3-4 原材料总分类账户

账户名称：原材料

××年		凭证号数	摘要	借方	贷方	借/贷	余额
月	日						
			期初余额			借	¥3 000
		①	外购材料	¥200		借	¥3 200
		②	外购材料	¥500		借	¥3 700
			本期发生额和余额	¥700		借	¥3700

表3-5 原材料明细分类账户——A材料

账户名称：原材料——A材料

××年		凭证号数	摘要	计量单位	单价	收入		支出		结存	
月	日					数量	金额	数量	金额	数量	金额
			期初余额	kg	0.5					5 000	¥2 500
		②	外购材料	kg	0.5	700	¥350			5 700	¥2 850
			本期发生额和余额			700	¥350			5 700	¥2 850

表 3-6 原材料明细分类账户——B 材料

账户名称：原材料——B 材料

××年		凭证号数	摘要	计量单位	单价	收入		支出		结存	
月	日					数量	金额	数量	金额	数量	金额
			期初余额	只	1.0					500	¥500
		①	外购材料	只	1.0	200	¥200			700	¥700
		②	外购材料	只	1.0	150	¥150			850	¥850
			本期发生额和余额			350	¥350			850	¥850

表 3-7 应付账款总分类账户

账户名称：应付账款

××年		凭证号数	摘要	借方	贷方	借/贷	余额
月	日						
			期初余额			贷	¥1 000
		①	以短期借款偿还	¥1 000		平	—
		②	外购材料		¥150	贷	¥150
		③	以银行存款偿还	¥150		平	—
			本期发生额和余额	¥1 150	¥150	平	

表 3-8 应付账款明细分类账户——甲工厂

账户名称：应付账款——甲工厂

××年		凭证号数	摘要	借方	贷方	借/贷	余额
月	日						
			期初余额			贷	¥600
		①	偿还	¥600		平	—
		②	外购材料		¥150	贷	¥150
		③	偿还	¥150		平	—
			本期发生额和余额	¥750	¥150	平	

表 3-9 应付账款明细分类账户——乙工厂

账户名称：应付账款——乙工厂

××年		凭证号数	摘要	借方	贷方	借/贷	余额
月	日						
			期初余额			贷	¥400
		①	偿还	¥400		平	—
			本期发生额和余额	¥400		平	—

根据平行登记原理，"原材料"总分类账户的本期借方发生额700元，等于"原材料"

两个所对应的明细分类账户本期借方发生额之和 700 元;"原材料"总分类账户的本期贷方发生额也必然等于原材料所对应的明细分类账户本期贷方发生额之和;"原材料"总分类账户的余额 3 700 元,等于两个原材料明细分类账户余额的合计数 3 700 元。

"应付账款"总分类账户的本期借方发生额为 1 150 元,本期贷方发生额为 150 元,分别等于应付账款明细分类账户"甲工厂"和"乙工厂"的本期借方发生额之和 1 150 元和本期贷方发生额之和 150 元,"应付账款"总分类账户的余额为 0,两个应付账款明细分类账户的期末余额也为 0。

综上所述,一个总分类账户往往对应多个所属明细账户,为了便于对总分类账户和明细分类账户的记录进行核对检查,以保证核算资料的正确性,可以通过编制总分类账户本期发生额及余额表、明细分类账户本期发生额及余额表来检查账户记录是否正确、完整。如果有数额不相等的情况,就必须查明原因,及时予以更正。

3.3 会计记账基础

会计记账基础,也称会计处理基础或会计基础。它是确定某一会计期间的收入与费用相配比,从而确定会计主体损益的标准。会计主体的生产经营活动是一个连续不断的再生产过程,它不断地为取得收入而发生各项资产的耗费,即发生成本和费用;也不断地在耗费中取得各项收入。将这些收入与其相关的成本、费用进行配比,计算出会计主体在每个会计期间的利润或亏损,是会计主体活动的目标之一。然而,由于生产经营活动的连续性,收入和成本、费用的发生并非同步,可能会出现"款付货未到""货发款未收""款收货未发""先付费后受益""先受益后付费"等经济现象。这就导致了收入与费用的归属期不一致,不能客观真实地计算各会计期间的损益。对于这种收支期和归属期不一致的收入和费用,在会计记账的时间和金额上通常有两种处理方法,即收付实现制和权责发生制。

3.3.1 收付实现制

收付实现制又称为实收实付制,它是以在本会计期间内是否已经付出、收入相应的货币资金来确认费用和收入,而不是以相关费用和收入应否实质上归属于本期损益为标准来处理经济业务的一种会计处理制度(或称会计处理基础、会计处理假定)。在这种处理基础下,凡在本期实际以货币资金付出的费用,不论其是否从本期收入中取得补偿,均应确认为本期的费用;凡在本期实际收到的货币资金,不论其是否归属于本期,均应确认为本期的收入。反之,凡在本期未曾收到的收入或未曾付出的费用,即使应归属于本期,也不确认为本期的收入或费用。

收付实现制的核心是以货币资金的流入、流出为标准来处理经济业务,这种处理基础直观明了,核算手续简便。但由于经济活动的连续性,通常是先投入资金后获取收入,在会计分期假设的前提下,会出现投入资金期间只有成本费用而没有收入,或在取得收入的期间只有收入而没有成本费用的现象。这种情况下采用收付实现制,在各会计期间的损益就缺乏科学的可比性，不利于财务管理，也不利于企业管理层以及会计信息的相关使用者对会计信息的正确分析和使用。

例如，红星公司在某年12月初以银行存款支付下一年度上半年的房租12 000元。若按收付实现制处理这项经济业务，12 000元的房租就应作为本年12月份的费用处理，冲减本年利润，而实际上本年根本就没有耗用这笔费用；相反，下一年度享受了半年的房屋使用权，却不付出任何代价。假定本年的利润总额为10 000元，若扣除12 000元的房租费用，则本年亏损了2 000元，这一数据显然是不合理的。收付实现制掩盖了真实的经营情况，因此，在以营利为目的、计算盈亏的企业会计核算中，一般不采用收付实现制。

3.3.2 权责发生制

权责发生制又称为应收应付制，通常简称为应计制或应计基础。它是以所发生的收入和费用实质上的归属期间为依据来确定是否应该将其计入本期损益的一种会计制度（或会计处理假设、会计处理基础）。权责发生制下收入和费用是否应计入本期，要视与之相关的权益或责任是否归属本期而定，只要其权益或责任归属本期，收入和费用就应计入本期。在权责发生制下，凡是为取得本期收入而发生的费用，不论其是否已经在本期实际支付货币资金，均应作为本期的费用处理，并从本期收入中予以扣除；凡是在本期实现的收入，不论其是否在本期实际收到货币资金，均应作为本期收入处理。

权责发生制下的会计核算是按权益和责任的发生与受益时间来处理经济业务的，它与收付实现制实际上是两个相对立的会计处理基础。在权责发生制下，会计业务的处理尽管不如收付实现制直观明了，但却更符合客观实际，能客观地反映经济业务的实质，便于正确地进行收支配比、计算盈亏；能清晰、客观地揭示企业生产经营的情况，便于财会部门、企业管理层及会计信息的相关使用者分析比较，做出正确的决策。

例如，红星公司在某年12月初以银行存款预付半年的房租12 000元。若按收付实现制，这12 000元将全部作为本年12月份的费用处理，冲减本年利润；而若按权责发生制，这12 000元中本年受益期只有一个月，应承担费用2 000元，另10 000元的受益期在下一年度，应作为下年度的费用处理。假设下一年度盈利10 000元；若按权责发生制处理，则下一年度的盈利为零；若按收付实现制处理，下一年度就盈利10 000元。显然，权责发生制下的会计处理更符合客观实际，也更符合收入与费用的配比原则。

【思考题】

1. 借贷记账法的基本内容有哪些？
2. 权责发生制与收付实现制的区别是什么？
3. 借贷记账法的记账规则是什么？

第 4 章　制造业企业主要经济业务的核算

> 【学习目标】
> 1. 理解制造业企业资金筹集、生产准备、产品生产、商品销售、利润形成与分配等业务活动的内容。
> 2. 掌握在借贷记账法下核算这些经济业务应设置的主要账户以及账务处理方法。

不同性质的企业，其经济业务特点和业务流程也有所不同，本章主要以制造业企业日常发生的经济业务为例，系统地阐述借贷记账法的具体运用。

4.1　制造业企业主要经济业务概述

制造业企业在日常的生产经营中，首先要从多种渠道筹集生产经营所需要的资金，其筹资方式主要有两种：一是接受投资者投资，形成企业的所有者权益；二是向债权人借入资金，形成企业的负债。企业筹集完资金之后，将资金投入到企业生产经营，并依次经过"供""产""销"过程。

企业筹集到的资金最初通常表现为货币资金形态。企业用货币资金购置生产所需的各种生产资料。一方面，企业用货币资金购建厂房、机器设备等劳动资料；另一方面，又用货币资金购买原材料等劳动对象。此时，资金就从货币资金形态分别转化为固定资金形态和储备资金形态。

在生产过程中，劳动者借助劳动资料对劳动对象进行加工，生产出符合社会需要的产品。随着材料物资的耗费、固定资产在使用过程中发生的折旧和用货币资金支付的工资及福利等，资金就从固定资金、储备资金和一部分货币资金形态转化为生产资金形态。随着产品的制造完成和验收入库，资金又从生产资金形态转化为成品资金形态。

在销售过程中，企业通过销售产品，与购买单位发生各种货款结算，收回货款，同时，还要发生销售费用、缴纳各种税金等。此时，资金从成品资金形态转化为货币资金形态。

企业取得的各项收入抵偿各项成本之后，形成利润。企业实现的利润在缴纳所得税后，还要按照国家的有关规定进行分配。这样，一部分资金退出企业，一部分资金以公积金等形式继续参与企业的资金周转。

因此，制造业企业在生产经营过程中发生的主要经济业务内容包括：①资金筹措业务；②生产准备过程中的业务；③生产过程中的业务；④销售过程中的业务；⑤期末账项调整与利润的形成的业务；⑥利润分配业务。

4.2 资金筹措业务的核算

资金是企业的血液，筹措资金既是企业生产经营活动的前提条件，又是企业资金运动的起点。从企业资金的筹措内容来看，主要包括两部分：一是资本金的筹措；二是资金的借入。

4.2.1 资本金筹措业务的核算

1. 资本金筹措的主要相关业务

资本金是指企业创建时，在工商行政管理部门登记注册的资金。依照《中华人民共和国公司法》第6条的规定，设立公司，应当依法向公司登记机关申请设立登记。符合规定的设立条件的，由公司登记机关分别登记为有限责任公司或者股份有限公司；不符合规定的设立条件的，不得登记为有限责任公司或者股份有限公司。法律、行政法规规定设立公司必须报经批准的，应当在公司登记前依法办理批准手续。

企业资本金按其投资主体不同，可分为国家资本金、法人资本金、个人资本金和外商资本金等。国家资本金是指有权代表国家投资的政府部门或者机构以国有资产投资于企业而形成的资本金，其所有权属于国家；法人资本金是指企业本身之外的其他法人单位以其依法可以支配的资产投资于企业而形成的资本金，其所有权属于投资企业；个人资本金是指社会个人或者本企业内部职工以个人合法资产投资于企业而形成的资本金，其所有权属于投资者个人；外商资本金是指我国港澳台以及国外投资者以其资产投资于企业而形成的资本金，其所有权属于外商。企业资本金按其筹措时的形态来划分，可以划分为货币、实物、有价证券和无形资产等。

企业资本金按其内容来划分，可分为实收资本（或股本）和"准资本"两类。实收资本（或股本）是指企业实际收到的资本金，它不同于注册资本金。在我国有关法律中规定，注册资本是在市场监督管理部门登记注册的资本，它并不等于实际收到的资本。企业在登记注册时，注册资本通常大于实收资本，在一定时期内，资本陆续到位，最终实收资本应等于注册资本。为降低创业成本，激发社会投资活力，我国已不再限制公司设立时发起人（股东）的首次出资比例和缴足出资的期限，但当股东不按照规定缴纳出资时，除应当责令向公司足额缴纳外，还应当向已按期足额缴纳出资的股东承担违约责任。

"准资本"是资本的一种储备形式，在一定条件下可以转为资本金。目前，我国"准资本"主要有资本公积和盈余公积两种形式。资本公积是企业收到投资者超出其在企业注册资本（或股本）中所占份额的投资，以及直接计入所有者权益的利得和损失等。资本溢价（或股本溢价）是企业收到投资者超出其在企业注册资本（或股本）中所占份额的投资。形成资本溢价（或股本溢价）的原因有溢价发行股票、投资者超额缴入资本等。直接计入所有者权益的利得和损失是指不应计入当期损益、会导致所有者权益发生增减变动的、与所有者投入资本或者向所有者分配利润无关的利得或者损失。不同来源形成的资本公积由全体所有者共同享有。资本公积的主要用途在于增资，即在办理增资手续后用资本公积金转增资本（或股本），按各投资者（或股东）原有投资（或持股）比例增加资本金（或增加每股面值）。

盈余公积是指因企业盈利而按国家规定从税后利润中提取的一定比例的公共积累基金，它包括法定盈余公积和任意盈余公积两部分。《中华人民共和国公司法》第166条规定：公司分配当年税后利润时，应当提取利润的10%列入公司法定公积金。公司在从税后利润中提取法定公积金后，经股东大会决议，还可以提取任意公积金。盈余公积在一定条件下可以按法定程序转化为资本金。《中华人民共和国公司法》第168条规定：公司的盈余公积金用于弥补公司的亏损、扩大公司生产经营规模或者转为增加公司资本。

2. 资本金筹措业务核算的账户设置

根据资本金筹措业务，可设置"实收资本（股本）"以及"资本公积"两个主要核心账户，根据资本金的来源和形式可设置"库存现金""银行存款""固定资产""无形资产"等相关账户，对其经济业务进行确认、计量和反映监督。

（1）"实收资本（股本）"账户。该账户核算企业实际收到投资者投入资本的增减变化及其结果。该账户属于所有者权益类账户，其贷方登记企业实际收到投资者投入资本金的确认价值和由"资本公积""盈余公积"等账户转增的资本金数额，借方登记投入资本的减少数额。根据资本保全的规定，投资者除企业中止经营、合同期满或破产清算外，不得中途抽回资本。因此，该账户期末余额在贷方，表示企业收到资本的实有数。

根据信息使用者的需要，该账户可按投资主体的单位名称或投资的实体类别分别设置明细分类账户"国家资本""法人资本——×××""个人资本——×××""外商资本——×××"等进行明细分类核算。

（2）"资本公积"账户。该账户核算企业收到投资者超出其在注册资本或股本中所占份额的部分。此外，直接计入所有者权益的利得和损失也通过该账户核算。该账户属于所有者权益类账户，其贷方登记资本公积的取得，借方登记资本公积按法定程序转增资本时的转出数额，期末余额在贷方，表示资本公积的实有数额。

根据资本公积的来源渠道，该账户一般应当设置"资本溢价（股本溢价）""其他资本公积"等明细分类账户进行明细分类核算。

3. 资本金筹措的核算

【例4-1】庆顺公司接受保昌公司投资的现金500 000元，已存入银行。

业务分析：这项经济业务的发生，一方面使庆顺公司的银行存款增加500 000元，应记入"银行存款"这一资产类账户的借方；另一方面使投入资本增加，应记入"实收资本"这一权益类账户的贷方。因此，庆顺公司应做如下会计分录：

借:银行存款 500 000
　　贷:实收资本——保昌公司 500 000

【例4-2】 红星公司向庆顺公司投资一台未用的新专用设备,账面价值为400 000元,增值税税率为13%。庆顺公司为增值税一般纳税人。经双方协商同意,按账面价值确认成交,已验收交付使用。

业务分析:这项经济业务的发生,一方面使庆顺公司的固定资产原值增加400 000元,应记入"固定资产"这一资产类账户的借方。同时将可抵扣的增值税52 000(即400 000×13%)元记入"应交税费——应交增值税(进项税额)"这一负债类账户的借方。另一方面,该业务使红星公司对庆顺公司的投入资本增加452 000[即400 000×(1+13%)]元,应记入"实收资本"这一权益类账户的贷方。因此,庆顺公司应做如下会计分录:

借:固定资产——设备 400 000
　　应交税费——应交增值税(进项税额) 52 000
　　贷:实收资本——红星公司 452 000

【例4-3】 庆顺公司接受华星公司一专利技术投资,其账面价值为58 000元,双方确定按中介机构评估价值50 000元入账。

业务分析:这项经济业务的发生,一方面使庆顺公司的无形资产(专利技术)增加50 000元,应记入"无形资产"这一资产类账户的借方;另一方面使投入资本增加,应记入"实收资本"这一权益类账户的贷方。因此,庆顺公司应做如下会计分录:

借:无形资产——专利技术 50 000
　　贷:实收资本——华星公司 50 000

值得注意的是,在接受无形资产或实物资产时,投资者投入资产的成本,应当按照投资合同或协议约定的价值确定,但合同或协议约定价值不公允的除外。在投资合同或协议约定价值不公允的情况下,按照该项资产的公允价值确定入账价值。

【例4-4】 假设庆顺公司设立时实收资本为1 800 000元,为A、B、C三位投资者各自出资600 000元。经营四年后D投资者欲加入该公司。经各方协商和办理增资手续,D投资者出资800 000元取得了变更后注册资本2 400 000元的25%的投资份额。

业务分析:该项业务说明,公司在创立时,出资者认缴的出资额一般全部记入"实收资本"科目。但在企业重组并有新的投资者加入时,为了维护原有投资者的权益,新加入的投资者的出资额并不一定全部作为实收资本处理。这是因为,企业进行正常生产经营后,在正常情况下,资本利润率要高于企业初创阶段。同时在企业内部也形成了内部积累,新的投资者加入企业后,要分享这些积累,因而往往要付出大于按持股比例计算的出资额,才能取得与原有投资者相同的持股比例。该笔业务中,D投资者是在庆顺公司经营四年后加入的,因此,D投资者以高于原三位投资者各自出资额(600 000元)200 000元的出资额(即800 000元)取得了与原三位投资者相同比例(均为25%)的投资份额。在会计核算时,应将D投资者投入资金中的600 000元记入"实收资本"科目,其余200 000元作为资本溢价部分记入"资本公积"科目。因此,庆顺公司应做如下会计分录:

借：银行存款　　　　　　　　　　　　　　　　　　　　　　800 000
　　贷：实收资本——D 投资者　　　　　　　　　　　　　　600 000
　　　　资本公积——资本溢价　　　　　　　　　　　　　　200 000

【例 4-5】　庆顺公司经董事会研究决定，依法将本公司的资本公积金中的 300 000 元转增为资本金，所有手续已依法全部办妥。

业务分析：该业务体现的是庆顺公司将本公司"资本公积"账户中属于所有股东或所有者共同拥有的资本金，按法定程序分配划转为各个股东或所有者投入资本的过程。它只是资本金形态的转化（由"准资本金"转为资本金），即"实收资本"账户金额增加，"资本公积"账户金额减少，资本金并没有流出本公司。因此，庆顺公司应做如下会计分录：

借：资本公积——×××　　　　　　　　　　　　　　　　300 000
　　贷：实收资本——×××　　　　　　　　　　　　　　　300 000

4.2.2　资金借入业务的核算

资金借入是企业筹措资金的另一种方式或渠道。一般情况下，企业筹措到位的资本金在企业未清算前既不需要归还，也不允许抽走。而借入的资金则不论企业是否清算，到期都必须偿还，且还须定期付息。因此，资金借入在会计核算上有着不同于资本金筹措的特点和要求。

1. 借入资金的特点和类型

借入资金是企业成立以后，为了补充生产经营中周转资金的不足，或为了购买固定资产等的需要而向外部借入的资金。如向银行借款，向外发行债券筹措资金，向银行以外的其他金融机构借款，以及通过延期支付形成应付账款等其他间接的借入行为借入的资金等。借入资金的基本特点是：①借入资金是有条件的，即必须支付利息；②借入资金的使用时间有限制，不是永久无限期地使用，使用期限通常为 1 个月、3 个月、6 个月或 1 年、3 年、5 年不等；③借入资金在性质上属于企业的负债。

借入资金按其偿还或使用时间的长短划分，通常划分为短期借款和长期借款两大类。

短期借款是指企业为了满足其生产经营对资金的临时需要而向银行或其他金融机构等借入的偿还期限在 1 年以内（含 1 年）的各种借款。一般情况下企业取得短期借款是为了维持日常生产经营活动所需的资金或者为了抵偿某项债务的。

企业举借短期借款时，一般借贷双方会通过签订借款合同，注明借款的用途、金额、利率、期限、还款方式等。企业应按期归还本金并按时支付利息。短期借款的利息支出，是企业在理财活动过程中为筹集资金而发生的耗费，在会计核算中，企业应将其作为当期损益（财务费用）加以确认。短期借款利息的计算公式为

借款利息＝借款本金×利率×时间

长期借款是企业向银行及其他金融机构等借入的偿还期限在 1 年以上（不含 1 年）的各种借款。长期借款一般是企业为增添固定资产、扩大再生产规模或者研究与开发新技术等所需资金而借入的。

为建造工程而借入的长期借款，在工程完工达到预定可使用状态之前产生的利息支出，

若满足资本化的条件,应将其资本化,计入该工程成本;在工程完工达到预定可使用状态后产生的利息支出应予以费用化,计入当期损益(财务费用)。

2. 资金借入核算的账户设置

根据借入资金的特点和类型,可设置"短期借款""长期借款""财务费用""应付利息"等账户,对资金的借入、偿还、付息等经济业务进行核算。

(1)"短期借款"账户。该账户核算企业向银行或其他金融机构等借入的期限在 1 年以内(含 1 年)的各种借款的借入、偿还情况。该账户属于负债类账户,其贷方登记各种借款的借入金额,借方登记归还的借款金额,期末余额在贷方,表示企业尚未归还的短期借款。

该账户可按借款种类、贷款人和币种设置明细分类账户进行明细分类核算。

(2)"长期借款"账户。该账户核算企业向银行或其他金融机构借入的期限在 1 年以上(不含 1 年)的各项借款的借入、偿还情况。该账户属于负债类账户,其贷方登记借入的各种借款的借入金额和应付利息(到期一次还本付息时)金额,借方登记归还的借款金额,期末余额在贷方,表示企业尚未偿还的本息额。

该账户可按被借款人或借款种类设置明细分类账户进行明细分类核算。

(3)"财务费用"账户。该账户核算企业为筹集生产经营所需资金而发生的筹资费用,包括利息支出(减利息收入)、汇兑损益以及相关的手续费等。该账户属于损益类账户,其借方登记发生的各种财务费用,贷方登记发生的应冲减财务费用的利息收入以及期末转入"本年利润"账户的财务费用净额等。期末结转后无余额。

该账户可按费用项目设置明细分类账户,进行明细分类核算。

(4)"应付利息"账户。该账户核算企业按照合同约定应支付的利息,包括吸收存款、分期付息到期还本的长期借款、企业债券等应支付的利息。该账户属于负债类账户,其贷方登记本期应付的利息金额,借方登记已付的利息金额,期末余额在贷方,表示应付但尚未支付的利息金额。

该账户可按存款人或债权人设置明细分类账户进行明细分类核算。

3. 借入资金的核算实例

【例 4-6】 庆顺公司 2021 年 2 月 1 日向工商银行借入期限为 6 个月的款项 50 000 元,年利率为 7.2%,到期一次还本付息。款项已存入银行。

业务分析:该项经济业务的发生,引起庆顺公司的银行存款这一资产增加了 50 000 元;同时,也引起该公司的银行借款这一负债也增加了 50 000 元。由于此项银行借款的时间为 6 个月,故应归属于"短期借款"。年利率为 7.2%,业务发生时,该利息尚未发生。庆顺公司应做如下会计分录:

借:银行存款——工商银行　　　　　　　　　　　　　　　　　50 000
　　贷:短期借款——工商银行　　　　　　　　　　　　　　　　　50 000

【例 4-7】 2021 年 2 月末,庆顺公司计提应由本月负担的短期借款利息 300 元。

业务分析:根据权责发生制,在某一会计期间,凡是会计主体收取一项收入的权利已经具备的,不论其是否取得这项收入所对应的现金,都应将这项收入确认为本期收入并登记入账；凡是会计主体已承担某项费用的支付义务的，不论该项费用是否已经发生支付，都应将其确认为本期费用并登记入账。

本例中，庆顺公司2月末计提本月负担的利息300元，说明该企业按相关规定确认了本期应承担的利息费用300元。利息费用属于融资费用，为费用类要素，应记入"财务费用"账户。因此，该项经济业务的发生，一方面使庆顺公司的"财务费用——利息费用"增加；另一方面使该公司"应付利息"增加。因此，庆顺公司应做如下会计分录：

借：财务费用——利息费用　　　　　　　　　　　　　　　300
　　贷：应付利息——工商银行　　　　　　　　　　　　　　　　300

【例4-8】7月31日，庆顺公司以银行存款归还借款本息51 800元，款项已付讫。假设庆顺公司按月计提利息。

业务分析：根据这项经济业务，庆顺公司在7月31日共划出款项51 800元，其中本金为50 000元，利息为1 800（50 000×7.2%×6/12）元，这使得该公司银行存款这一资产减少51 800元，同时短期借款这一负债减少50 000元，应付利息这一负债减少1 500元，财务费用这一费用增加300元。因此，庆顺公司应做如下会计分录：

借：短期借款——工商银行　　　　　　　　　　　　　　50 000
　　财务费用——利息费用　　　　　　　　　　　　　　　　300
　　应付利息——工商银行　　　　　　　　　　　　　　　1 500
　　贷：银行存款——工商银行　　　　　　　　　　　　　　51 800

【例4-9】庆顺公司2021年1月1日向建设银行借入偿还期为3年，年利率为8%的借款1 200 000元。合同约定该借款到期一次还本付息，相关手续已办妥，款项已存入银行。

业务分析：这项经济业务的发生使得庆顺公司的银行存款这一资产增加了1 200 000元，同时长期借款这一负债也增加了1 200 000元。因此，庆顺公司应做如下会计分录：

借：银行存款——建设银行　　　　　　　　　　　　　1 200 000
　　贷：长期借款——建设银行　　　　　　　　　　　　　1 200 000

另外需要说明的是，借款利息在借款时尚未发生，故不予以处理。会计期末，企业应根据其应承担的利息金额（即借款经历的时间与其利率的乘积）进行期末账项调整并做相关会计处理。值得注意的是长期借款利息若不是分期支付，而是一次性支付，平时进行账项调整时，应借记"财务费用"，贷记"长期借款"，而不是借记"财务费用"，贷记"应付利息"。这是因为在这种情况下调整的本期应承担的利息通常在一年以后才支付，应视同长期借款的增加，而不是当期应付利息的增加。本例中，庆顺公司若在每月月末进行账项调整，确认每月应承担的长期借款利息时，可做如下会计分录：

借：财务费用连接利息费用　　　　　　　　　　　　　　8 000
　　贷：长期借款——建设银行　　　　　　　　　　　　　　8 000

3年后的1月1日，该项借款到期还本付息时，庆顺公司可直接做如下会计分录：

借：长期借款——建设银行　　　　　　　　　　　　　1488 000
　　贷：银行存款——建设银行　　　　　　　　　　　　　1 488 000

4.3 生产准备过程中的业务的核算

生产准备是指企业在筹措到一定的资金后，开始购置机器、设备、仪器等生产工具和进行生产所必需的各种材料等劳动对象，为生产活动做好准备。

4.3.1 固定资产购置业务的核算

1. 固定资产的含义

固定资产是指同时具有下列两个特征的有形资产：①为生产商品、提供劳务、出租或经营管理而持有。②使用寿命超过一个会计年度。从这一定义可以看出，固定资产具有以下三个特征：第一，为生产商品、提供劳务、出租或经营管理而持有，而不是为了对外出售。第二，使用寿命超过一个会计年度，这是固定资产区别于流动资产的最显著特征。第三，固定资产是一种有形资产，这一特征将固定资产与无形资产区分开来。

2. 企业取得固定资产时入账价值的确定

固定资产应当按照成本进行初始计量。由于企业可以通过多种渠道取得固定资产，从不同的渠道取得的固定资产，其成本构成的具体内容也不尽相同。其中，外购固定资产的成本包括购买价款、相关税费、使固定资产达到预定可使用状态前所发生的可归属于该项资产的运输费、装卸费、安装费和专业人员服务费等。

3. 固定资产购置业务核算的账户设置

为了核算企业购买和自行建造完成固定资产价值的变动过程及其结果，需要设置以下账户：

（1）"固定资产"账户。该账户核算企业持有的固定资产原始价值（原价）。该账户属于资产类账户，其借方登记固定资产原始价值的构成，贷方登记减少的固定资产的原始价值，期末余额在借方，反映企业固定资产的期末原价。

该账户应按照固定资产的种类和项目设置明细分类账户进行明细分类核算。

（2）"在建工程"账户。该账户核算企业基建、更新改造等在建工程发生的支出（包括安装设备的价值）。该账户属于资产类账户，其借方登记工程支出的增加，贷方登记结转完工工程的成本，期末余额在借方，表示未完工工程的成本。

该账户可按"建筑工程""安装工程""在安装设备""待摊支出"以及单项工程的名称等设置明细分类账户进行明细分类核算。

企业购置的固定资产，对于其中需要安装的部分，在交付使用之前，也就是达到预定可使用状态之前，由于尚未形成完整的取得成本（即原始价值），因而必须通过"在建工程"账户进行核算，在购建过程中所发生的全部支出，都应归集在"在建工程"账户，待工程达到预定可使用状态形成固定资产之后，方可将该工程成本从"在建工程"账户转入"固定资产"账户。

（3）"应交税费"账户。该账户核算企业按税法等规定计算应缴纳的各种税费和实际缴纳税费的情况，包括增值税、消费税、资源税、所得税、教育费附加、矿产资源补偿费等税费的核算。该账户属于负债类账户，其贷方登记计算出的各种应缴纳而未缴纳税费的增加，借方登记实际缴纳的各种税费，包括支付的增值税进项税额。期末余额一般在贷方，反映企业尚未缴纳的税费；期末如为借方余额，则反映企业多缴纳或尚未抵扣的税费。

"应交税费"账户应按照应缴纳的税费项目设置明细分类账户，进行明细分类核算。

增值税是将企业的商品和劳务在流转过程中实现的增值额作为征税对象而征收的一种流转税，我国税法规定，在我国境内销售货物、提供劳务或服务、销售无形资产、销售不动产的单位和个人，为增值税纳税人。企业增值税纳税人按会计核算水平和经营规模可分为一般纳税人和小规模纳税人两类。登记为一般纳税人的企业年应税销售额的标准是500万元以上。年应税销售额在500万元以下（含500万元）的企业应登记为小规模纳税人。上述两类纳税人在计税方法上有所不同，通常来说，一般纳税人采用一般计税方法，而小规模纳税人采用简易计税方法。一般计税方法下企业的应纳税额，是用当期销项税额抵扣当期进项税额后的余额，具体计算公式如下：

增值税

应纳税额＝当期销项税额－当期进项税额

销项税额＝销售额×增值税税率

进项税额＝购进货物或劳务价款×增值税税率

一般纳税人采用的税率为13%、9%和6%三档。

采用简易计税方法的企业的应纳税额按征收率来计算，不得抵扣增值税进项税额，具体计算公式如下：

应纳税额＝销售额×征收率

企业单位购买的固定资产，有的购买完成之后当即可以投入使用，也就是当即达到预定可使用状态，因而可以立即形成固定资产；而有的固定资产在购买之后，还需要经过安装过程，安装之后方可投入使用，而这两种情况在核算上是有区别的。因此，我们在对购买的固定资产进行核算时，一般将其区分为不需要安装的固定资产和需要安装的固定资产分别进行处理。

4. 固定资产购置业务核算实例

以下分别通过例题说明企业购买的不需要安装的和需要安装的固定资产的核算内容。

【例4-10】 庆顺公司购入一台不需要安装的设备，该设备的买价为500 000元，增值税税额为65 000元，包装运杂费等合计为2 000元，全部款项使用银行存款支付，设备当即投入使用。

业务分析：这是一台不需要安装的设备，购买完成之后就意味着达到了预定可使用状态，在购买过程中发生的货款和包装运杂费支出合计为502 000（500 000+2 000）元形成固定资产的取得成本，增值税应作为进项税额记入"应交税费"账户。这项经济业务的发生，一方面使得庆顺公司的固定资产取得成本增加502 000元，增值税进项税额增加65 000元，另一方面使得该公司的银行存款减少567 000元。因此，该项经济业务涉及"固定资产""应交税费"和"银行存款"三个账户。固定资产的增加是资产的增加，应记入"固定资产"账户的借方，增值税进项税额的增加是负债的减少，应记入"应交税费"账户的借方，银行存款的减少是资产的减少，应记入"银行存款"账户的贷方。庆顺公司应做如下会计分录：

  借：固定资产——设备   502 000
    应交税费——应交增值税（进项税额）   65 000
    贷：银行存款   567 000

【例4-11】 庆顺公司用银行存款购入一台需要安装的设备，有关发票等凭证显示其买价为480 000元，增值税税额为62 400元，包装运杂费等合计为5 000元，设备已投入安装。

业务分析：由于这是一台需要安装的设备，因而购买过程中发生的货款和包装运杂费支出构成购置固定资产安装工程的成本，在设备达到预定可用状态前的这些支出应先在"在建工程"账户中进行归集。这项经济业务的发生，一方面使得庆顺公司的在建工程支出增加485 000（即480 000+5 000）元，增值税进项税额增加62 400元，另一方面使得公司的银行存款减少547 400元，因此该项经济业务涉及"在建工程""应交税费"和"银行存款"三个账户。在建工程支出的增加是资产的增加，应记入"在建工程"账户的借方，增值税进项税额的增加是负债的减少，应记入"应交税费"账户的借方，银行存款的减少是资产的减少，应记入"银行存款"账户的贷方。庆顺公司应做如下会计分录：

  借：在建工程   485 000
    应交税费——应交增值税（进项税额）   62 400
    贷：银行存款   547 400

【例4-12】 承【例4-11】，庆顺公司的上述设备在安装过程中发生的安装费如下：领用本公司的原材料价值12 000元，应付本公司安装工人的薪酬22 800元。

业务分析：设备在安装过程中发生的安装费也构成固定资产安装工程支出。这项经济业务的发生，一方面使得庆顺公司固定资产安装工程支出（安装费）增加34 800（即12 000+22 800）元，另一方面使得该公司的原材料成本减少12 000元，应付职工薪酬增加22 800元，因此该项经济业务涉及"在建工程""原材料""应付职工薪酬"三个账户。在建工程支出的增加是资产的增加，应记入"在建工程"账户的借方，原材料的减少是资产的减少，应记入"原材料"账户的贷方，应付职工薪酬的增加是负债的增加，应记入"应付职工薪酬"账户的贷方。庆顺公司应做如下会计分录：

  借：在建工程   34 800
    贷：原材料   12 000
      应付职工薪酬——工资   22 800

【例4-13】 承【例4-12】，上述设备安装完毕，达到预定可使用状态，并经验收合格办理竣工决算手续，现已交付使用，可以结转工程成本。

业务分析：工程安装完毕交付使用，意味着固定资产的取得成本已经全部形成，于是就可以将该工程全部支出转入"固定资产"账户，其工程的全部成本为519 800（485 000+34 800）元。这项经济业务的发生，一方面使得庆顺公司固定资产取得成本增加519 800

元，另一方面使得该公司的在建工程成本减少 519 800 元，因此该项经济业务涉及"固定资产"和"在建工程"两个账户。固定资产取得成本的增加是资产的增加，应记入"固定资产"账户的借方，在建工程成本的结转是资产的减少，应记入"在建工程"账户的贷方。庆顺公司应做如下会计分录：

  借：固定资产   519 800
    贷：在建工程   519 800

【例 4-14】 庆顺公司 2021 年 5 月 1 日购入一台不需要安装的设备，其购买价款为 1 200 000 元，增值税进项税额为 156 000 元，款项尚未支付。

  业务分析：此时，一方面庆顺公司的固定资产增加，增值税进项税额增加，另一方面该公司的应付账款增加。固定资产的增加是资产的增加，应记入"固定资产"账户的借方，增值税进项税额的增加是负债的减少，应记入"应交税费"账户的借方，应付账款的增加是负债的增加，应记入"应付账款"账户的贷方。庆顺公司应编制的会计分录如下：

  借：固定资产   1 200 000
    应交税费——应交增值税（进项税额）   156 000
    贷：应付账款   1 356 000

4.3.2 原材料购置业务的核算

1. 原材料的购置业务

原材料是存货的重要组成部分，是物质资料生产过程中的劳动对象。企业要进行正常的生产经营活动，就必须购买一定品种和数量的原材料，原材料经过加工而改变其原来的实物形态，从而生产出符合社会需要的产品。因此，企业应有计划地采购原材料，既要保证能够及时、按质、按量地满足生产上的需要，又要避免储备过多，造成不必要的资金占用。

2. 原材料购置成本的确定与计算

关于原材料购置成本的确定，不同方式取得的原材料，其成本的构成内容也不同。企业储备的原材料，通常是通过向外单位采购而得。在原材料采购过程中，一方面企业从供货单位购入各种原材料，要计算购进原材料的采购成本；另一方面企业还要支付所购原材料的买价和各种采购费用，并与供应单位发生货款结算关系。一般来说，外购的原材料，其实际采购成本由以下几项内容组成：

（1）买价，是指购货发票所注明的货款金额。
（2）采购过程中发生的运输费、包装费、装卸费、保险费、仓储费等。
（3）原材料在运输途中发生的合理损耗。
（4）原材料入库之前发生的整理挑选费用。
（5）按规定应计入原材料采购成本中的各种税金，如从国外进口原材料支付的关税等。
（6）其他费用，如大宗物资的市内运杂费等，但需要注意的是采购人员的差旅费、市内零星运杂费以及专设采购机构的经费等不计入原材料的采购成本，而是作为期间费用列支。

由于企业在采购原材料的过程中,通常不是只单独采购某一种原材料,有时会同时采购多种原材料,这就使得采购过程中的原材料采购费用不可能由某一种原材料单独负担,而是应由所采购的原材料共同负担。因此,就需要对采购过程中各种采购费用按一定标准分配归入各相应的原材料成本之中。这个过程就叫采购成本的计算。

在原材料的采购过程中,发生的除买价之外的采购费用,如果能够分清是哪种原材料直接负担的,应直接计入该种原材料的采购成本,否则就应该进行分配。分配时,首先根据原材料的特点确定合理的分配标准(如按原材料的重量、体积、买价等),然后计算原材料采购费用分配率,最后计算各种原材料负担的采购费用金额,计算公式如下:

材料采购费用分配率=共同性采购费用额/分配标准的合计数
某材料应负担的采购费用额=采购费用分配率×该材料的分配标准

【例 4-15】 庆顺公司 2021 年 11 月 2 日购入 A、B、C 三种材料,货已收到,共支出运输费、装卸费 1 050 元。三种材料发票账单记录如下:

(1) A 材料 20t,单价 800 元,合计 16 000 元。
(2) B 材料 40t,单价 500 元,合计 20 000 元。
(3) C 材料 10t,单价 600 元,合计 6 000 元。

若按材料重量比例分摊计算,则三种材料各应承担的采购费用为

每吨材料应分摊的采购费用= 1 050/(20+40+10)= 15(元/t)

A 材料应负担的采购费用=20×15=300(元)

B 材料应负担的采购费用=40×15=600(元)

C 材料应负担的采购费用=10×l5=150(元)

三种材料的采购成本可通过编制"材料采购成本计算表"来计算,具体见表 4-1。

表 4-1 材料采购成本计算表

编制单位:庆顺公司　　　　　　2021 年 11 月　　　　　　　　　单位:元

项目	A 材料		B 材料		C 材料	
	总成本	单位成本	总成本	单位成本	总成本	单位成本
买价	16 000	800	20 000	500	6 000	600
采购费用	300	15	600	15	150	15
合计	16 300	815	20 600	515	6 150	615

主办会计:　　　　　　　　审核:　　　　　　　　　　　计算:

若按材料价格比例分摊计算,其计算方法与按重量分摊基本相同,只是由于各材料单位成本或总成本不同,其分配标准则不一样。究竟是按重量比例,还是按价格比例计算视情况而定,注意分配标准选择的原则是一要合理,二要简便,并根据采购的材料性质来选定。

3. 原材料购置成本的入账时间

在市场经济中,商品的交易方式比较灵活,有"一手钱,一手货",即"钱货两清"的

直接交易，也有"先交货，后付款"的赊销交易方式，还有"先付款，后交货"的卖方市场商品交易方式。不同的交易方式确定原材料购置成本的时间是不同的。一般来说，"钱货两清"的直接交易方式的原材料购置成本可在交易时直接确认；"先交货，后付款"的交易方式的原材料购置成本，只有在所有的材料价款、采购费用都已有明确证据证明确定且不再变化时，方可确认其采购成本（即采购完成入库时的材料成本），否则，不能将其全部确认为材料成本，只能部分确认其部分成本；采用"先付款，后交货"的商品交易方式时，只有在收到货物（材料），且拥有全部价款、采购费用凭证时，方可确认。

4. 原材料购置业务核算的账户设置

（1）"在途物资"账户。该账户核算企业采用实际成本（或进价）进行材料、商品等物资的日常核算时，已完成交易行为但尚未验收入库的在途物资的采购成本。该账户属于资产类账户，其借方登记购入材料、商品等物资的买价和采购费用（实际采购成本），贷方登记结转完成采购过程、验收入库材料的实际采购成本，期末余额在借方，表示尚未运达企业或者已经运达企业但尚未验收入库的在途物资的实际成本。

"在途物资"账户应按照供应单位和物资品种设置明细分类账户，进行明细分类核算。

（2）"原材料"账户。该账户核算企业库存材料实际成本的增减变动及其结存情况。该账户属于资产类账户，其借方登记已验收入库材料实际成本的增加，贷方登记发出材料的实际成本（即库存材料成本的减少），期末余额在借方，表示库存材料实际成本的期末结存余额。

"原材料"账户应按照材料的保管地点、材料的品种或类别设置明细分类账户，进行明细分类核算。

（3）"应付账款"账户。该账户核算企业因购买材料、商品和接受劳务供应而与供应单位发生的结算债务的增减变动及其结余情况。该账户属于负债类账户，其贷方登记应付给供应单位的款项（买价、税金和代垫运杂费等）的增加，借方登记应付给供应单位款项的减少（即偿还），期末余额一般在贷方，表示尚未偿还的应付款项的结存余额。

"应付账款"账户应按照债权人设置明细分类账户，进行明细分类核算。

（4）"预付账款"账户。该账户核算企业按照合同规定向供应单位预付购料款而与供应单位发生的结算债权的增减变动及其结余情况。该账户属于资产类账户，其借方登记结算债权的增加即预付款的增加，贷方登记收到供应单位提供的材料物资而应冲销的结算债权（即预付款的减少），期末余额一般在借方，表示尚未结算的预付款项的结存余额。

"预付账款"账户应按照供应单位设置明细分类账户，进行明细分类核算。

（5）"其他应收款"账户。该账户核算企业其他各种应收、暂付款，如企业内部各部门使用的备用金、应向职工收取的各种为职工垫付的款项，应向其他单位和个人收取的赔款和罚金等。该账户属于资产类账户，其借方登记发生的其他各种应收、暂付款项，贷方登记其他各种应收、暂付款项的收回情况，期末余额一般在借方，表示尚未收回的其他各种应收、暂付款项。

"其他应收款"账户应按照其他各种应收、暂付款项目以及应收单位或个人名称设置明细分类账户,进行明细分类核算。

5. 原材料购置业务的核算实例

以下通过例题说明原材料按实际成本计价业务的核算。

【例4-16】 庆顺公司向乙公司购入A材料20t,每吨单价为800元;B材料40t,每吨单价为500元;C材料10t,每吨单价为600元。另按供货单位开具的增值税发票支付增值税税额5 460元。以上材料尚未验收入库,款项已支付。

业务分析:这项经济业务,就会计要素及会计等式而言,反映了资产和负债共同增加的变化,一方面使材料采购支出增加47 460元,其中材料买价为42 000元,增值税进项税额5 460元;另一方面使企业的银行存款减少了47 460元。因此,这项业务涉及"在途物资""应交税费——应交增值税(进项税额)"和"银行存款"三个账户。根据借贷记账规则,庆顺公司可编制如下会计分录:

借:在途物资——A材料　　　　　　　　　　　　　　　　16 000
　　　　　　——B材料　　　　　　　　　　　　　　　　20 000
　　　　　　——C材料　　　　　　　　　　　　　　　　 6 000
　　应交税费——应交增值税(进项税额)　　　　　　　　 5 460
　贷:银行存款　　　　　　　　　　　　　　　　　　　　47 460

若上述三种材料的运杂费、装卸费的单据已到,共支付上述费用1 050元,庆顺公司完成材料采购并验收入库,则可结算以上材料的实际成本。根据材料采购成本计算表(相关数据与【例4-15】一致,材料采购成本计算表可直接参见表4-1)的计算数据,依据支付及入库等相关凭证,可做如下结转分录:

(1) 支付采购费用时:

借:在途物资——运杂装卸费　　　　　　　　　　　　　　1 050
　贷:银行存款　　　　　　　　　　　　　　　　　　　　 1 050

(2) 结转采购成本时:

借:原材料——A材料　　　　　　　　　　　　　　　　　16 300
　　　　　——B材料　　　　　　　　　　　　　　　　　20 600
　　　　　——C材料　　　　　　　　　　　　　　　　　 6 150
　贷:在途物资——A材料　　　　　　　　　　　　　　　16 300
　　　　　　　——B材料　　　　　　　　　　　　　　　20 600
　　　　　　　——C材料　　　　　　　　　　　　　　　 6 150

【例4-17】 庆顺公司从乙公司购入D材料5t,单价为每吨1 500元,乙公司开具的增值税发票金额为975元,代垫运杂费200元。材料已运到并已验收入库,货款、税金及代垫运杂费用尚未支付。

业务分析:这项经济业务是庆顺公司发生的材料采购业务,它引起资产和负债两个会计要素发生变化,一方面使库存材料增加了7 700元,增值税进项税额增加了975元;另一方面又使应付账款增加了 8 675 元。因此，这项经济业务涉及"原材料""应交税费——应交增值税（进项税额）"和"应付账款"等三个账户。根据借贷记账规则，庆顺公司可编制如下会计分录：

  借：原材料——D 材料   7 700
    应交税费——应交增值税（进项税额）   975
    贷：应付账款——乙公司   8 675

【例 4-18】 庆顺公司以银行存款预付戊公司 C 材料购料款 4 000 元。

业务分析：这项经济业务的发生，反映了资产要素内部的增减变化。一方面使庆顺公司预付账款增加了 4 000 元；另一方面使该公司银行存款减少了 4 000 元。它涉及"预付账款"和"银行存款"两个资产类账户。庆顺公司可编制如下会计分录：

  借：预付账款——戊公司   4 000
    贷：银行存款   4 000

【例 4-19】 庆顺公司收到戊公司发运来的，前已预付货款的 C 材料并验收入库。随货物附来的发票注明该批 C 材料的价款为 4 200 元，增值税进项税额为 546 元，戊公司代垫运杂费 800 元。

业务分析：这项经济业务的发生，一方面使得庆顺公司的材料采购支出（C 材料的买价和采购费用）合计增加了 5 000 元，增值税进项税额增加了 546 元；另一方面使得公司的预付账款减少了 4 746 元（由于是预付的方式购进 C 材料，应按 C 材料货税款抵付）。它涉及"原材料""应交税费——应交增值税（进项税额）"和"预付账款"三个账户。庆顺公司可编制如下会计分录：

  借：原材料——C 材料   5 000（4 200+800）
    应交税费——应交增值税（进项税额）   546
    贷：预付账款——戊公司   5 546

【例 4-20】 庆顺公司以银行存款补付上批 C 材料货价款及税款 1 546（5 546-4 000）元。

业务分析：这项经济业务说明的是由于原来庆顺公司预付的款项不足而发生的补付情况，一方面增加了庆顺公司的预付账款 1 546 元；另一方面使得该公司的银行存款减少了 1 546 元。它涉及"预付账款"和"银行存款"两个资产类账户的增减变化。庆顺公司可编制如下会计分录：

  借：预付账款——戊公司   1 546
    贷：银行存款   1 546

【例 4-21】 庆顺公司采购员彭一赴外地采购材料，预借差旅费 2 000 元，款项以现金付讫。

业务分析：这项经济业务的发生，反映了资产要素内部的增减变化，一方面使庆顺公司的暂付款项增加（货款虽付，其所有权仍属庆顺公司，故仍为庆顺公司的资产，只是资产的类别发生了变化）；另一方面使该公司的库存现金减少。它涉及"其他应收款"和"库存现金"两个资产类账户。庆顺公司可编制如下会计分录：

借：其他应收款——彭一　　　　　　　　　　　　　　　2 000
　　贷：库存现金　　　　　　　　　　　　　　　　　　　　2 000

4.4　生产过程中的业务的核算

4.4.1　生产过程中的基本业务和内容

制造业企业的主要经营活动是生产符合社会需要的产品，产品的生产过程也是生产资料的耗费过程。在产品的生产过程中会发生各项耗费，这些耗费都是为生产产品而发生的，因此被称为生产费用。生产费用主要包括如下几部分：直接材料、直接人工和制造费用。这些生产费用最终都要归集、分配给特定的产品，从而形成各种产品的成本。因此，在产品生产过程中生产费用的发生、归集和分配以及产品成本的形成，便构成了产品生产过程中的业务核算的主要内容。

1. 直接材料费用的归集与分配

直接材料，是指直接用于产品生产并构成产品实体的原材料、主要材料以及有助于产品形成的辅助材料等。制造业企业通过供应过程采购的原材料，经验收入库之后，就形成了生产产品的物资储备，在因生产产品及其他方面的用途而被领用时，就形成了材料费用。在确定材料费用时，应根据材料使用部门和用途，分别将相关费用记入"生产成本""管理费用""制造费用"等账户。对于直接用于某种产品生产的材料费用，应直接计入该产品的生产成本；对于由几种产品共同耗用、应由这几种产品共同负担的材料费用，应采用适当的标准进行分配之后，再计入各产品的生产成本中。

2. 人工费用的归集与分配

制造业企业根据国家规定，按照每个职工劳动的质量和数量向职工支付工资。企业职工除取得工资外，还要享受各种福利待遇，为此，国家规定，企业每期应按工资总额的一定比例计提职工福利费。工资和福利费是生产费用的组成部分。在工资和福利费列为生产费用的同时，形成了一种被称为"应付职工薪酬"的流动负债。福利费的用途，包括支付职工医药费、置办集体福利设施、发放生活困难补助、支付医务福利人员工资等。

在对企业职工的工资及福利费进行核算时，应根据工资结算汇总表或按月编制的"工资及福利费分配表"的内容登记有关的总分类账户和明细分类账户，进行相关的账务处理。如果企业采用的是计件工资制，生产工人的计件工资和提取的福利费属于直接费用，应直接计入有关产品的生产成本。生产工人以外的其他生产管理人员的工资和提取的福利费则属于间接费用，应记入"制造费用"账户。如果企业采用计时工资制，在只生产一种产品的情况下，生产工人的工资及提取的福利费也是直接费用，可直接计入产品的生产成本；如果生产多种产品，则需要采用一定的分配标准（实际生产工时或定额生产工时）将生产工人的工资和福利费分配计入产品的生产成本。

3. 制造费用的归集与分配

制造费用是企业为生产产品和提供劳务而发生的各项间接费用。制造费用的主要内容包括企业的生产部门（如生产车间）发生的水电费、办公费、固定资产折旧费、车间管理人员的工资及提取的福利费等。制造费用是一种间接费用，虽然是与生产有关的费用，但不能直接计入某种产品的生产成本，需要进行归集，再选用一定的标准（如生产工人工资、生产工时等）在各种产品之间进行分配，然后按计算出的应分配金额转入到相关产品的生产成本中去。

4. 产品生产成本的计算与完工产品成本的结转

企业应设置产品生产成本明细账，以便归集应计入各种产品的生产费用。通过对直接材料、直接人工和制造费用的归集与分配，"生产成本"账户的借方归集了生产各种产品所发生的全部生产费用。期末，企业生产的某种产品可能全部完工，可能部分完工、部分未完工，也可能全部未完工。如果期末某种产品全部完工，那么该产品生产成本明细账所归集的费用总额，即为该种完工产品的总成本。将总成本除以该种产品的完工总产量，即可计算出该种产品的单位成本。如果期末某种产品全部未完工，那么该种产品生产成本明细账所归集的费用总额，即为该种产品在产品的总成本。如果期末某种产品部分完工、部分未完工，那么这时归集在该种产品生产成本明细账中的费用总额，还应采用适当的分配方法在完工产品和在产品之间进行分配，然后才能计算出完工产品的总成本和单位成本。

企业生产的产品经过若干工序加工生产完成后，成为可供销售的产成品。期末，应根据本期计算的完工产品的生产成本有关资料，结转已完工并验收入库的产成品成本。

4.4.2 产品生产过程中的业务核算的账户设置

为了反映和监督产品在生产过程中各项材料费用、人工费用和期间间接费用的发生、归集和分配情况，正确地计算产品的生产成本，可设置下列账户进行核算：

（1）"生产成本"账户。该账户核算企业进行产品生产发生的各项生产成本，包括生产各种产品（产成品、自制半成品等）、自制材料、自制工具、自制设备等发生的生产成本。该账户属成本类账户，其借方登记企业为生产产品而发生的各项直接生产成本，包括原材料、车间工人薪酬以及生产车间应负担的制造费用等；贷方登记应结转的企业已经生产完成并已验收入库的产成品及自制半成品；期末余额在借方，表示尚未完工的在产品的实际生产成本。利用"生产成本"账户提供的资料，可以了解掌握生产过程中所发生的各种生产费用，计算确定产品的实际生产成本。

为了具体核算每一种产品的生产数量、生产费用和实际成本，可按产品的种类或生产成本的性质分别设置明细分类账，如"生产成本——A产品""生产成本——辅助生产成本""生产成本——基本生产成本"等明细分类账。

（2）"制造费用"账户。该账户专门用来归集和分配企业为生产产品和提供劳务而发生的各项间接费用。该账户属于成本类账户，其借方登记企业为生产产品和提供劳务而发生的各项间接费用，包括车间辅助人员（技术人员、管理人员等）的工资和福利费、机器设备和车间厂房的折旧费、修理费、车间办公费、水电费、机物料消耗、劳动保护费,以及季节性、修理期间的停工损失等;贷方登记按企业成本计算方法规定,分配转入"生产成本"账户借方应由各种产品具体负担的制造费用的金额,期末一般无余额。

为了具体地核算制造费用的发生和分配情况,可按不同的生产车间、部门和费用项目设置明细分类账户进行明细分类核算。

(3)"管理费用"账户。该账户核算企业为组织和管理生产经营所发生的管理费用,包括企业在筹建期内发生的开办费、董事会和行政管理部门在企业的经营管理中发生的或者应由企业统一负担的公司经费(包括行政管理部门职工工资及福利费、物料消耗、低值易耗品摊销、办公费、差旅费等)、工会经费、董事会费、咨询费、业务招待费、研究费用等。该账户属于损益类账户,其借方登记企业已经发生的各项管理费用,贷方登记上述管理费用期末转入"本年利润"账户的数额,期末结转后无余额。

该账户可按费用项目设置明细分类账户进行明细分类核算。

(4)"应付职工薪酬"账户。该账户核算企业根据有关规定应付给职工的各种薪酬,包括企业(外商)按规定从净利润中提取的职工奖励及福利基金。该账户属负债类账户,其贷方登记实际发生应分配的职工薪酬数,借方登记实际支付给职工的薪酬数,期末余额在贷方,表示已分配但尚未支付的职工薪酬。

为了详细地记录反映和核算监督企业职工薪酬的分配和支付情况,"应付职工薪酬"账户可按"工资""职工福利""社会保险费""住房公积金""工会经费""职工教育经费""非货币性福利"等设置明细分类账户进行明细分类核算。

(5)"累计折旧"账户。该账户核算企业固定资产的折旧(即已磨损的价值)情况。该账户属于资产类账户(即调整固定资产原值的账户),其贷方登记按期计提的反映固定资产已损耗的价值即折旧的累计额;借方登记固定资产折旧的转销数,即因出售、报废和毁损的固定资产而相应减少的折旧额;期末余额在贷方,表示截至本期期末固定资产已损耗价值,即累计计提的折旧额。从"固定资产"账户借方余额所反映的固定资产的原始价值中,减去"累计折旧"账户贷方余额所反映的固定资产已损耗价值的累计数额,即可求得截至本期期末固定资产的净值。

该账户可按固定资产的类别或项目设置明细分类账户进行明细分类核算。

(6)"库存商品"账户。该账户核算企业库存的各种商品的实际成本(或进价)或计划成本(或售价),包括库存产成品、外购商品、存放在门市部准备出售的商品、发出展览的商品以及存放在外的商品等。该账户属于资产类账户,其借方登记库存商品的增加,贷方登记库存商品的减少,期末余额在借方,反映企业库存商品的实际结存额。

该账户可按库存商品的种类、品种和规格等设置明细分类账户,进行明细分类核算。

4.4.3 生产过程中的主要业务的核算举例

【例4-22】 庆顺公司2021年11月库存材料耗用情况(即发料凭证汇总表)见表4-2,月末予以结转。

表 4-2　发料凭证汇总表

2021 年 11 月 30 日　　　　　　　　　　　　　　　　　　　　单位：元

用途	A 材料	B 材料	C 材料	合计
1. 生产 X 产品	2 700	22 500	600	25 800
2. 生产 Y 产品	1 700	18 000	300	20 000
3. 车间管理部门耗用			500	500
4. 厂部行政管理部门耗用			1 000	1 000
合计	4 400	40 500	2 400	47 300

业务分析：庆顺公司为了生产产品发生了材料费用，从仓库发出材料，使库存材料减少；同时，这些材料耗费用于产品生产和管理费用中，产品成本和管理费用应增加。耗费的材料中，直接耗费在具体产品 X、Y 中的，应直接记入 X、Y 产品的生产成本中，间接耗费在车间管理中的材料，应先计入"制造费用"账户，耗费在厂部行管部门的材料，应直接计入期间费用"管理费用"账户。根据借贷记账规则，庆顺公司可编制如下会计分录：

借：生产成本——X 产品　　　　　　　　　　　　　　　　25 800
　　　　　　——Y 产品　　　　　　　　　　　　　　　　20 000
　　制造费用　　　　　　　　　　　　　　　　　　　　　　500
　　管理费用　　　　　　　　　　　　　　　　　　　　　1 000
　　贷：原材料——A 材料　　　　　　　　　　　　　　　　4 400
　　　　　　　——B 材料　　　　　　　　　　　　　　　40 500
　　　　　　　——C 材料　　　　　　　　　　　　　　　 2 400

【例 4-23】 2021 年 11 月末，庆顺公司的工资汇总表见表 4-3，工资费用已在月末予以结转。

表 4-3　工资汇总表

2021 年 11 月 30 日　　　　　　　　　　　　　　　　　　　　单位：元

用途	金额	合计
1. 制造 X 产品工人工资	12 000	12 000
2. 制造 Y 产品工人工资	8 000	8 000
3. 车间管理人员工资	2 600	2 600
4. 厂部行政管理部门工资	3 400	3 400
合计	26 000	26 000

业务分析：这项经济业务表明，庆顺公司的职工为公司付出了劳动，应享受一定的工资报酬。庆顺公司应付给职工的这部分工资，因职工工作的岗位和性质不同，应归属于不同类

别的成本费用之中，如直接从事产品生产的工人工资，可直接记入"生产成本"账户；车间管理人员的工资可记入"制造费用"账户；厂部行政人员的工资，可直接记入"管理费用"账户。但这部分工资目前尚未支付，构成企业对职工的负债，故应记入"应付职工薪酬"账户。上述经济业务可编制如下会计分录：

借：生产成本——X产品	12 000
——Y产品	8 000
制造费用	2 600
管理费用	3 400
贷：应付职工薪酬	26 000

【例4-24】 2021年11月末，庆顺公司按工资总额26 000元的14%计提本月职工福利费，其中X产品生产工人的福利费为1 680元，Y产品生产工人的福利费为1 120元，车间管理人员的福利费为364元，厂部行政管理人员的福利费为476元。

业务分析：职工福利费是按职工工资总额的一定比例计提，用于职工福利的一项基金，按时提取，用时支付。提取的职工福利费与工资费用的归属基本一致。职工福利费是定期计提，集中支付的，在提取但尚未支付时，构成企业对职工的负债，应记入"应付职工薪酬"账户。上述经济业务可编制如下会计分录：

借：生产成本——X产品	1 680
——Y产品	1 120
制造费用	364
管理费用	476
贷：应付职工薪酬	3 640

【例4-25】 2021年11月末，按规定庆顺公司应计提本月固定资产折旧11 000元，其中，生产用固定资产折旧为10 000元，企业行政管理用固定资产折旧为1 000元。

业务分析：这项经济业务表明，本月固定资产的磨损价值（估计）为11 000元，这种磨损属于本期的耗费，应计入相应的生产成本和期间费用，以便在本期销售收入中获得补偿。《企业会计准则》规定，生产用固定资产的磨损价值应记入"制造费用"账户，如果是某产品的专用固定资产，其磨损价值可直接计入该产品的生产成本。企业行政管理用固定资产的磨损价值应记入"管理费用"账户。同时，为单独反映固定资产的磨损情况，还应将其磨损价值记入"累计折旧"账户。上述经济业务可编制如下会计分录：

借：制造费用	10 000
管理费用	1 000
贷：累计折旧	11 000

【例4-26】 2021年11月末，庆顺公司以银行存款支付本月车间电费780元，厂部电费300元。

业务分析：车间电费，是为生产产品以及提供服务而发生的耗费，应归于"制造费用"账户；厂部电费是企业为组织和管理生产经营而发生的耗费，应归于"管理费用"

账户。企业用银行存款支付上述电费,表明银行存款减少。上述经济业务可编制如下会计分录:

借:制造费用　　　　　　　　　　　　　　　　　780
　　管理费用　　　　　　　　　　　　　　　　　300
　　贷:银行存款　　　　　　　　　　　　　　　　　　1 080

【例4-27】 2021年11月末,庆顺公司将本月发生的制造费用按照生产工时的比例分配计入X、Y产品生产成本。其中X产品生产工时6 000个,Y产品生产工时4 000个。

业务分析:企业发生的制造费用属于间接费用,所以,需要采用一定的标准在各种产品之间进行合理的分配。制造费用的分配标准可以采用:按生产工人工资比例分配;按生产工时比例分配;按机器设备运转台时分配;按耗用原材料的数量或成本分配;按产品产量分配等。企业可以根据自身管理的需要、产品的特点等选择采用某种标准,但是,标准一经确定,应遵循可比性原则的要求,不得随意变更。制造费用的分配公式如下:

1. 计算制造费用分配率的计算公式

$$制造费用分配率 = \frac{制造费用总额}{\sum 分配标准}$$

2. 分配制造费用的计算公式

$$某种产品应负担的制造费用 = 该产品的分配标准 \times 分配率$$

对于本项业务,庆顺公司应首先归集本月发生的制造费用额。根据材料费用归集、人工费用归集、制造费用归集等业务内容可以确定本月发生的制造费用为14 244(500+2 600+364+10 000+780)元,然后按照生产工时比例进行分配,计算如下:

制造费用分配率=制造费用总额/生产工人工时总额

=14 244/(6 000+4 000)=1.424 4(元/小时)

X产品应负担的制造费用=6 000×1.424 4=8 546.40(元)

Y产品应负担的制造费用=4 000×1.424 4=5 697.60(元)

上述制造费用按工时分配的计算结果,可编制"制造费用分配表",具体见表4-4。

表4-4　制造费用分配表

2021年11月30日　　　　　　　　　　　　　　　　　　　单位:元

产品名称	工时分配	制造费用	
		分配率	分配金额
X产品	6 000	1.424 4	8 546.40
Y产品	4 000		5 697.60
合计	10 000		14 244

根据制造费用分配表,将分配的结果计入产品成本时,一方面产品生产费用增加14 244元;另一方面制造费用减少14 244元。涉及"生产成本"和"制造费用"两个账户。产品生产费用的增加应记入"生产成本"账户的借方,制造费用的减少是费用的结转,应记入

"制造费用"账户的贷方。庆顺公司应编制的会计分录如下：

借：生产成本——X 产品　　　　　　　　　　　　　　8 546.40
　　　　　　——Y 产品　　　　　　　　　　　　　　5 697.60
　　贷：制造费用　　　　　　　　　　　　　　　　　　　　14 244

【例 4-28】　2021 年 11 月末，庆顺公司结转已完工产品的实际成本。其中，投产的 X 产品 2 000 件和 Y 产品 1 000 件全部制造完工，并已验收入库。

业务分析：2021 年 11 月末，庆顺公司生产完工 X、Y 产品，并已验收入库。可编制"产品生产成本计算单"（见表 4-5）以结转本期 X、Y 产品的生产成本。

表 4-5　产品生产成本计算单

2021 年 11 月 30 日　　　　　　　　　　　　　　　　　　单位：元

项目	X 产品（2 000 件）		Y 产品（1 000 件）	
	总成本	单位成本	总成本	单位成本
1. 直接材料	25 800	12.90	20 000	20
2. 工人工资	12 000	6	8 000	8
3. 职工福利费	1 680	0.84	1 120	1.12
4. 制造费用	8 546.40	4.273 2	5 697.60	5.697 6
制造成本	48 026.40	24.013 2	34 817.60	34.817 6

根据产品生产成本计算单，庆顺公司可编制如下会计分录：

借：库存商品——X 产品　　　　　　　　　　　　　　48 026.40
　　　　　　——Y 产品　　　　　　　　　　　　　　34 817.60
　　贷：生产成本　　　　　　　　　　　　　　　　　　　　82 844

4.5　销售过程中的业务的核算

4.5.1　销售过程中的基本业务和内容

销售过程是企业再生产过程的最后一个阶段，是实现企业产品价值的关键。在销售过程中，企业将生产的产品销售出去并收回资金，以补偿生产产品的资金耗费，保证再生产正常进行的资金需要。

在销售过程中，企业通过销售产品，按照销售价格收取产品价款，获得销售收入，在销售过程中结转销售成本，还会发生运输费、包装费、广告费等销售费用，并按照税法的规定计算应缴纳各种税费等。因此，销售过程中的业务核算的主要内容包括：收入的确认、货款的结算、销售产品成本、费用的确认（包括结转销售产品成本、销售费用的支付和税金及附加的计算和缴纳等）。

1. 收入的确认

收入的确认实际上是解决收入在什么时间入账的问题。按照《企业会计准则第 14 号——

收入》的要求，当企业与客户之间的合同同时满足下列条件时，企业应当在客户取得相关商品控制权时确认收入：①合同各方已批准该合同并承诺将履行各自义务。②该合同明确了合同各方与所转让商品或提供劳务（以下简称"转让商品"）相关的权利和义务。③该合同有明确的与所转让商品相关的支付条款。④该合同具有商业实质，即履行该合同将改变企业未来现金流量的风险、时间分布或金额。⑤企业因向客户转让商品而有权取得的对价很可能收回。

2. 货款的结算

企业销售产品时，可以采用现销、赊销或预收货款等方式。现销涉及"库存现金"或"银行存款"账户；赊销采用"应收账款"或"应收票据"账户进行核算；采用预收货款方式销售时，则通过"预收账款"账户进行核算。

3. 销售产品成本、费用的确认

遵循会计核算的配比原则，企业应将结转的产品销售成本，销售过程中发生的销售费用和相关税金，与相关的收入在同一会计期间予以确认，以便合理地计算出当期销售利润。

除了销售产品等主营业务外，企业还可能发生一些非经常性的兼营业务，即其他业务，如销售材料、出租固定资产、出租包装物等，这些业务也称为其他业务。

4.5.2 销售过程中的业务的核算的账户设置

为了正确反映企业在销售过程中发生的主营业务收支和其他业务收支，需要设置下列账户进行核算：

（1）"主营业务收入"账户。该账户核算企业销售商品和提供劳务所实现的收入。该账户属于损益类账户，其贷方登记企业实现的主营业务收入，借方登记发生销售退回和销售折让时应冲减的本期主营业务收入和期末转入"本年利润"账户的主营业务收入（按净额结转），结转后月末应无余额。

该账户应按照主营业务的种类设置明细分类账户进行明细分类核算。

（2）"主营业务成本"账户。该账户核算企业经营主营业务而发生的实际成本及其结转情况。该账户属于损益类账户，其借方登记主营业务发生的实际成本，贷方登记期末转入到"本年利润"账户的主营业务成本，期末结转后无余额。

该账户应按照主营业务的种类设置明细分类账户进行明细分类核算。

（3）"税金及附加"账户。该账户核算企业在经营活动中发生的消费税、城市维护建设税、资源税、教育费附加，以及车船税、房产税、城镇土地使用税和印花税等。该账户属于损益类账户，其借方登记企业按照有关的计税依据计算出的各种税金及附加的金额，贷方登记期末转入"本年利润"账户的税金及附加的金额。期末结转后无余额。

（4）"销售费用"账户。该账户核算企业销售商品和材料、提供劳务的过程中发生的各种费用，包括保险费、包装费、展览费和广告费、商品维修费、预计产品质量保证损失、运输费、装卸费以及为销售本企业商品而专设销售机构的职工薪酬、业务费等经营费用。该账户属于损益类账户，其借方登记相应会计期间内发生的商品销售费用的金额，贷方登记期末结转到"本年利润"账户中的已发生的商品销售费用的金额。期末结转后无余额。

该账户应按照费用项目设置明细分类账户进行明细分类核算。

（5）"其他业务收入"账户。该账户核算企业除主营业务活动以外的其他经营活动实现的收入，包括出租固定资产、出租无形资产、出租包装物和商品、销售材料等实现的收入。该账户属于损益类账户，其贷方登记本期实现的其他业务收入的金额，借方登记期末转入"本年利润"账户的其他业务收入的金额，期末结转后无余额。

"其他业务收入"账户应按照其他业务的种类设置明细分类账户进行明细分类核算。

（6）"其他业务成本"账户。该账户核算企业经营除主营业务活动以外的其他经营活动所发生的支出，包括销售材料的成本、出租固定资产的折旧额、出租无形资产的摊销额、出租包装物的成本或摊销额等。该账户属于损益类账户，其借方登记其他业务成本的发生额，贷方登记期末转入到"本年利润"账户的其他业务成本的金额，期末结转后无余额。

该账户应按照其他业务的种类设置明细分类账户进行明细分类核算。

（7）"应收账款"账户。该账户核算企业因销售商品和提供劳务等而应向购货单位或接受劳务单位收取货款的结算情况，代购买单位垫付的各种款项也在该账户中核算。该账户属于资产类账户，其借方登记由于销售商品以及提供劳务等而发生的应收账款（即应收账款的增加），包括应收取的价款、税款和代垫款等，贷方登记已经收回的应收账款（即应收账款的减少），期末余额在借方，表示尚未收回的应收账款。

为了加强对应收账款的管理和监督，该账户应按照不同的应收账款的单位或个人设置明细分类账户，进行明细核算。

（8）"预收账款"账户。该账户核算企业销售商品时根据合同在发出商品前向购买单位预先收取货款的情况。该账户属于负债类账户，其贷方登记企业根据销售合同在发出商品前先收取的款项，借方登记企业发出商品后，与购买单位的结算款项，余额在贷方，表示已预收但尚未发货的款项。

为了加强对预收账款的管理，企业应按不同的购买单位设置明细分类账户，进行详细具体的明细分类核算。

4.5.3 销售过程中的主要业务的核算

【例4-29】 庆顺公司（增值税一般纳税人，下同）销售A产品100件，每件售价400元，货款合计为40 000元，按销售额的13%计算收取增值税税款5 200元，款项全部通过银行收讫。

业务分析：这项经济业务的发生，引起了资产、负债和收入三个要素的变化。一方面银行存款增加了45 200元；另一方面应交增值税增加了5 200元；同时企业的销售收入也增加了40 000元。因此，该项业务涉及"银行存款""主营业务收入"和"应交税费——应交增值税"三个账户。

关于增值税销项税额在前面已进行过说明，一般纳税人应贷记"应交税费——应交增值税（销项税额）"科目；小规模纳税人应贷记"应交税费——应交增值税"科目。

庆顺公司可编制如下会计分录：

借：银行存款　　　　　　　　　　　　　　　　　　　　　　　45 200
　　贷：主营业务收入　　　　　　　　　　　　　　　　　　　　40 000
　　　　应交税费——应交增值税（销项税额）　　　　　　　　　5 200

【例 4-30】 庆顺公司向乙公司出售 B 产品 300 件，每件售价 600 元，产品已经发出。按销售额 180 000 元的 13% 计算增值税销项税额 23 400 元。款项尚未收到，但已收到有关凭证。

业务分析：该项经济业务的发生，引起了资产、负债和收入三个要素的变化，涉及"应收账款""主营业务收入"和"应交税费——应交增值税（销项税额）"三个账户。庆顺公司已收到有关凭证，且产品已经发出，表明产品销售收入已经实现，"主营业务收入"账户的余额增加，"应交税费——应交增值税（销项税额）"账户的余额增加；但款项尚未收到，即"应收账款——乙公司"账户的余额增加。庆顺公司可编制如下会计分录：

借：应收账款——乙公司　　　　　　　　　　　　　　　　　203 400
　　贷：主营业务收入　　　　　　　　　　　　　　　　　　　180 000
　　　　应交税费——应交增值税（销项税额）　　　　　　　　 23 400

【例 4-31】 根据销售合同，庆顺公司预收乙公司购买 X 产品货款 20 000 元，款项已存入银行。

业务分析：该项经济业务的发生，引起了资产和负债两个要素发生变化，一方面银行存款增加了 20 000 元；另一方面预收账款增加了 20 000 元。因此，它涉及"银行存款"和"预收账款"两个账户。庆顺公司可编制如下会计分录：

借：银行存款　　　　　　　　　　　　　　　　　　　　　　　20 000
　　贷：预收账款　　　　　　　　　　　　　　　　　　　　　　20 000

【例 4-32】 庆顺公司根据税法规定，按销售税金的一定比例计算出本期应缴纳的城市维护建设税税款为 2 000 元，款项尚未支付。

业务分析：该项经济业务的发生，引起了费用和负债两个要素发生变化，一方面使企业应承担的城市维护建设税增加了 2 000 元；另一方面，又使企业因该笔城市维护建设税尚未缴纳而增加了负债。因此，该项经济业务涉及"税金及附加"和"应交税费——应交城市维护建设税"两个账户。

庆顺公司可编制如下会计分录：

借：税金及附加　　　　　　　　　　　　　　　　　　　　　　2 000
　　贷：应交税费——应交城市维护建设税　　　　　　　　　　　2 000

【例 4-33】 庆顺公司出售多余的 A 材料一批，共计 100kg，售价 300 元/kg，共收取货款 30 000 元及增值税税款 3 900 元。经查核材料实际成本为 280 元/kg。上述款项已通过银行收讫。

业务分析：庆顺公司出售多余材料业务属于主营业务之外的其他业务。该项经济业务引起了资产、负债、收入和成本费用四个要素发生变化。取得款项 30 000 元，引起银行存款额增加；因销售取得收入引起"其他业务收入"账户的余额增加；出售材料，引起"其他业务成本"账户的余额增加；并引起"原材料"账户的余额减少；收取增值税（销项税）额引起"应交税费"账户的余额增加。因此，该项经济业务可编制如下会计分录进行核算。

销售材料时：
借：银行存款 33 900
　　贷：其他业务收入 30 000
　　　　应交税费——应交增值税（销项税额） 3 900

结转材料成本时：
借：其他业务成本 28 000
　　贷：原材料 28 000

【例 4-34】 庆顺公司以银行存款支付本期销售产品的广告费 5 000 元。

业务分析：该项经济业务的发生引起资产和成本费用要素的变化，一方面使银行存款减少 5 000 元；另一方面使产品销售费用增加了 5 000 元。它涉及"销售费用"和"银行存款"两个账户。庆顺公司可编制如下会计分录：

借：销售费用 5 000
　　贷：银行存款 5 000

【例 4-35】 庆顺公司下设一个销售网点，经计算确定本期该网点销售人员的工资为 10 000 元。

业务分析：该项经济业务引起了费用和负债要素的变化。一方面产品销售费用增加；另一方面企业的应付职工薪酬这一负债也增加。它涉及"销售费用"和"应付职工薪酬"两个账户。庆顺公司可编制如下会计分录：

借：销售费用 10 000
　　贷：应付职工薪酬 10 000

【例 4-36】 期末，庆顺公司结转本期已售产品销售成本 120 000 元，其中 X 产品成本为 70 000 元、Y 产品成本为 50 000 元。

业务分析：该项经济业务的发生，引起费用和资产两个要素发生变化，一方面使产品销售成本增加了 120 000 元，另一方面使库存产成品减少了 120 000 元。因此，它涉及"主营业务成本"和"库存商品"两个账户。庆顺公司可编制如下会计分录：

借：主营业务成本——A 产品 70 000
　　　　　　　　　——B 产品 50 000
　　贷：库存商品——A 产品 70 000
　　　　　　　　——B 产品 50 000

4.6 期末账项调整与利润的形成业务的核算

4.6.1 期末账项调整

企业的财务成果是一定期间内收支配比的结果，但收、支有隐性和显性之分，显性收支是指现金流入或流出中体现了明显交易行为的收支，如销售商品、支付工资、支付广告费、采购材料、购买固定资产等。这类交易通常是看得见的，在交易发生时就应进行会计处理。而隐性收支，通常是无法体现明显交易行为的，它通常是按权责发生制确定的应属于某一会计期间的收入和支出。如计提应付利息、计提折旧等。这类交易通常是看不见的，它们应在会计期末计算产品成本并确定财务成果之前，一次性进行会计处理。

期末账项调整是指企业到了会计期末，遵循权责发生制的原则，对隐性交易进行确认入账的行为。期末账项调整的根本目的在于按权责发生制的原则，确认本期的实际收入和实际支出，以正确计算本期的财务成果。从调整的内容来看，期末账项调整主要有以下四种类型：

1. 未耗成本到期（预付费用）

未耗成本到期是指企业在本期或以前各期已经支付，而应由以后各期负担的成本费用，例如预付保险费、预付租金、预付报刊订阅费等。这类费用都是在某期一次性支付，但尚未耗用，而在以后各期陆续耗用受益的。对于这类费用，在到期时虽未有明显的交易行为，但按权责发生制的原则应在相应会计期间予以确认。对于这类费用，较为典型的是设置"其他应收款"账户进行核算。支付而未耗用时，借记"其他应收款"账户，贷记"银行存款"或"库存现金"账户；到期进行调整时，借记"管理费用"账户等相关账户，贷记"其他应收款"账户；"其他应收款"账户期末余额在借方，表示已支付而尚未耗用的成本费用。

2. 未赚取收入的实现（预收收入）

未赚取收入，也称递延收入或递延贷项，是企业在满足收入确认条件之前就已收到并记录收讫的收入。未赚取收入在收取时没有明显的交易行为，如预收租金、预收货款等。未赚取收入本质上是购货方为在以后期间得到货物或劳务而预先支付的款项。对于未赚取收入，较典型的核算方式是设置"预收账款"账户，核算尚未实现或赚取的收入情况。企业预先收到货款时，借记"银行存款"或"库存现金"等账户，贷记"预收账款"账户；未赚取收入对应的销售实现时，虽无明显的交易行为，也不再收得货款，但应借记"预收账款"账户，贷记"主营业务收入"或"其他业务收入"账户等；"预收账款"账户的余额在贷方，表示尚未赚取的收入。

3. 应计未计费用（应计费用）

应计未计费用是指企业已在本期耗用、已由本期受益或应由本期负担但尚未实际支付的费用，如应计利息、应计提的折旧、应付职工薪酬、应交所得税和坏账准备等。这类费用的特点是按受益比例分期预先提存，记入相关账户，而在后期集中一次性支付。这类费用按费用的不同用途可设置不同的账户进行核算,如设置"应付利息"账户、"累计折旧"账户、"应交税费"账户、"坏账准备"账户、"应付职工薪酬"账户等。

4. 应计未计收入(应计收入)

应计未计收入是指企业本期已经实现,但尚未实际收到款项的收入。期末进行账项调整,就是将已经实现而未入账的这类收入予以确认,如应收而未收账款、应计利息收入、应计租金收入等。这类收入随着时间的递延,在其收益期已部分实现了收入,因此,根据权责发生制,在期末应将这类已实现的隐性交易收入确认,作为会计调整处理。

下面举例说明制造业企业的一些期末账项调整业务。

【例 4-37】 庆顺公司本期应支付的职工工资为 54 000 元,其中,生产 X 产品的工人工资为 10 000 元,生产 Y 产品的工人工资为 8 000 元,车间管理人员的工资为 5 000 元,专设销售机构人员的工资为 15 000 元,厂部及行政管理人员的工资为 16 000 元。

业务分析:该项经济业务表明庆顺公司应确认期末应付给本公司职工工资,且上述工资尚未支付。按权责发生制原则,上述工资费用期末应予以确认并记入相关账户。根据职工工资的分类核算要求,生产工人工资直接记入"生产成本"账户,车间管理人员工资属于间接生产费用,应记入"制造费用"账户,专设销售机构人员的工资应记入"销售费用"账户,厂部行政管理人员等的工资应记入"管理费用"账户。上述经济业务期末应做如下调整会计分录:

借:生产成本——X 产品   10 000
        ——Y 产品   8 000
    制造费用   5 000
    管理费用   16 000
    销售费用   15 000
  贷:应付职工薪酬   54 000

【例 4-38】 庆顺公司 2021 年 10 月预付下一年度的房屋租金费用 12 000 元和报刊订阅费 600 元,以现金付讫。

业务分析:该项经济业务中,庆顺公司虽有明显交易行为,相关费用却并不属于本期,按权责发生制原则,本期只确认交易事项,不确认相关费用。因此,庆顺公司可编制如下会计分录:

借:其他应收款——房屋租金   12 000
          ——预订杂志   600
  贷:库存现金   12 600

【例 4-39】 庆顺公司本期摊销上期支付的,应由本期承担的报刊订阅费用 200 元。

业务分析:报刊订阅费用通常是先付款订购,后收到报刊受益的业务。在收到报刊期间,实际上并无明显的交易行为却能受益,根据权责发生制原则,受益期间应确认这笔费用。因此,庆顺公司在受益期末应对上述业务予以调整确认,可编制如下调整会计分录:

借:管理费用   200
  贷:其他应收款   200

【例 4-40】 庆顺公司向乙公司发出产品，价款为 60 000 元，增值税税款为 7 800 元，款项已于前期预收。

业务分析：该项经济业务表明商品本期已发出，货款前期已收讫，收款时尚未确认收入。本期发出商品应确认本期收入，确认时可编制如下调整会计分录：

借：预收账款　　　　　　　　　　　　　　　　　　　　　67 800
　　贷：主营业务收入　　　　　　　　　　　　　　　　　　　60 000
　　　　应交税费——应交增值税（销项税额）　　　　　　　　7 800

【例 4-41】 庆顺公司本月应收取房屋租金 600 元，款项尚未收到。

业务分析：该项经济业务表明，房屋租金虽然尚未收到，按照权责发生制原则，本期应确认已实现的收入，因此，本期的其他业务收入（租金收入）增加。期末调整确认时，庆顺公司可编制如下会计分录：

借：其他应收款——租金　　　　　　　　　　　　　　　　　　600
　　贷：其他业务收入——租金收入　　　　　　　　　　　　　　600

【例 4-42】 庆顺公司期末按规定的固定资产折旧率计提本期固定资产折旧费用 20 000 元，其中，生产用固定资产折旧费用为 12 000 元，厂部行政管理部门的固定资产折旧费用为 8 000 元。

业务分析：固定资产是具有较大金额，使用时间较长且在使用中保持实物形态不变的资产，其使用过程中磨损是不易看见的。为弥补其磨损，通常按一定比例计提一部分磨损补偿基金以备固定资产报废时更新。计提的磨损补偿基金在固定资产使用期间作为物耗费用计入当期损益（并未现金流出），从当期收入中收回。这部分交易是隐含的，所以通常在期末进行调整处理。根据固定资产折旧分类核算的要求，生产用固定资产折旧应记入"制造费用"账户，行政管理部门用固定资产折旧应记入"管理费用"账户。上述经济业务期末可编制如下调整会计分录：

借：制造费用　　　　　　　　　　　　　　　　　　　　　　12 000
　　管理费用　　　　　　　　　　　　　　　　　　　　　　　8 000
　　贷：累计折旧　　　　　　　　　　　　　　　　　　　　　20 000

【例 4-43】 庆顺公司 2021 年 12 月 1 日向银行借入 6 个月的短期借款 100 000 元，年利率为 12%，到期一次归还本息。月末计提本期应负担的利息。

业务分析：庆顺公司 2021 年 12 月 1 日借入 6 个月的短期借款，其使用期跨越了两个会计年度，利息却在到期时一次性支付。很明显 2021 年 12 月的利息费用应按权责发生制核算基础，计入 2021 年的期间费用，而另 5 个月的利息费用则应计入 2022 年的期间费用，6 个月的利息费用应按其受益的时间在各个会计期间内进行核算配比。2021 年 12 月 31 日，庆顺公司应对上述隐性交易进行调整处理，可编制如下会计分录：

借：财务费用　　　　　　　　　　　　　　　　　　　　　　　1 000
　　贷：应付利息　　　　　　　　　　　　　　　　　　　　　　1 000

在 2022 年 6 月 1 日支付利息时，2022 年 1~5 月的利息费用应归属于各期期间费用。

庆顺公司可编制如下会计分录：
借：应付利息　　　　　　　　　　　　　　　　　　　　　　　　　4 000
　　财务费用　　　　　　　　　　　　　　　　　　　　　　　　　1 000
　　贷：银行存款　　　　　　　　　　　　　　　　　　　　　　　　　5 000

4.6.2　利润的形成业务的核算

1. 利润的形成

企业作为独立的经济实体，应当以自身的经营收入抵补成本费用，并核算经营成果。企业的盈亏情况在很大程度上反映企业生产经营的经济效益，表明企业在每个会计期间的最终经营成果。

利润是指企业在一定会计期间的经营成果。利润包括收入减去费用后的净额、直接计入当期利润的利得和损失等。

直接计入当期利润的利得和损失，是指应当计入当期损益、会导致所有者权益发生增减变动的、与所有者投入资本或者向所有者分配利润无关的利得或者损失。

利润的相关计算公式如下：

（1）营业利润

营业利润＝营业收入－营业成本－税金及附加－销售费用－管理费用－研发费用－财务费用－资产减值损失－信用减值损失＋公允价值变动收益（－公允价值变动损失）＋投资收益（－投资损失）＋其他收益＋资产处置收益（－资产处置损失）

其中，营业收入是指企业经营业务所确定的收入总额，包括主营业务收入和其他业务收入。营业成本是指企业经营业务所发生的实际成本总额，包括主营业务成本和其他业务成本。资产减值损失是指企业计提各项资产减值准备所形成的损失。公允价值变动收益（或损失）是指企业交易性金融资产等公允价值变动形成的应计入当期损益的利得（或损失）。投资收益（或损失）是指企业以各种方式对外投资所取得的收益（或发生的损失）。

（2）利润总额

利润总额＝营业利润＋营业外收入－营业外支出

其中，营业外收入（或支出）是指企业发生的与日常活动无直接关系的各项利得（或损失）。营业外收支虽然与企业生产经营活动没有多大的关系，但从企业主体来考虑，同样带来企业的收入或形成企业的支出，也是增加或减少利润的因素，对企业的利润总额及净利润产生一定的影响。

1）营业外收入。营业外收入是指企业发生的与日常活动无直接关系的各项利得。营业外收入主要包括：非流动资产处置利得、非货币性资产交换利得、债务重组利得、政府补助、盘盈利得、捐赠利得等。

2）营业外支出。营业外支出是指企业发生的与日常活动无直接关系的各项损失。营业外支出主要包括：非流动资产处置损失、非货币性资产交换损失、债务重组损失、公益性捐赠支出、非常损失、盘亏损失等。

需要注意的是，营业外收入和营业外支出应当分别核算。营业外收入并不是由企业经营资金耗费所产生的，不需要企业付出代价，实际上是一种纯收入，不可能也不需要与有关费用进行配比。因此，在会计核算上，应当严格区分营业外收入与营业收入的界限。在具体核算时，不得以营业外支出直接冲减营业外收入，也不得以营业外收入直接抵销营业外支出。

（3）净利润

$$净利润 = 利润总额 - 所得税费用$$

其中，所得税费用是指企业确认的应从当期利润总额中扣除的所得税。

2. 利润的形成业务核算的账户设置

根据利润的内容，除应设置以前几节已设置的"主营业务收入""主营业务成本""税金及附加""其他业务收入""其他业务成本""销售费用""管理费用""财务费用"等账户以外，还需设置"交易性金融资产""投资收益""营业外收入""营业外支出""所得税费用"和"本年利润"等账户。

（1）"交易性金融资产"账户。该账户核算企业分类为以公允价值计量且其变动计入当期损益的金融资产。该账户属于资产类账户，其借方登记交易性金融资产的取得成本（增加），贷方登记已出售的交易性金融资产（减少）。

该账户可按金融资产的类别和品种，分别设置"成本""公允价值变动"等明细分类账户进行明细分类核算。

（2）"投资收益"账户。该账户核算企业对外投资所确认的投资收益或投资损失。该账户属于损益类账户，其贷方登记企业取得的投资收益，借方登记企业投资所发生的损失，期末余额可在借方，也可在贷方。若余额在借方则表示投资发生净亏损，若余额在贷方则表示投资取得净收益。无论是净亏损还是净收益，期末时都应将该账户的余额转入"本年利润"账户，结转后该账户无余额。

"投资收益"账户可按投资项目设置明细分类账户进行明细分类核算。

（3）"营业外收入"账户。该账户核算企业发生的各项营业外收入。该账户属于损益类账户，其贷方登记发生的营业外收入额，借方登记期末转入"本年利润"账户的营业外收入额，期末结转后无余额。

该账户可按营业外收入项目设置明细分类账户进行明细分类核算。

（4）"营业外支出"账户。该账户核算企业发生的各项营业外支出。该账户属于损益类账户，其借方登记本期内所发生的各项营业外支出额，贷方登记期末转入"本年利润"账户的营业外支出额，期末结转后无余额。

该账户可按营业外支出项目设置明细分类账户进行明细分类核算。

（5）"所得税费用"账户。该账户核算企业确认的应从当期利润总额中扣除的所得税费用。该账户属于损益类账户，其借方登记本期应缴纳的所得税税额，贷方登记期末转入"本年利润"账户的所得税税额，期末结转后无余额。

（6）"本年利润"账户。该账户核算企业当期实现的净利润或发生的净亏损。该账户属于所有者权益类账户,其贷方登记会计期末转入的各项收入和利得,借方登记会计期末转入的各项成本、费用和损失,会计年度内期末余额如果在贷方,表示实现的累计净利润;如果在借方,表示累计发生的净亏损总额。年度终了,应将本年收入和支出相抵后结出的本年实现的净利润或发生的净亏损转入"利润分配"账户,年末结转后该账户应无余额。

3. 利润形成业务的核算示例

下面举例说明利润形成业务的核算。

【例 4-44】 庆顺公司持有某企业的股票作为长期投资,被投资企业宣告分派当年的现金股利,其中庆顺公司应分配 80 000 元。庆顺公司对于股票投资的核算采用成本法。

业务分析:这项经济业务的发生,一方面使得庆顺公司的应收股利增加了 80 000 元,另一方面使得庆顺公司的投资收益增加了 80 000 元,涉及"应收股利"和"投资收益"两个账户。应收股利的增加是资产(债权)的增加,应记入"应收股利"账户的借方,投资收益的增加是收益的增加,应记入"投资收益"账户的贷方。庆顺公司应编制如下的会计分录:

借:应收股利　　　　　　　　　　　　　　　　　　　　　　　　80 000
　　贷:投资收益　　　　　　　　　　　　　　　　　　　　　　　　80 000

【例 4-45】 庆顺公司将近期内购入的某一为了交易目的而持有的股票抛出,该股票买入价为 100 000 元,卖出价为 110 000 元,所得款项存入银行。

业务分析:这项经济业务的发生,一方面使得庆顺公司的银行存款增加了 110 000 元,另一方面使得该公司的交易性金融资产减少了 100 000 元,投资收益增加了 10 000 元,涉及"银行存款""交易性金融资产"和"投资收益"三个账户。银行存款的增加是资产的增加,应记入"银行存款"账户的借方,交易性金融资产的减少是资产的减少,应记入"交易性金融资产"账户的贷方,投资收益的增加是收入的增加,应记入"投资收益"账户的贷方。庆顺公司应编制如下的会计分录:

借:银行存款　　　　　　　　　　　　　　　　　　　　　　　　110 000
　　贷:交易性金融资产　　　　　　　　　　　　　　　　　　　　100 000
　　　　投资收益　　　　　　　　　　　　　　　　　　　　　　　 10 000

【例 4-46】 庆顺公司收到某单位的违约罚款收入 10 000 元,款项已存入银行。

业务分析:这项经济业务的发生,一方面使得庆顺公司的银行存款增加了 10 000 元,另一方面使得该公司的营业外收入增加了 10 000 元,涉及"银行存款"和"营业外收入"两个账户。银行存款的增加是资产的增加,应记入"银行存款"账户的借方,营业外收入的增加是收益的增加,应记入"营业外收入"账户的贷方。庆顺公司应编制如下的会计分录:

借:银行存款　　　　　　　　　　　　　　　　　　　　　　　　10 000
　　贷:营业外收入　　　　　　　　　　　　　　　　　　　　　　 10 000

【例 4-47】 庆顺公司用银行存款 20 000 元支付税收罚款滞纳金。

业务分析:企业的税收罚款滞纳金属于营业外支出。这项经济业务的发生,一方面使得庆顺公司的银行存款减少了 20 000 元，另一方面使得该公司的营业外支出增加了 20 000 元。涉及"银行存款"和"营业外支出"两个账户。营业外支出的增加是费用支出的增加，应记入"营业外支出"账户的借方，银行存款的减少是资产的减少，应记入"银行存款"账户的贷方。庆顺公司应编制如下的会计分录：

  借：营业外支出   20 000
    贷：银行存款   20 000

【例 4-48】 年末，庆顺公司结转本年利润。各账户期末余额为："主营业务收入"账户贷方余额 3 500 000 元，"其他业务收入"账户贷方余额 450 000 元，"营业外收入"账户贷方余额 75 000 元，"投资收益"账户贷方余额 180 000 元；"主营业务成本"账户借方余额 2 450 000 元，"税金及附加"账户借方余额 300 000 元，"其他业务成本"账户借方余额 380 000 元，"管理费用"账户借方余额 120 000 元，"财务费用"账户借方余额 86 000 元，"销售费用"账户借方余额 100 000 元，"营业外支出"账户借方余额 80 000 元。

业务分析：期末结转本年利润，实际上是将本期所有的收入和所有的成本费用全部转入"本年利润"账户，在"本年利润"账户中，将本期的收入和支出进行对比，以计算出本期盈亏，若余额在贷方，即收大于支，为盈余；若余额在借方，即支大于收，为亏损。因此，庆顺公司可编制如下会计分录：

结转收入：
  借：主营业务收入   3 500 000
    其他业务收入   450 000
    投资收益   180 000
    营业外收入   75 000
    贷：本年利润   4 205 000

同时结转支出：
  借：本年利润   3 516 000
    贷：主营业务成本   2 450 000
      税金及附加   300 000
      其他业务成本   380 000
      管理费用   120 000
      财务费用   86 000
      销售费用   100 000
      营业外支出   80 000

【例 4-49】 庆顺公司根据本年利润总额，按规定的税率 25% 计算本年应缴纳的企业所得税为 172 250 元，并将所得税费用予以结转。

业务分析：该项经济业务表明，庆顺公司期末按规定计算应缴纳的所得税，这项所得税费用实际并未支付，企业的负债增加，所得税费用也增加；同时，这项所得税费用应在本年利润中予以抵扣，因此，也应转入"本年利润"账户。庆顺公司可编制如下会计分录：

(1) 计缴所得税时：
借：所得税费用　　　　　　　　　　　　　　　　　　　　172 250
　　贷：应交税费——应交所得税　　　　　　　　　　　　　　　172 250
(2) 结转所得税时：
借：本年利润　　　　　　　　　　　　　　　　　　　　　172 250
　　贷：所得税费用　　　　　　　　　　　　　　　　　　　　　172 250

所得税费用转入"本年利润"账户之后，就可以根据"本年利润"账户的借、贷方记录的各项支出和收入计算确定企业的净利润额，计算过程如下：

$$净利润 = 4\,205\,000 - 3\,516\,000 - 172\,250 = 516\,750（元）$$

4.7　利润分配业务的核算

4.7.1　利润分配业务的主要内容

利润分配是指企业根据法律、董事会或类似权力机构提请股东大会或类似批准机构批准的，对企业可供分配利润指定特定用途和将其分配给投资者的行为。

企业实现的净利润，应按照国家的规定和投资者的决议进行合理分配。净利润的分配涉及各方面的经济利益，包括投资者、企业以及企业内部职工等。因此，必须遵循兼顾各方利益的原则对净利润进行分配。根据《中华人民共和国公司法》等有关法律法规的规定，企业当年实现的净利润，首先应当弥补以前年度尚未弥补的亏损，再对剩余部分按照下列顺序进行分配：

1. 提取法定盈余公积

公司制企业的法定盈余公积按照税后利润的10%的比例提取（非公司制企业也可按照超过10%的比例提取），在计算提取法定盈余公积的基数时，不应包括企业年初未分配利润。公司法定盈余公积累计额为公司注册资本的50%以上时，可以不再提取法定盈余公积。

公司的法定盈余公积不足以弥补以前年度亏损的，在提取法定盈余公积之前，应当先用当年利润弥补亏损。

2. 提取任意盈余公积

公司制企业从税后利润中提取法定盈余公积后，经股东会或者股东大会决议，还可以从税后利润中提取任意盈余公积。非公司制企业经类似权力机构批准也可提取任意盈余公积。

3. 向投资者分配利润或股利

公司弥补亏损和提取盈余公积后所剩余的税后利润，有限责任公司股东按照实缴的出资比例分配红利，但是，全体股东约定不按照出资比例分配红利的除外；股份有限公司按照股东持有的股份比例分配，但股份有限公司章程规定不按持股比例分配的除外。

股东会、股东大会或者董事会违反规定，在公司弥补亏损和提取法定盈余公积之前向股东分配利润的，股东必须将违反规定分配的利润退还公司。公司自身作为持有人持有的本公司股份不得分配利润。

盈余公积是指企业按照规定从净利润中提取的各种积累资金。公司制企业的盈余公积分为法定盈余公积和任意盈余公积,二者的区别就在于其各自计提的依据不同。前者以国家的法律或行政规章为依据提取;后者则由企业自行决定提取。

企业提取的盈余公积主要可以用于以下几个方面:

(1) 弥补亏损。企业发生亏损时,应由企业自行弥补。弥补亏损的渠道主要有三条:一是用以后年度税前利润弥补。按照现行制度规定,企业发生亏损时,可以用以后五年内实现的税前利润弥补,即税前利润弥补亏损的期间为五年。二是用以后年度税后利润弥补。企业发生的亏损经过五年期间未弥补足额的,尚未弥补的亏损应用税后利润弥补。三是以盈余公积弥补。企业以提取的盈余公积弥补亏损时,应当由公司董事会提议,并经股东大会批准。

(2) 转增资本。企业将盈余公积转增资本时,必须经股东大会决议批准。在实际将盈余公积转增资本时,要按股东原有持股比例结转。根据《中华人民共和国公司法》的规定,法定公积金(资本公积和盈余公积)转为资本时,所留存的该项盈余公积不得少于转增前公司注册资本的25%。

(3) 扩大企业生产经营。盈余公积的用途,并不是指其实际占用形态,提取盈余公积也并不是单独将这部分资金从企业资金周转过程中抽出。企业盈余公积的结存数,实际只表现为企业所有者权益的组成部分,表明企业生产经营资金的一个来源而已,其形成的资金可能表现为一定的货币资金,也可能表现为一定的实物资产,如存货和固定资产等。这部分资金随同企业的其他来源所形成的资金进行循环周转,用于企业的生产经营。

4.7.2 利润分配业务核算的账户设置

为了核算企业利润分配的具体过程及结果,全面贯彻企业利润分配政策,需要设置以下几个账户:

(1) "利润分配"账户。该账户核算企业利润的分配(或亏损的弥补)和历年分配(或弥补)后的余额。该账户属于所有者权益类账户,其借方登记实际分配的利润额,包括提取的盈余公积和分配给投资者的利润,以及年末从"本年利润"账户转入的全年发生的累计亏损额;贷方登记用盈余公积弥补的亏损额等其他转入,以及年末从"本年利润"账户转入的全年实现的净利润。年末余额如果在借方,表示未弥补的亏损额;期末余额如果在贷方,表示未分配的利润额。

"利润分配"账户一般应设置以下几个主要的明细分类账户:"提取法定盈余公积""提取任意盈余公积""应付现金股利或利润""转作股本的股票股利""盈余公积补亏"和"未分配利润"等。年末,应将"利润分配"账户下的其他明细分类账户的余额转入"未分配利润"明细分类账户,经过结转后,除"未分配利润"明细分类账户有余额外,其他各个明细分类账户均无余额。

(2) "盈余公积"账户。该账户核算企业从净利润中提取的盈余公积。该账户属于所有者权益类账户,其贷方登记提取的盈余公积,借方登记盈余公积金的减少,期末余额在贷方，表示结余的盈余公积。

"盈余公积"账户应当分别设置"法定盈余公积"和"任意盈余公积"两个明细分类账户进行明细分类核算。

（3）"应付股利"账户。该账户核算企业分配的现金股利或利润。该账户属于负债类账户，其贷方登记应付给投资者现金股利或利润，借方登记实际支付给投资者的现金股利或利润。期末余额在贷方，表示尚未支付的现金股利或利润。

该账户可按投资者设置明细分类账户进行明细分类核算。

4.7.3　利润分配业务的核算示例

以下举例说明利润分配业务的核算。

【例 4-50】　庆顺公司经董事会决议，决定按净利润的 10% 提取法定盈余公积，按净利润的 5% 提取任意盈余公积。

业务分析：根据前述业务可知，庆顺公司本年实现的净利润为 516 750 元。因而，提取的法定盈余公积为 51 675（516 750×10%）元，提取的任意盈余公积为 25 837.50（516 750×5%）元。庆顺公司提取盈余公积业务的发生，一方面使得该公司的已分配的利润额增加了 77 512.50（51 675+25 837.50）元，另一方面使得公司的盈余公积增加了 77 512.50 元，涉及"利润分配"和"盈余公积"两个账户。已分配利润额的增加是所有者权益的减少，应记入"利润分配"账户的借方，盈余公积的增加是所有者权益的增加，应记入"盈余公积"账户的贷方。庆顺公司应编制如下的会计分录：

借：利润分配——提取法定盈余公积　　　　　　　　　　　　51 675
　　　　　　——提取任意盈余公积　　　　　　　　　　　　25 837.50
　　贷：盈余公积——法定盈余公积　　　　　　　　　　　　　51 675
　　　　　　　　——任意盈余公积　　　　　　　　　　　　25 837.50

【例 4-51】　庆顺公司按照董事会及股东大会决议，决定分配给股东现金股利 100 000 元，股票股利 150 000 元。

业务分析：这里首先需要说明，股票股利和现金股利是有区别的。对于现金股利，在董事会确定利润分配方案之后，应立即进行账务处理，而股票股利在董事会确定利润分配方案并办理了增资手续之后，才能进行相应的账务处理。这项经济业务的发生，需要处理两部分内容：对于现金股利的分配，一方面使得庆顺公司的已分配利润额增加了 100 000 元，另一方面，现金股利虽然已决定分配给股东，但在分配的当时并不实际支付，所以形成公司的一项负债，使得公司的应付股利增加了 100 000 元。涉及"利润分配"和"应付股利"两个账户。已分配利润的增加是所有者权益的减少，应记入"利润分配"账户的借方，应付股利的增加是负债的增加，应记入"应付股利"账户的贷方；对于股票股利，在分配时，应按面值记入"实收资本"科目（如有超面值部分应增加资本公积），增加公司的所有者权益。庆顺公司应编制如下的会计分录：

对于现金股利：

借：利润分配——应付现金股利或利润 100 000
  贷：应付股利 100 000

对于股票股利：

借：利润分配——转作股本的股票股利 150 000
  贷：实收资本 150 000

【例 4-52】 庆顺公司以前年度累计未弥补亏损为 24 000 元，已经超过了用税前利润弥补的期限。经董事会决议，决定用盈余公积全额弥补。

业务分析：企业发生的亏损，可以用实现的利润弥补，也可以用积累的盈余公积弥补。用盈余公积弥补亏损，相当于增加可供分配的利润。这项经济业务的发生，一方面使得庆顺公司的盈余公积减少了 24 000 元，另一方面使得庆顺公司的可供分配利润增加了 24 000 元。涉及"盈余公积"和"利润分配"两个账户。盈余公积的减少是所有者权益的减少，应记入"盈余公积"账户的借方，可供分配利润的增加是所有者权益的增加，应记入"利润分配"账户的贷方。庆顺公司应编制的会计分录如下：

借：盈余公积 24 000
  贷：利润分配——盈余公积补亏 24 000

【例 4-53】 庆顺公司在期末结转本期实现的净利润，公司本期实现净利润 516 750 元。

业务分析：结转净利润这项经济业务的发生，一方面使得庆顺公司记录在"本年利润"账户的累计净利润减少了 516 750 元，另一方面使得该公司可供分配的利润增加了 516 750 元，涉及"本年利润"和"利润分配"两个账户。结转净利润时，应将净利润从"本年利润"账户的借方转入"利润分配"账户的贷方（如果结转亏损，则进行相反的处理）。庆顺公司应编制如下的会计分录：

借：本年利润 516 750
  贷：利润分配——未分配利润 516 750

【例 4-54】 庆顺公司在会计期末结清利润分配账户所属的各有关明细分类账户。

业务分析：通过前述有关的经济业务的处理，可以确定庆顺公司"利润分配"账户所属有关明细分类账户的记录分别为"提取法定盈余公积"明细分类账户余额 51 675 元，"提取任意盈余公积"明细分类账户余额 25 837.50 元，"应付现金股利或利润"明细分类账户余额 100 000 元，"转作股本的股票股利"明细分类账户余额 150 000 元，"盈余公积补亏"明细分类账户余额 24 000 元（贷方）。结清时，应将各个明细分类账户的余额从其相反方向分别转入"未分配利润"明细分类账户中去，也就是借方的余额从贷方结转，贷方的余额从借方结转。庆顺公司应编制如下的会计分录：

（1）借：利润分配——未分配利润 327 512.50
   贷：利润分配——提取法定盈余公积 51 675
      ——提取任意盈余公积 25 837.50
      ——应付现金股利或利润 100 000
      ——转作股本的股票股利 150 000

（2）借：利润分配——盈余公积补亏   24 000
    贷：利润分配——未分配利润   24 000

【思考题】

1. 实收资本与资本公积有何区别？
2. 短期借款利息与长期借款利息的会计处理有何区别？
3. 如何结转入库材料的采购成本？
4. 销售过程中的业务核算需要设置的主要账户有哪些？
5. 企业利润的分配顺序是什么？

第 5 章 会计凭证

> 【学习目标】
> 1. 了解会计凭证的概念和填制、审核会计凭证的意义。
> 2. 明确会计凭证的基本内容以及审核会计凭证的主要内容。
> 3. 掌握填制会计凭证的要求和方法等基础知识和技能。

以会计凭证为依据,既是会计核算必须遵循的基本原则,又是会计核算的主要特点。会计主体发生的任何经济业务,要想进入会计核算系统,都必须取得或填制会计凭证。因此,填制会计凭证并审核是会计核算工作的第一步,也是一种重要的会计核算方法。

5.1 会计凭证的意义和种类

会计凭证是用来记录经济业务、明确经济责任,按一定格式编制的用作记账依据的书面证明。作为证明经济业务发生的正式字据,会计凭证如实地反映和记录经济业务,并由经办人员承担相应的经济责任。会计主体发生任何一项经济业务,都应办理凭证手续,准确记录经济业务的发生。

正确填制和严格审核会计凭证,对于完成会计工作,充分发挥会计的核算和监督职能具有重要的意义。

5.1.1 会计凭证的意义

填制和取得会计凭证,是会计核算工作的一个基本环节。会计凭证在会计核算工作中的重要意义表现为以下几点:

1. 有利于保证会计核算资料的准确性

会计凭证作为经济信息的载体,真实地记录经济活动,反映经济业务的原始情况。当企业发生经济业务时,按规定需要由经办单位或个人将经济业务发生的内容、时间、地点和条件等方面的内容填写在会计凭证上,作为反映经济业务的原始资料保存下来。

2. 为登记账簿提供依据

登记账簿是分类、系统地反映经济业务的重要环节,依据会计凭证提供的资料,会计人员才能对大量复杂的经济业务进行整理、分类、汇总、传递，将需要的经济信息登记到会计账簿上。真实、可靠的会计凭证是会计记账的基本依据，如果没有审核无误的会计凭证作为依据，任何经济业务都不能登记到会计账簿中去。

3. 可以加强经济管理中的责任制

会计凭证在记录经济业务内容及特征的同时，为了保证所记录经济内容的真实性、准确性、合法性，要求经办人及责任人在会计凭证上签字盖章，以此来明确有关人员及部门的经济责任。因此，填制和审核会计凭证，可以提高相关人员的职业责任感，促使其严格按照有关政策、法令、制度、计划或预算办事。当发生违法事件或经济纠纷时，可以借助会计凭证确定相关人员应承担的经济责任。

4. 为强化会计监督创造条件

会计主体每发生一项经济业务，都必须通过会计凭证记录反映出来，会计人员在将经济业务登记入账之前，必须严格、认真地对会计凭证进行逐项审查、核对，通过这一过程，可以查明经济业务的合法性、合理性、有效性，揭示并防止违法违纪及资源浪费行为，强化会计监督，及时发现并纠正管理中存在的问题，保护会计主体资产的安全完整，维护资产所有者的合法权益。

5.1.2 会计凭证的种类

会计凭证的种类很多，可以按不同的标准进行分类。最基本的分类标准是按会计凭证的填制程序和用途分类，将其具体分为原始凭证和记账凭证两大类。

1. 原始凭证

原始凭证是在经济业务发生时所取得或填制的，载明经济业务具体内容和完成情况的书面证明。它是进行会计核算的原始资料和重要依据，具有较强的法律效力。原始凭证形式多样、种类繁多。按照一定的标准对原始凭证进行分类，有利于更有效地认识和使用原始凭证。

（1）按取得来源分类。原始凭证按其取得来源的不同，可以分为自制原始凭证和外来原始凭证两类。自制原始凭证，是指由本单位内部经办业务的部门和人员，在办理某项经济业务时所填制的凭证。自制原始凭证按其填制手续的不同，又分为一次凭证、累计凭证和汇总凭证三种。

一次凭证，是指将一项经济业务在一张凭证上一次性记载完成的凭证，日常的原始凭证大多都属于一次凭证，例如"发票""收据""领料单"等。一次凭证的格式示例（以销货发票和领料单为例）见表5-1和表5-2。

累计凭证，是指将一定时期内重复发生的若干同类经济业务在一张凭证上连续记载完成的凭证。使用累计凭证可以简化手续，减少凭证张数，同时便于随时计算相关经济业务的累计金额，与定额、预算或计划金额对比，更好地控制计划、定额的执行，防止超支。例如，限额领料单就属于累计凭证。累计凭证的格式示例（以限额领料单为例）见表5-3。

表 5-1 销货发票

购货人：　　　　　　　　　　　年　月　日　　　　　　　　　　编　号：

编（货）号	品名	规格	单位	数量	单价	金额							
合计金额（大写）				万	仟	佰	拾	元	角	分			

企业盖章：　　　　　　　　　　　　　　　　　　　　　　　　　　经手人：

第二联 顾客

表 5-2 领料单

领料部门：

发料仓库：

用　途：　　　　　　　　　　年　月　日　　　　　　　　　　编　号：

编号	类别	名称	规格	单位	数量		金额	
					请领	实发	单价	总额
		合计						
用途								

发料人：　　　　记账：　　　　领料部门负责人：　　　　　　　　领料人：

第三联 交会计

表 5-3 限额领料单

领料部门：

发料仓库：

用　途：　　　　　　　　　　年　月　　　　　　　　　　　　编　号：

材料编号	材料名称	计量单位	计划投产	单位消耗定额	领用限额	实发			限额结余
						数量	实际（或计划）单价	金额	
日期	领用			退料					
	数量	领料人	发料人	数量	退料人	收料人			
合计									

生产计划部门：　　　　　　　　供销部门：　　　　　　　　　　　仓库

第三联 交会计

汇总凭证，是指根据许多同类经济业务的一次凭证或累计凭证定期汇总而重新编制的凭证，例如"工资汇总表""发料汇总表"等。汇总凭证可以简化编制记账凭证的手续，但是它本身不具备法律效力。汇总凭证的格式示例（以工资汇总表为例）见表5-4。

表 5-4　工资汇总表

年　月　日　　　　　　　　　　　　　　　　　　　　　　　　　　　单位：元

车间部门	应付工资			代扣款			实发金额
	基本工资	津贴	合计	房租	电费	合计	
A产品生产工人							
B产品生产工人							
车间管理人员							
行政管理人员							
福利部门人员							
合计							

财务主管：　　　　　　　　　审核：　　　　　　　　　　　　　　制单：

外来原始凭证，是指在经济业务完成时，由其他单位或个人填制，并交由本单位业务经办部门或人员，用于本单位账务记录的原始凭证，如购买商品取得的增值税专用发票（简化票样）（见表5-5）、对外支付款项取得的收据等。

表 5-5　增值税专用发票（简化票样）

开票日期：

购货单位	名称			密码区				第二联..发票联　购买方记账凭证
	纳税人识别号							
	地址、电话							
	开户行及账号							
货物或应税劳务名称	规格型号	计量单位	数量	单价	金额	税率（%）	税额	
合计								
价税合计（大写）					（小写）¥			
销货单位	名称			备注				
	纳税人识别号							
	地址、电话							
	开户行及账号							

收款人：　　　　　　复核：　　　　　　开票人：　　　　　　销货单位：（章）

（2）按格式分类。原始凭证按照格式不同，可分为通用凭证和专用凭证。通用凭证是由有关部门统一印制、在一定范围内使用的具有统一格式和使用方法的原始凭证。如某省

（市）印制的"发票""收据"等，在该省（市）或全国范围内通用；由中国人民银行制作的银行转账结算凭证，在全国范围内通用等。

专用凭证是指单位自行印制、仅在本单位内部使用的原始凭证，如"领料单""差旅费报销单""工资费用分配表"等。

（3）按作用分配。原始凭证按照作用不同，可分为通知凭证、执行凭证和计算凭证。通知凭证是指要求、指令、告知企业完成某项经济业务的原始凭证。如罚款通知书、银行收款通告书、银行付款通知书等。有些通知凭证具有专门的格式，如由税务机关统一制作，如全国通用的销货退回进货退出或折让证明单等。

执行凭证是指证明某项经济业务已经完成的原始凭证，如证明销货业务完成的销货发票、证明材料验收入库的收料单、证明材料领用发出的领料单等。

计算凭证是指对经济业务的完成过程进行计算而编制的原始凭证，如产品成本计算表、制造费用分配表、工资计算表、固定资产折旧计算表等。

（4）按经济业务分类。原始凭证按照所记录的经济业务不同，可分为款项收付业务凭证、出入库业务凭证、成本费用凭证、购销业务凭证、固定资产业务凭证、转账业务凭证等。

2. 记账凭证

记账凭证是指将审核后的原始凭证或汇总原始凭证按照经济业务的具体内容归类，据以确定应借、应贷会计科目及其金额而编制的，作为登记账簿依据的凭证。原始凭证种类繁多，格式及样式不一，大部分原始凭证不具备直接登记账簿的条件。会计人员要根据审核后的原始凭证，按照会计核算的要求进行归类和整理，并按照会计准则及其他相关规定编制会计分录，来表述原始凭证所包含的会计信息，这一过程即填制记账凭证。为了更有效地认识和使用记账凭证，可以将记账凭证按照一定的标准进行分类，主要有以下两种分类方法。

（1）按所反映的经济内容分类。记账凭证按其所反映的经济内容不同，一般分为收款凭证、付款凭证和转账凭证。收款凭证是用于记载与现金或银行存款收入有关的经济业务的记账凭证，其格式见表5-6。

表 5-6　收款凭证

借方科目　　　　　　　　　　　　年　月　日　　　　　　　　　　　　字第　号

摘要	贷方科目明细科目		√	金额	附单据
	一级科目	二级或明细科目			
	合计				张

会计主管：　　　　记账：　　　　出纳：　　　　审核：　　　　制证：

付款凭证是用于记载与现金或银行存款支出有关的经济业务的记账凭证，其格式见表5-7。

第5章 会计凭证

表 5-7 付款凭证

贷方科目　　　　　　　　　　　年　月　日　　　　　　　　　　　字第　号

摘要	借方科目		√	金额	附单据
	一级科目	二级或明细科目			
					张
合计					

会计主管：　　　记账：　　　出纳：　　　审核：　　　制证：

在实际经营中，会发生从银行提取现金或将现金存入银行而导致现金和银行存款此长彼消的经济业务。对于这类业务，目前的惯例是由资金减少方来负责填制付款凭证，以避免收、付款重复填写记账凭证带来的麻烦。即从银行提取现金业务，只编制银行存款付款凭证；将现金存入银行业务，只编制现金付款凭证。

转账凭证是用来记载与现金或银行存款收付无关的经济业务的会计凭证，其格式见表5-8。

表 5-8 转账凭证

　　　　　　　　　　　　　　　　年　月　日　　　　　　　　　　　字第　号

摘要	会计科目		√	借方金额	贷方金额	附单据
	一级科目	二级或明细科目				
						张
合计						

会计主管：　　　记账：　　　出纳：　　　审核：　　　制证：

为了简化起见，记账凭证也可以采用一种通用的格式，即不分收款凭证、付款凭证和转账凭证。通用记账凭证的格式与转账凭证的格式相同，只是名称统一为记账凭证。

（2）按填制方式分类。记账凭证按照填制方式不同，可以分为单式记账凭证和复式记账凭证。单式记账凭证是指在一张凭证上只登记一个会计科目，对应科目仅作参考而不据以记账的凭证。单式记账凭证中，填制借方科目的凭证称为借项记账凭证，填制贷方科目的凭证称为贷项记账凭证，其格式见表5-9。

表 5-9 借（贷）项记账凭证

对应科目：　　　　　　　　　　年　月　日　　　　　　　　　　　字第　号

摘要	借（贷）项记账凭证		√	金额	附单据
	一级科目	二级或明细科目			
					张
合计					

会计主管：　　　记账：　　　出纳：　　　审核：　　　制证：

复式记账凭证是指在一张凭证上至少记录两个相互对应的会计科目，并据此登记账簿的凭证。前述收款凭证、付款凭证和转账凭证都是复式记账凭证。

5.2 原始凭证的填制与审核

经济业务发生时，通常会产生会计数据或会计信息，将这些数据或信息运用原始凭证记录下来，既可以作为经济业务完成情况的书面证明，又可作为会计确认和提取会计信息的依据。

5.2.1 原始凭证的基本内容

会计主体的经济活动具有多样性，反映其经济业务的原始凭证种类繁多，具体的内容不可能完全一致，但作为证明经济活动发生的书面证明，均应载明有关经济业务的发生日期、性质和完成情况，均应明确有关单位、部门和人员的经济责任。这些共同的要求，决定了所有原始凭证都必须具备以下几方面的基本内容：

1. 原始凭证的名称

原始凭证的名称可以反映该凭证所记录的经济业务的类型或内容。如入库单、出库单、发票等，通过这些名称来限定凭证用途，区别各类经济业务。有些通用的原始凭证不能直接由凭证名称来反映经济业务的类型或内容，就需要在专门的摘要栏中具体注明，据此可以分类记录经济业务。

2. 填制凭证的日期和编号

填制凭证的日期是指经济业务发生或完成的日期。通过原始凭证日期界定经济业务的时间归属，是会计确认的依据和体现。凭证编号，包括固定连续编号和非固定连续编号，"发票""现金支票""收据"等原始凭证管理要求严格，必须固定连续编号，以防止差错和舞弊行为的发生，便于审查；"入库单""出库单"等原始凭证则一般在填制时连续编号。

3. 交易双方单位的名称

任何经济业务的发生，都有交易双方达成的契约。原始凭证载明交易双方单位的名称，可以准确地反映经济业务的来龙去脉，明确双方应承担的经济责任。

4. 经济业务的主要内容

经济业务的主要内容通常包括经济业务的实物名称、数量、单价和金额等。这是反映经济业务信息的基本要求，也是会计记账的重要依据。

5. 经办人员签章

通过有关经办人员在原始凭证上的签名、盖章，可以明确经济业务承办人员应承担的经济责任，并且便于对经济业务进行监督或审核。

此外，从外单位取得的原始凭证，必须盖有填制单位的公章；从个人处取得的原始凭证，必须有填制人员的签名或盖章；自制原始凭证必须有经办单位负责人或其指定的人员签名或盖章。有些原始凭证所包括的内容，不仅应当满足财务会计工作的需要，还应当满足预算、统计和其他工作的需要。因此，有些原始凭证除了包括上述基本内容外，还应当补充其他必要的内容。例如，在自制原始凭证上注明同该项经济业务有关的生产计划任务、合同以及预算项目等等。

5.2.2 原始凭证的填制

原始凭证是具有法律效力的证明文件，是进行会计核算的依据，对原始凭证的填制必须严肃认真。正确填制原始凭证，要由填制人或经办人根据经济业务的实际执行和完成情况，将各项原始凭证要素按规定的方法填写齐全，办妥签章手续，明确经济责任。

1. 不同种类原始凭证的填制

（1）外来原始凭证的填制。外来原始凭证是企业同外单位发生经济业务时，由外单位的经办人填制的，它也要具备证明经济事项完成情况和明确经济责任所必需的内容，必须有该填制单位的公章，从个人处取得的原始凭证必须有填制人员的签名或盖章。

（2）自制原始凭证的填制。自制原始凭证的填制分为以下三种情况：

1) 根据经济业务执行和完成的实际情况，由经办人员直接填制。例如，根据实际领用的材料名称和数量、金额填列的领料单、限额领料单等。

2) 根据账簿记录对有关经济业务加以归类、整理后重新填制。例如，工业企业月末为了计算本月的生产成本，将车间制造费用进行归集，选择一定的分配标准进行分配计算编制的制造费用分配表。

3) 根据若干张反映同类经济业务的原始凭证定期汇总填制，例如各种汇总原始凭证。

自制原始凭证必须由经办人或者其指定的人员签名或者盖章，对外开出的原始凭证，还必须加盖本单位公章。

2. 原始凭证的填制要求

原始凭证是记录经济业务并具法律效力的证明文件，为了真实、准确、及时地反映经济业务，原始凭证在填制时必须遵循下列基本要求：

（1）记录真实。原始凭证记载的经济业务，必须根据实际情况填写，以保证原始凭证反映的经济业务真实、可靠。对于实物的数量、质量和金额，都要经过严格的审核，不允许在原始凭证填制中出现歪曲事实或弄虚作假的行为。例如材料采购业务，在材料验收时填写的"验收单"必须与检验结果相符；在材料入库时填写的"入库单"必须与验收单及清点数量相符。

（2）内容齐全。原始凭证填制时，应根据经济业务的性质和内容选用凭证，对于凭证中的基本内容和补充内容都要详尽地填写齐全，不得省略和遗漏。例如凭证日期的填写，要按照经济业务发生的实际年、月、日来填写；接受凭证单位的名称要写全称；经济业务内容必须逐项填写明确；凡需要同时填写大写和小写金额的原始凭证，大小写金额必须相符；有关经办人员的签章必须齐全，出证单位还需要加盖单位公章。

（3）手续完备。原始凭证的填写要求在经济业务发生或完成的当时按规定的手续进行，以保证正确如实地反映经济业务，确保财务指标的真实性和准确性。经费支出凭证，必须按审批权限报单位负责人审核；实行实物验收的经济业务，应当履行验收手续。

（4）责任明确。原始凭证的填制，必须由经办部门以及经办人员签章，以明确责任。例如，企业销售产品时开具的发票，必须加盖企业发票专用章；收取现金加盖"现金收讫"，收取银行存款，则加盖"银行收讫"印章；有关经办人员应加盖个人人名章。

（5）填写规范。原始凭证的填写字迹要清晰、规范，不能任意涂改、刮擦、挖补，出现书写错误应加盖"作废"戳记，并单独保管。

原始凭证要用蓝色或黑色笔书写，字迹必须工整规范。填写支票必须使用碳素笔或用专用的支票打印机打印。属于需要套写的凭证，必须一次套写清楚。合计的小写金额前应加注币值符号，如"￥""HK＄""US＄"等。大写金额前应加注币值单位，注明"人民币""港币""美元"等字样，且币值单位与金额数字之间，以及各金额数字之间不得留有空隙。大写金额分位数字不为0的，后面不加整字，其余一律在末尾加"整"字。

阿拉伯数字应一个一个地写，不可连笔写。阿拉伯数字金额前面应写人民币符号"￥"。人民币符号与阿拉伯数字金额之间不得留有空白。凡阿拉伯数字金额前写有人民币符号"￥"的，数字后面不再写"元"字。所有以元为单位的阿拉伯数字金额，除表示单价等情况外，一律填写到角分。无角分的，角位和分位可写"00"或符号"—"；有角无分的，分位应写"0"，不得用符号"—"代替。

汉字大写金额数字，一律用正楷字体或行楷字体书写，并用壹、贰、叁、肆、伍、陆、柒、捌、玖、拾、佰、仟、万、亿、元（圆）、角、分、零、整（正）等易于辨认、不易涂改的字样书写。不得用一、二（两）、三、四、五、六、七、八、九、十、毛、另（或0）等字样书写，也不得任意自选简化字。

阿拉伯数字金额中间有"0"时，汉字大写金额要写"零"字，如￥106.50，汉字大写金额应写成"人民币壹佰零陆圆伍角整"。阿拉伯金额数字中间连续有几个"0"时，汉字大写金额中可以只写一个"零"字，如￥1 008.56，汉字大写金额应写成"人民币壹仟零捌圆伍角陆分"。阿拉伯金额数字元位是"0"或数字中间连续有几个"0"，元位也是"0"，但角位不是"0"时，汉字大写金额可只写一个"零"字，也可不写"零"字，如￥9 320.56，汉字大写金额应写成"人民币玖仟叁佰贰拾圆零伍角陆分"，或"人民币玖仟叁佰贰拾圆伍角陆分"。

5.2.3　原始凭证的审核

为了确保原始凭证的真实性、合法性、准确性和完整性，会计人员必须对各种原始凭证进行严格的审核，这是保证会计核算质量，进行会计监督，防止弄虚作假、贪污舞弊的重要环节。原始凭证只有经审核无误后，才能作为填制记账凭证和登记有关明细分类账的依据。

原始凭证审核

要做好原始凭证的审核工作，会计人员应具有较高的政策水平和业务能力，既要坚持原则，又要善于处理各种复杂问题。为此，会计人员必须熟悉有关的财经政策、会计法规、计划、预算的规定，同时，还要全面了解和掌握本单位经济业务情况，从而把握审核各项经济业务的标准和角度，发现问题时加以妥善处理。对原始凭证的审核，主要从以下几个方面进行：

1. 格式、内容和填制手续是否完备

审核原始凭证的格式、内容和填制手续是否完备，主要是检查原始凭证是否具备作为合法凭证所必须具备的基本内容，各个项目是否填写齐全，有关单位和人员是否已签名或盖章。

2. 内容和数字是否真实

审核原始凭证的内容和数字是否真实，主要是检查经济业务发生的日期、计量单位、经办人员、数量和单价、业务经手人记录等各项记录是否无误；检查小计、合计、单价与数量的乘积等数字计算是否正确；检查凭证上的文字说明是否准确表达了经济业务的真相；检查凭证有无刮擦、挖补、涂改和伪造等情况。

3. 反映的经济业务是否合理合法

审核原始凭证反映的经济业务是否合理合法，主要是检查原始凭证所反映的经济内容是否符合有关法规、政策、制度和计划的规定，审查是否严格执行计划、预算和合同；审查经济业务是否符合节约的原则，有无不考虑经济效益，铺张浪费，甚至贪污舞弊的不法行为。

审核原始凭证是一项严肃的工作，会计人员必须严格执行制度，坚持原则。对不真实、不合法的原始凭证，应坚决拒绝，不予报销和付款；对记载不准确、不完整的原始凭证，应予以退回，待更正并补办相关手续后再予以受理。对伪造凭证、伪造公章、涂改单据、虚报冒领款项等行为，应及时向领导报告并进行严肃处理。

5.3 记账凭证的填制与审核

记账凭证不论采取何种形式，具有多少种类，它与原始凭证的本质区别在于它记载了会计分录。从原始凭证到记账凭证的过程，是经济信息转换成会计信息的过程。这一过程是会计信息的初始处理阶段。

5.3.1 记账凭证的基本内容

记账凭证作为登记账簿的依据，因其所反映经济业务的内容不同、各单位规模大小不同以及对会计核算繁简程度的要求不同，其格式也有所不同。然而，各种不同格式的记账凭证，一般都应具备以下几项基本内容：

（1）记账凭证的名称。

（2）填制记账凭证的单位的名称。

（3）填制记账凭证的日期。

（4）记账凭证的编号。

（5）经济业务的内容摘要。

（6）经济业务所涉及的会计账户名称、记账方向和金额（包括总账账户及明细账户）。

（7）所附原始凭证的张数和其他有关资料。

（8）会计主管、复核、记账、制证人员的签名或盖章；收付款凭证还要有出纳人员的签名或盖章。

在实际工作中，以自制的原始凭证或原始凭证汇总表代替记账凭证的，相关原始凭证或原始凭证汇总表必须具备记账凭证应有的项目。

5.3.2 记账凭证的填制

各种记账凭证可以根据某一张原始凭证单独填制，也可以根据若干张反映同类业务的原始凭证汇总填制。此外，为了简化和方便记账凭证的填制工作，还可以先将同类的原始凭证编成原始凭证汇总表，再根据原始凭证汇总表填制记账凭证。

记账凭证的填制，要求内容完整、科目运用正确、摘要简明扼要、字迹工整、填写清晰、编制及时。具体填制方法如下：

1. 摘要栏的填写

摘要是对经济业务的简要说明，在摘要栏应简明扼要地填写经济业务内容的要点。文字应准确、简练。摘要也是检查经济业务和分析经济业务的重要方面，必须认真填写，不得漏填或错填。

2. 会计科目的填写

会计科目填写必须正确、规范，不得随意简化。科目的对应关系必须清楚。

3. 金额栏的填写

金额栏填写的数字应符合数字书写规定，应对准借贷栏次和科目行次正确填写，防止错栏串行。角分位不留空格，要用"0"补齐。多余的金额栏应划一拉长的"S"形曲线注销。

4. 记账凭证编号的填写

记账凭证必须连续编号，这是为了分清会计事项处理的先后顺序，方便记账凭证与账簿之间核对，确保记账凭证完整无缺。对记账凭证进行编号的方式，在使用不同格式的记账凭证时又不相同。采用通用格式记账凭证时，可按经济业务发生的先后顺序统一编号。采用收、付、转三种格式记账凭证时，可以分类编号。分类编号有两种分类方法，一是分收款业务、付款业务、转账业务三类，分别编一类字号；二是按现金收入、现金付出、银行收入、银行付出、转账五类进行编号。记账凭证应从第1号开始编号，并始终遵循一定的规律，做到不重号、不漏号。如果一项经济业务需要填制多张记账凭证的，可采用"分数编号法"，即每一项经济业务编一个总号，再按凭证张数编几个分号，如第 $2\frac{1}{3}$ 号、第 $2\frac{2}{3}$ 号、第 $2\frac{3}{3}$ 号。

5. 记账凭证的附件记录

每张记账凭证都要注明附件的张数，即所附原始凭证或原始凭证汇总表的张数，以便查对。除更正错账和结账的记账凭证外，其他记账凭证都必须附原始凭证，每张记账凭证所附的原始凭证都必须注明张数。对于一张原始凭证涉及几张记账凭证的，可把原始凭证附在一张主要的记账凭证后面，在其他记账凭证上注明附有该原始凭证的记账凭证的编号或附上该原始凭证的复印件。对于数量过多的原始凭证和重要的原始凭证，需要单独保管的，应同时在原始凭证和记账凭证上分别注明保管地点及编号。

6. 记账凭证的复核与试算

记账凭证填写完毕，并与有关原始凭证核对后，要由有关人员签名或盖章，并对其进行复核检查，试算平衡。

对于已收讫的收款凭证和已付讫的付款凭证及其所附的各种原始凭证，出纳人员都要加盖"收讫"和"付讫"的戳记，以免重收、重付，防止差错。出纳人员和有关的记账人员必须根据盖有"收讫"的收款凭证和盖有"付讫"戳记的付款凭证登记有关的账簿。

【例 5-1】 2021 年 4 月 8 日，庆顺公司收到供应单位 A 公司开具的发票 1 张，发票注明：甲材料 500kg，单价 15 元，价款合计 7 500 元；随发票寄来的甲材料运单注明了运费为 50 元。材料未到，价款及运费暂欠。

业务分析：庆顺公司根据以上业务编制的转账凭证见表 5-10。

表 5-10 转账凭证

2021 年 4 月 8 日　　　　　　　　　　　　　　　　　　　　　　　　转字第×号

摘要	会计科目		√	借方金额	贷方金额
	一级科目	二级和明细科目			
购进甲材料，价款及运费暂欠	在途物资	甲材料		￥7 550.00	
	应付账款	A 公司			￥7 550.00
合计				￥7 550.00	￥7 550.00

会计主管：×× 　　　记账：×× 　　　出纳：×× 　　　审核：×× 　　　制证：××

5.3.3 记账凭证的审核

记账凭证的审核，与原始凭证的审核具有同等的作用，并与原始凭证的审核共同组成会计确认的基本环节，也都是在会计账簿上做正式账务记录之前的必要步骤。由于会计信息具有控制作用，对凭证的严格审核，可以理解为在复式簿记系统内部增强防护性控制功能的一种措施，从而保证会计信息的质量。记账凭证的审核由有关稽核人员进行，审核的主要内容如下：

1. 内容是否真实

审核记账凭证的内容是否真实，主要是审核记账凭证是否有相应的原始凭证作为依据，所附原始凭证的内容与记账凭证的内容是否一致，所附原始凭证汇总表的内容与其所依据的原始凭证的内容是否一致等。

2. 项目是否齐全

审核记账凭证的项目是否齐全，主要是审核记账凭证各项目的填写是否齐备，如日期、凭证编号、摘要、会计科目、金额、所附原始凭证张数及有关人员的签章等。

3. 科目是否正确

审核记账凭证的科目是否正确，主要是审核记账凭证的应借、应贷科目是否正确，是否有明确的账户对应关系，所使用的会计科目是否符合有关会计准则及会计制度等。

4. 金额是否准确

审核记账凭证的金额是否准确，主要是审核记账凭证所记录的金额与原始凭证的有关金额是否一致，记账凭证汇总表（科目汇总表）的金额与记账凭证的金额合计是否相符，原始凭证中的数量、单价、金额计算是否正确等。

5. 书写是否正确

审核记账凭证的书写是否正确，主要是审核记账凭证中的记录是否文字工整，数字清晰，是否按规定使用蓝黑墨水或碳素墨水填写。

经审核发现记账凭证有错误的，应查明原因，及时更正。记账凭证必须经过审核并认为正确无误后，才能据以记账。

实行会计电算化的单位，对于机制记账凭证，也要认真审核，做到会计科目使用正确，数字准确无误。打印出来的机制记账凭证要加盖制单人员、稽核人员、记账人员及会计机构负责人、会计主管人员的印章或者由上述人员签字。

5.4 会计凭证的传递与保管

正确填制和严格审核会计凭证是会计凭证处理的重要环节，而组织会计凭证的传递与保管，对于加强经济责任，及时地反映和监督经济业务同样具有重要意义。会计凭证的传递与保管也同样是会计凭证处理的重要环节。

5.4.1 会计凭证的传递

会计凭证的传递，是指会计凭证从填制、取得时起到归档保管时止，在本单位内部各有关部门和人员之间按照规定的时间、路径进行传递和处理的这一过程。

1. 会计凭证传递的要求

各种经济业务的性质不同，各个单位的具体情况也有差异，经办各项业务的部门和人员、办理凭证的手续以及所需的时间也不一样，所以，与不同经济业务相关的会计凭证传递程序和时间也不尽相同。为了避免凭证积压，提高效率，强化管理责任制，必须明确规定凭证的传递程序和传递时间。具体来说：第一，要根据经济业务的特点，单位内部机构的设置和人员分工情况以及管理上的需要，具体规定各种凭证的联数和传递程序，使有关部门既要按照规定手续处理经济业务，又能充分利用凭证资料掌握情况，及时提供数据。同时还要注意凭证传递流程合理，避免不必要的环节，影响凭证传递速度，或导致凭证积压。第二，要根据有关部门和人员对经济业务办理必要手续（检验、审核、登记等）的需要，确定凭证在各环节的停留时间。既不能时间过紧，影响业务手续的完成，又不能时间太长，使凭证传递缓慢，影响办事效率。

2. 原始凭证的传递

原始凭证通常涉及本单位的各个部门的经办人员，因此会计部门要在调查研究的基础上，会同有关部门和人员共同协商确定其传递程序和传递时间。通常，在经济业务发生后，经办单位或部门应及时根据经济业务填制有关原始凭证，需要经领导审批的原始凭证应及时办理审批手续，并及时送交财务部门进行审核，财务人员审核无误后，据以填制记账凭证。

3. 记账凭证的传递

记账凭证是财务部门的内部凭证，可以由会计主管人员与填制、审核、出纳、记账等有关人员商定其传递程序和传递时间。一般来说，收款业务由出纳人员清点款项后出具收款凭证，由会计人员编制记账凭证，经会计人员或会计主管人员复核后登记日记账，再传递给会计人员登记总分类账和明细分类账。付款业务由稽核人员审核后，由会计人员填制记账凭证，然后传递给出纳人员复核、付款并登记日记账，再传递给会计人员据以登记总分类账和明细分类账。转账业务由会计人员根据有关原始凭证直接编制记账凭证，经会计主管人员审核后，再由会计人员登记入账。

会计凭证的传递程序和传递时间一经确定，本单位的各有关部门和人员应当共同遵守，并由会计主管人员监督执行。

5.4.2 会计凭证的保管

会计凭证是各项经济活动的历史记录，是重要的经济档案，必须妥善保管。为了便于随时查阅利用，各种会计凭证在办理好各项业务手续，并据以记账后，应由财务部门加以整理、装订和归档，并送交档案部门保管。

1. 会计凭证的日常保管

原始凭证不得外借，其他单位如因特殊原因要使用原始凭证的，经本单位相关责任人批准可以复印。向外单位提供的原始凭证复印件，应在专设的登记簿上登记，并由提供人员和凭证复印件收取人员共同签名和盖章。

从外单位取得的原始凭证如有丢失，应取得原签发单位盖有"财务专用章"的证明，并注明原凭证的号码、所载金额等内容，由经办单位负责人批准后，可视为原始凭证；对于确实无法取得证明的，如火车票、轮船票、机票等，可由当事人写出详细情况，由经办单位负责人批准后视为原始凭证。

各种会计凭证应及时传递，不得积压；账簿登记完毕后，应按照分类和编号顺序保管，不得散乱和丢失。对于各种记账凭证，应连同所附的原始凭证或原始凭证汇总表，按照编号顺序折叠整齐，按期装订成册。

2. 会计凭证的定期装订

财务部门依据会计凭证登记好各类账簿后，应定期（一般为每月）将各种会计凭证按照分类和编号顺序进行整理，对各种会计凭证依据记账凭证的编号顺序排列，严格审查，确保无错号、漏号、串号。

在确保记账凭证及其所附的原始凭证完整无缺后，将其折叠整齐，加上封面、封底，装订成册，并在装订线上加贴封签，会计主管人员或指定装订人员要在装订线封签处签名或盖章，以防凭证散乱丢失或装订完成后又被任意拆装。

对装订后的凭证要编列总号，每册一号，自每年年初第一册编起，依次编至年末最后一册。在每册的封面要注明单位名称、所属年度和月份、记账凭证种类、起讫日期、起讫号数，以及记账凭证和原始凭证张数等。记账凭证装订册的格式见表 5-11。

表 5-11 记账凭证装订册

单位：　　　　　　　　　　　年　月　日　　　　　　　　　　　编号
　　　　　　　　　　　　　　　　　　　　　　　　　　　　　　　第　册　共　册

凭证名称	起讫号数	记账凭证张数	原始凭证张数

会计：　　　　　　　　复核：　　　　　　　　　　　　　　装订：

对于数量过多或随时需要查阅的原始凭证，可以单独装订保管，在封面上注明凭证日期、编号、种类，同时在记账凭证上注明"附件另订"。各种经济合同和重要文件等凭证，应另编目录，单独登记保管，并在有关的记账凭证上加注说明，以便查考。

3. 会计凭证的归档保管

装订成册的会计凭证，应由指定的专人负责保管。当年的会计凭证，在会计年度终了后，可暂由财务部门保管一年，期满之后，应编造移交清册并全部移交本单位的档案部门保管，不得自行封包保存。

各单位应严格遵守会计凭证的保管期限要求。《会计档案管理办法》规定，会计档案的保管期限分为永久、定期两类。定期保管期限一般分为 10 年和 30 年。原始凭证、记账凭证和汇总凭证等应保管 30 年；银行存款余额调节表、银行对账单等应保管 10 年，保管期满的会计档案可按规定程序销毁。但是，保管期满而未结清的债权债务原始凭证和涉及其他未了事项的原始凭证不得销毁，纸质的应当单独抽出立卷，电子的应当单独转存，保管到未了事项完结时为止。

【思考题】

1. 会计凭证有什么意义？可分为哪几类？
2. 原始凭证可以分为哪几类？填制原始凭证有哪些原则需要遵循？
3. 记账凭证可以分为哪几类？记账凭证的填制和审核有什么需要注意的地方？
4. 会计凭证在不同情况下分别可由哪些机构保管？

第6章 会计账簿

> 【学习目标】
> 1. 了解会计账簿的种类和格式。
> 2. 掌握账簿的登记技术、记账规则以及错账的更正方法。
> 3. 掌握总分类账与明细分类账平行登记的要点与运用,熟悉对账的内容构成与结账的基本程序。

每个会计主体所发生的经济业务,都必须在取得、填制并审核原始凭证后对经济业务的内容加以记录,以反映和监督各项经济业务的完成情况。但是,会计凭证数量多而分散,每张会计凭证只能反映自身不同的经济业务,体现个别经济业务的内容,而不能连续、系统、全面地反映会计主体在一定时期内同类和全部资金的增减变化情况,不能满足经济管理的需要。因此,有必要设置会计账簿,将会计凭证提供的零散会计资料加以归类整理,登记到有关会计账簿中。通过会计账簿的登记,可以了解到各项财产物资和资金的增减变化情况,正确计算成本、费用和利润,系统、全面地为经济管理提供各种必要的数据资料和经济信息。

6.1 会计账簿的概念、作用和种类

6.1.1 会计账簿的概念

会计账簿是由一定格式的账页组成的、按照会计科目设置的簿籍。会计账簿以审核无误的会计凭证为依据,用来全面、连续、系统地记录和反映各项经济活动。会计账簿的设置和登记是会计核算的一种专门方法,也是会计核算工作的一个重要环节。

6.1.2 会计账簿的作用

会计账簿既是系统反映和归纳会计信息的工具,也是进行会计分析、编制会计报表的主要依据,对于加强经济管理具有重要作用。

1. 会计账簿是系统反映和归集会计信息的工具之一

通过会计账簿的记录,企业既能对经济业务进行序时核算,又能进行分类核算。会计账

簿既能提供总括性的核算资料，又可提供明细核算资料，还能全面反映企业的资产、负债、所有者权益的增减变动情况和资金的运动过程及其成果，正确及时体现会计主体各会计期间的经营成果，便于加强经济业务的核算工作，提高经营管理水平。

2. 会计账簿是编制会计报表的主要核算资料

在会计实务中，会计报表所需要的数据资料绝大部分来源于会计账簿。会计账簿的设置和登记质量，直接决定着会计报表的质量，进而决定会计信息的质量。因此，会计报表的指标是否真实，会计报表编报是否及时，都与会计账簿的设置与登记有关。

3. 会计账簿是分析和考核企业经济活动情况的重要依据

会计账簿提供的会计信息，可以正确地确认收益、利润、成本、费用和收入、支出等各项指标，完整地反映企业的经营成果和收支状况，企业可以借助会计账簿分析与评价经济活动的成果与效果，在特定时间和范围内，考核有关人员的经济责任。

6.1.3 会计账簿的种类

会计账簿的种类繁多，企业可以按照不同的标准对其进行适当的分类，以确保其被正确地设置和运用。

1. 按会计账簿的用途分类

会计账簿按照用途不同，可分为序时账簿、分类账簿和备查账簿三种。

（1）序时账簿。序时账簿通常称为日记账，它是按照经济业务发生时间的先后顺序、逐日逐笔登记经济业务的账簿。序时账簿以时间变量为主要依据，用以反映经济业务随时间变化的情况，并记录资金的增减变化和结存的数额。日记账按记录的经济业务不同，又分为普通日记账和特种日记账两种。普通日记账是用来登记全部经济业务发生情况的日记账，企业按照每天发生的全部经济业务的时间先后顺序编制记账凭证，根据记账凭证将账务记录逐笔登记到普通日记账中，企业设置的日记总账就是普通日记账的一种。特种日记账是按经济业务的性质单独设置，用来记录某一类经济业务，并按时间顺序登记，反映和监督某一类经济业务的发生和完成情况的日记账。例如，各企业为了加强对现金和银行存款的管理，设置现金日记账和银行存款日记账，用来记录现金和银行存款的收付款业务，现金日记账和银行存款日记账就属于特种日记账。

（2）分类账簿。分类账簿是对全部经济业务按照总分类账户和明细分类账户进行分类登记的账簿。分类账簿反映了资产、负债、所有者权益、收入、费用和利润等的增减变化情况，是企业经营管理的重要资料来源。分类账簿按其分类概括的程度不同，可分为总分类账簿和明细分类账簿两种。按照总分类科目分类登记的账簿称为总分类账簿，它是用来核算经济业务总括内容的账簿；按照明细分类科目分类登记的账簿称为明细分类账簿，它是用来核算经济业务的明细内容的账簿。分类账簿是编制会计报表的主要依据和资料来源，是账簿体系的主体部分。

在一些小型企业，由于经济业务比较简单，总分类账户为数不多，为了简化记账工作，可以把序时账簿和总分类账簿合二为一，这种账簿称为联合账簿，如日记总账。但必须指出的是，采用日记总账的企业，为了加强对现金和银行存款的核算和管理，仍必须设置现金日记账和银行存款日记账。

（3）备查账簿。备查账簿也称备查登记簿、辅助登记簿或辅助账簿，它是对某些在序时账簿和分类账簿等主要账簿中未能记载的事项进行补充登记的账簿，如贵重物品登记簿、委托加工材料登记簿、租入固定资产登记簿等。

2. 按会计账簿的形式分类

各种会计账簿都具有一定的外表形式，按其外表形式不同，可以将会计账簿分为订本式账簿、活页式账簿和卡片式账簿三种。

（1）订本式账簿。订本式账簿是指在未启用前就把许多账页装订成册，并有固定编号的账簿。这种账簿账页固定，不能随意增减、抽换，既能防止账页散失，又能防止故意抽换账页的现象，能够有效地起到统驭和控制的作用。因此，现金日记账、银行存款日记账和总分类账都要求采用订本式账簿。然而，由于账页固定，订本式账簿使用起来不够灵活，在同一时间内只能由一人登记，不便于分工合作。

（2）活页式账簿。活页式账簿是指在账簿启用前账页没有装订在一起，而是由若干具有专门格式的零散账页装置在账夹中所组成的账簿。这种账簿页数不固定，可以根据需要随时增加账页；登记方便，可以同时由数人分工记账。明细分类账一般采用活页式账簿。为了防止散失和抽换，活页式账簿的空白账页在使用时要连续编号并装订成册，以便保管。

（3）卡片式账簿。卡片式账簿是指由若干具有专门格式的零散的卡片所组成的账簿。它是根据某些核算和管理的特殊需要，在卡片的正、反两面设计必要的栏目，反映各种指标和经济内容的一种账簿，如材料卡片、固定资产卡片等。使用完毕不再登账时，须将卡片穿孔固定保管。卡片式账簿使用灵活，内容详细，可以长期使用，无须更换，便于分类汇总和根据惯例的需要转移账卡。

3. 按会计账簿的账页格式分类

会计账簿按照账页格式不同，可以分为单栏式账簿、双栏式账簿、三栏式账簿、多栏式账簿、数量金额式账簿等。

（1）单栏式账簿。单栏式账簿是指账页中只设置一个金额栏的账簿。按核算与管理的要求，该类账簿只反映某一项经济业务收入的增加或支出的增加，不设置方向，也没有余额。

（2）双栏式账簿。双栏式账簿是指账页中只设置两个金额栏的账簿。按经济业务引起资金的增加和减少的两种情况，该类账簿设置借方和贷方两个金额栏，不设置余额栏。

（3）三栏式账簿。三栏式账簿是指账页中设置有三个金额栏的账簿。它根据经济业务的增减变化及其结果，在账页中分别设置借方、贷方和余额三个金额栏，分别反映经济业务的变化情况。三栏式账簿是账簿的基本格式，是目前会计核算中使用最为广泛的账簿。

（4）多栏式账簿。多栏式账簿是指账页中设置四个或四个以上金额栏的账簿。多栏式账簿通常是按经济业务的内容,将同一类经济业务的多个项目分别设置金额栏列示在同一账页上,以便于反映经济业务之间的相互联系与区别,减少账页。但多栏式账簿金额栏次太多,账页过长,不便于登记与使用。

(5) 数量金额式账簿。数量金额式账簿是指账页中的收入、支出和结存三个栏次中分别设置数量栏和金额栏的账簿。它是为了满足管理的要求,核算特定的经济业务而设置的,既要反映经济业务实物数量的增减变化,又要反映经济业务货币金额的增减变化,从而提供全面的核算资料。

在账页格式中,最基本的是三栏式,其他各种格式都是从三栏式账页转变而来的。会计账簿的分类如图6-1所示。

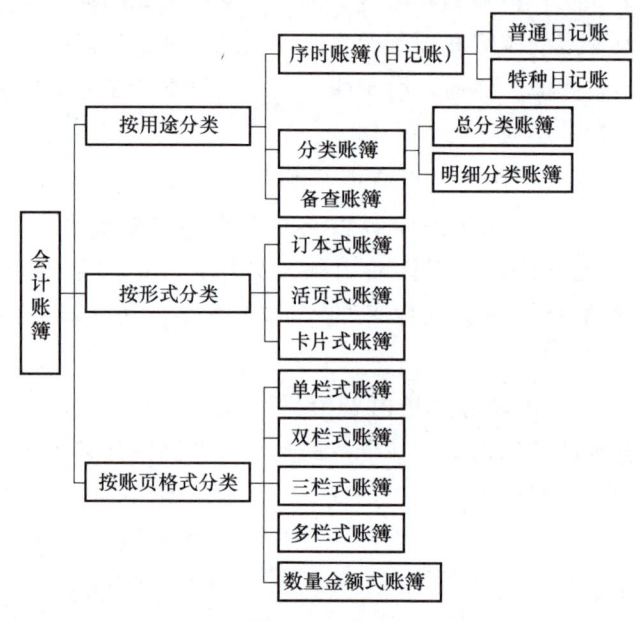

图 6-1　会计账簿的分类

6.2　会计账簿的设置与登记

6.2.1　会计账簿的设置原则

会计账簿的设置必须做到组织严密、层次分明,会计账簿之间保持内在联系和勾稽关系,起到相互制约的作用,另外还要防止过分复杂和过分简化。总之,会计账簿的设置应以清晰地反映企业的经济业务为总原则,具体的设置原则如下:

1. 依法原则

企业必须按照《中华人民共和国会计法》和国家统一会计制度的规定设置会计账簿,包括总分类账、明细分类账、日记账和其他辅助性账簿,不允许不设账簿或在法定的会计账簿之外违规另外设置账簿。

2. 全面系统原则

企业设置的会计账簿要能全面、系统地反映自身的经济活动，为企业经营管理提供所需的会计核算资料；同时，要符合自身生产经营规模和经济业务的特点，使设置的会计账簿能够反映自身经济活动的全貌。

3. 组织控制原则

企业设置的会计账簿要有利于会计工作的组织和人员的分工，有利于加强岗位责任制和内部控制制度，有利于财产物资的管理，便于账实核对，以保证会计主体各项财产物资的安全完整和有效使用。

4. 科学合理原则

企业设置会计账簿体系时应根据不同会计账簿的作用和特点，使账簿结构做到严密、科学，有关账簿之间要有统驭或平行制约的关系，以保证账簿资料的真实、正确和完整；账簿格式的设计及选择应力求简明、实用，以提高会计信息处理和利用的效率。

6.2.2 会计账簿的登记规则

登记账簿是一项既严肃又细致的工作，为了保证账簿记录的正确性和清晰性，充分发挥账簿的作用，必须遵守一定的登记规则。

1. 账簿登记依据方面的规则

会计账簿的登记必须以审核无误的记账凭证为依据，凡未经审核或尚未核准的会计凭证，不能作为记账依据。由于登记总分类账、明细分类账和日记账的要求不同，编制记账凭证的方法不同，账簿登记的依据也有所不同。

记账凭证按一笔经济业务记录且摘要清楚的，可直接根据记账凭证登记会计账簿；记账凭证按多笔经济业务汇总记录的，有的账簿可汇总登记，而有的账簿则要求每笔经济业务逐笔登记；应根据记账凭证及其所附的原始凭证在有关账簿进行登记；账簿要求分类汇总记录和计算的，应根据汇总记账凭证和记账凭证汇总表在有关账簿中进行登记。

2. 账簿登记方法方面的规则

在根据审核无误的记账凭证登记账簿时，应将记账凭证上的相关内容全面地登记到账簿中去。

（1）记账日期。填写登记账簿的日期。

（2）凭证种类。有的单位按经济业务的性质设置了收款、付款和转账凭证三种记账凭证，此时凭证种类按此分类填写；有的单位没有按经济业务的性质设置记账凭证，只使用通用记账凭证的，可以不设或不填写凭证种类这一栏。

（3）凭证编号。按记账凭证上的经济业务顺序号填写。

（4）摘要。以记账凭证的摘要栏内容为基础进行填写，力求简明扼要，表述清楚。

（5）借贷方向与金额。根据记账凭证载明的借贷方向和金额进行填写，需要结出账户余额时，应在"借或贷"栏注明余额的性质为"借"或"贷"，余额为零时，应在"借或贷"栏写"平"字,并在余额栏"元"位处用"θ"表示。

3. 账簿登记要求方面的规则

登记会计账簿是会计人员的一项重要工作,总的要求是登记及时、内容完整、摘要简明、数字真实、书写规范、字迹清楚。具体要求如下:

账簿登记时,对登记完毕的账户要在凭证"过账符号"栏登记过入的账页页码或打"√",表示已过账完毕,防止重记与漏记;对登记完毕的记账凭证要签名或盖章,以示对凭证记录与登记负责。

各种会计账簿要按页次、行次顺序连续登记,不得跳行、隔页。如果发生跳行、隔页,应将空行、空页画对角线注销,或注明"此行空白""此页空白"字样,并加盖记账人员印章。

会计账簿中书写的文字和数字,应以底格线为准,文字一般应占格距的2/3,数字一般应占格距的1/2,以便改错之用。

为了便于会计账簿的长期使用与查阅,会计账簿要保持清晰,不得污损。如发生记录错误,不得涂改、挖补、刮擦或用化学药水消除字迹,也不得重新抄写或更换账页,而要按规定的方法进行更正。

当一张账页登记完毕时(最后一行不登记经济业务),要办理转页手续。具体方法如下:结转下页时,在最后一行结出本页的累计发生额和余额,并在摘要栏内注明"过次页"或"转下页"字样;然后,将累计发生额和余额写在下页第一行有关栏内,并在摘要栏内注明"承前页"或"承上页"字样。对需要合计本月发生额的账户,合计"过次页"的本页合计数应是本月初至末页止的发生额合计数;对需要合计本年度累计发生额的账户,合计"过次页"的本页合计数应该是本年年初至本页末止的发生额合计数。

6.2.3 日记账的设置与登记

1. 普通日记账的设置和登记

在普通日记账与特种日记账同时设置的情况下,普通日记账只序时登记特种日记账没有登记的经济业务。在不设置特种日记账的情况下,普通日记账要序时登记全部经济业务。这种登记方式在西方会计界应用很普遍,但我国企业目前较少使用。普通日记账的一般格式见表 6-1 所示。

表 6-1 普通日记账

第 页

××年		凭证		摘要	会计科目	过账页数	借方金额	贷方金额	余额
月	日	种类	编号						

普通日记账由记账员根据原始凭证登记。在登记时,要将经济业务发生的时间填写在日期栏内,将登记账簿的依据填写在"凭证"栏内,将经济业务的内容填写在"摘要"栏内,

将所涉及的会计科目按照先借后贷的顺序填写在"会计科目"栏内。普通日记账具有全面反映经济业务的发生情况和账户对应关系明确的优点。

2. 特种日记账的设置与登记

特种日记账主要包括现金日记账和银行存款日记账,一些企业还可以视具体情况开设销售日记账和购货日记账等。

(1) 现金日记账。现金日记账是由出纳人员根据现金收款凭证、现金付款凭证和银行存款付款凭证(记录从银行提取现金的业务),按经济业务发生的先后顺序逐日逐笔进行登记的日记账。现金日记账可以设置成既登记现金收入、又登记现金支出的现金日记账,也可以分设为现金收入日记账和现金支出日记账。

现金日记账一般采用三栏式,其基本结构见表6-2。现金收入日记账和现金支出日记账一般采用多栏式,其基本结构分别见表6-3和表6-4。现金收入日记账和现金支出日记账是在三栏式现金日记账的基础上转化而来的。我国会计实务中,主要采用三栏式现金日记账。多栏式现金收入日记账和现金支出日记账一般在经济业务比较专业的单位如银行等使用。

表 6-2 现金日记账

第 页

××年		凭证号数	摘要	借方	贷方	借或贷	余额
月	日						

表 6-3 现金收入日记账

第 页

××年		凭证号数	摘要	应贷科目		支出合计	结余
月	日				收入合计		

表 6-4 现金支出日记账

第 页

××年		凭证号数	摘要	应借科目			结余
月	日					支出合计	

三栏式现金日记账的具体登记方法如下：

1）日期栏。填写记账凭证的日期，要求与现金实际收付的日期一致。

2）凭证栏。填写记账凭证的种类和编号，以便于对账和查账。在实际工作中，现金收款凭证、现金付款凭证和银行存款付款凭证分别简称为"现收""现付"和"银付"凭证。

3）摘要栏。简要说明入账的经济业务内容，其记录的文字要求简练概括，说明业务内容即可。

4）对方科目栏。填写与现金发生对应关系的账户，说明现金的收入来源或支出的用途。

5）收入、支出栏。填写现金实际收支的金额，要求在每日终了分别计算现金的收入和支出的合计数，结出余额，同时将余额与出纳人员的库存现金盘点结果相互核对，即通常所说的"日清"。月度终了时，计算本月的现金收入、支出和余额并与盘点结果相互核对，这一过程称之为"月结"。

多栏式现金日记账的登记方法与三栏式基本相同，区别在于现金收入日记账和现金支出日记账分别反映在两本账簿上。其中，现金收入日记账中的应贷科目列示与现金收入对应的账户，现金支出日记账中的应借科目栏列示与现金支出对应的账户。现金收入日记账按日结出现金收入合计数后，与现金支出日记账转来的支出合计数相抵，结出当日现金余额，并与实存数核对相符。

（2）银行存款日记账。银行存款日记账是由出纳人员根据银行存款付款凭证和现金付款凭证（记录现金存入银行的业务），按照经济业务发生的时间顺序逐日逐笔登记的账簿。银行存款日记账的格式与现金日记账的格式一样，可以有三栏式和多栏式两种。由于银行存款的收付都有特定的结算凭证，银行存款日记账和银行存款收入日记账的格式分别见表6-5和表6-6（银行存款支出日记账略）。

表 6-5　银行存款日记账

第　　页

××年		凭证号数	摘要	借方	贷方	借或贷	余额
月	日						

表 6-6　银行存款收入日记账

第　　页

××年		凭证号数	摘要	贷方科目		支出合计	结余
月	日				收入合计		

(3) 转账日记账。转账日记账是用来核算和记录转账业务的日记账，对于转账业务较多的单位，可以设置转账日记账，登记发生的转账业务。根据单位核算与管理的要求不同，转账日记账可采用双栏式或多栏式账页。双栏式转账日记账的金额栏设借方和贷方两个栏次，用以登记资金运动的发生额，账页格式和登记方法与普通日记账相同；多栏式转账日记账是按转账业务所涉及的全部会计科目分别设置金额栏，而每个会计科目下又分别设置借方和贷方两栏，以分别核算该会计科目的发生额。转账日记账的格式见表 6-7，但这种账簿在实际工作中采用得不多。

表 6-7 转账日记账

第　页

××年		凭证		摘要	材料		应收账款		其他应收款		制造费用		管理费用		应付账款		销售收入		合计	
月	日	字	号		借	贷	借	贷	借	贷	借	贷	借	贷	借	贷	借	贷	借	贷

6.2.4　总分类账的设置与登记

1. 总分类账的设置与登记

总分类账简称总账，是根据总分类科目设置总分类账户而建立起来的账簿。总分类账是企业的重要账簿，它能提供全面总括的经济活动信息，并且是编制会计报表的主要依据。总分类账通常使用的账页格式为三栏式，即把金额部分分为借方、贷方和余额三个栏次。三栏式总分类账的登记根据会计核算形式不同，可分为逐笔登记和汇总登记两种方法。

（1）逐笔登记方法。逐笔登记方法是指根据记账凭证登记总分类账的方法。采用这种方法登记总分类账，既能提供总括的核算资料，又能提供具体的核算资料，简化了核算步骤，适用于经济业务比较少的单位。三栏式总分类账的格式见表 6-8。

表 6-8 三栏式总分类账

会计科目：　　　　　　　　　　　　　　　　　　　　　　　　　　　　　第　页

××年		凭证		摘要	借方	贷方	借或贷	余额
月	日	种类	编号					

（2）汇总登记方法。汇总登记方法是指根据汇总的记账凭证或多栏式日记账在月末的汇总结果（科目汇总表）登记总分类账的方法。登记总分类账时，首先要对一定时期内的

经济业务进行汇总,编制汇总记账凭证,再将汇总的结果登记入总分类账。采用这种方法减少了登记总分类账的工作量,但不能提供具体的核算资料。因此,汇总登记方法适用于经济业务较多的单位。科目汇总表的格式见表 6-9。

表 6-9 科目汇总表

年 月 日　　　　　　　　　　　　　　　　　　　　　　　　　　汇字第　号

会计科目	本期发生额	
	借方	贷方
库存现金		
银行存款		
应收账款		
其他应收款		
原材料		
银行借款		
应付职工薪酬		
应付账款		
其他应付款		
制造费用		
销售收入		
销售费用		
管理费用		
财务费用		
合计		

在实际工作中,根据需要还可在借贷栏内设置"对应科目"栏,登记应贷、应借的科目。设置"对应科目"栏的总分类账的格式见表 6-10。

表 6-10 设置"对应科目"栏的总分类账

会计科目:　　　　　　　　　　　　　　　　　　　　　　　　　　　　第　页

××年		凭证		摘要	借方		贷方		借或贷	余额
月	日	种类	编号		金额	对应科目	金额	对应科目		

总分类账除了三栏式以外,还有多栏式。多栏式总分类账的账页格式为横向栏填写会计账户名称,纵向栏填写在一定时期的汇总发生额,由会计人员根据汇总记账凭证进行登记。使用多栏式的总分类账能集中反映资金增减和结存情况,便于进行分析和核对账目。多栏式总分类账的格式见表 6-11。

表 6-11 多栏式总分类账

会计科目	上月余额		汇字第 1 号 1~10 日发生额		本期余额		汇字第 号 11~20 日发生额		本期余额		汇字第 号 21~31 日发生额		本期余额	
	借	贷	借	贷	借	贷	借	贷	借	贷	借	贷	借	贷
库存现金														
银行存款														
应收账款														
其他应收款														
原材料														
库存商品														
固定资产														
短期借款														
应付职工薪酬														
应付账款														
其他应付款														
实收资本														
本年利润														
制造费用														
主营业务收入														
销售费用														
管理费用														
财务费用														
合计														

2. 明细分类账的设置与登记

明细分类账是对各项经济业务按照各个明细分类账户进行分类登记的账簿。明细分类账簿能够详细、分类地反映和记录资产、负债、所有者权益、收入、费用和利润的各种资料，是编制会计报表的依据之一。各单位都要根据实际需要和有关规定，设置和运用各种明细分类账。

明细分类账的格式多种多样，选用何种格式应该根据各单位经营业务的特定管理要求来确定。明细分类账常用的格式主要有三栏式、数量金额式、多栏式三种。

（1）三栏式明细分类账。三栏式明细分类账设有借方、贷方、余额三栏。它适用于只需要反映金额的经济业务，如应收账款、应付账款等账户的明细核算。三栏式明细分类账簿的账页格式与总分类账簿的账页格式相同，不同的是总分类账簿采用订本式，而明细分类账簿采用活页式，三栏式明细分类账的格式见表 6-12。

表 6-12　三栏式明细分类账

会计科目：　　　　　　　　　　　　　　　　　　　　　　　　　　　第　　页

××年		凭证		摘要	借方	贷方	借或贷	余额
月	日	种类	编号					

（2）数量金额式明细分类账。数量金额式明细分类账设有收入、发出和结存的数量、单价和金额栏。它可以反映经济业务的数量和金额，适用于既要核算数量、又要核算金额的财产物资类账户，如原材料、库存商品、材料采购等明细账。数量金额式明细分类账的格式（以材料明细账为例）见表 6-13。

表 6-13　材料明细账

类别　　　　　　　　　　　　　　　　　　　　　　　　　　　　　编号：
名称与规格：
存放地方：
计量单位：　　　　　　　　　　　　　　　　　　　　　　　　　　第　　页

××年		凭证号数	摘要	收入			发出			结余		
月	日			数量	单价（元）	金额（元）	数量	单价（元）	金额（元）	数量	单价（元）	金额（元）

（3）多栏式明细分类账。多栏式明细分类账是根据经济业务的特点和经营管理的需要，在账页上设置栏目（专栏）的一种明细分类账。它用于登记明细项目比较多、借贷方向单一的经济业务，如材料采购、制造费用、管理费用、财务费用、营业外支出等科目的明细分类核算。由于核算的经济业务不同，所需要核算的指标也不尽相同，相应的具体格式也不

同，可以分为借方多栏式明细分类账、贷方多栏式明细分类账、借贷方多栏式明细分类账三种。上述三种明细分类账的格式分别见表6-14~表6-16。

表6-14 借方多栏式明细分类账

××年		凭证		摘要	借方（项目）			借或贷	余额
月	日	种类	编号				合计		

表6-15 贷方多栏式明细分类账

××年		凭证		摘要	贷方（项目）			借或贷	余额
月	日	种类	编号				合计		

表6-16 借贷方多栏式明细分类账

××年		凭证		摘要	借方（项目）		贷方（项目）		借或贷	余额
月	日	种类	编号		…	合计	…	合计		

6.2.5 联合账簿与备查账簿的设置与登记

1. 联合账簿

联合账簿可以分为日记账与总分类账组合的联合账簿和几种明细分类账组合的联合账簿两种。

（1）日记账与总分类账组成的联合账簿。在一些规模较小，经济业务也比较少的单位，可以将日记账与总分类账组合在一起形成联合账簿，详细反映单位资金增减变化情况，这样可以简化核算手续，方便账务登记，并省去了编制汇总记账凭证的核算过程，资金的增减变化一目了然地展示在同一账页上，便于对照分析和检查。这种联合账簿又称为日记总账，其格式见表6-17。

表6-17 日记总账

××年		凭证		摘要	现金		银行存款		材料		产成品		…		本年利润	
月	日	字	号		借	贷	借	贷	借	贷	借	贷	借	贷	借	贷

（2）几种明细分类账组成的联合账簿。根据会计核算与管理的要求，也可以把几种明

细分类账组合在一起，形成联合账簿，这样能同时核算与反映几种明细分类账的内容，便于这些相互联系的明细分类账之间进行对比分析，从而有助于信息使用者全面了解与考核资金运动情况。例如，将产成品明细账与销售明细账组合在一起形成的联合账簿，既能反映产成品的收支与结存情况，又能反映产成品的销售情况，这种联合账簿称为产品和销售明细账，其格式见表6-18。

表 6-18 产品和销售明细账

××年		凭证		摘要	收入			销售				其他减少			结存				
															总额			其中：发出商品	
月	日	字	号		数量	单位成本	总成本	数量	销售收入	销售成本	销售税金	销售费用	数量	单位成本	总成本	数量	单位成本	总成本	数量	总成本

2. 备查账簿

备查账簿是指对某些在序时账簿和分类账簿未能记载的经济业务事项进行补充登记的账簿。由于备查账簿登记的内容是补充事项，因此其格式没有统一规定。实际工作中，备查账簿的格式应当视会计主体的具体需要而定，但备查账簿的登记一般在发生具体事由的当天进行。

6.3 账簿错误的查找与更正

会计人员填制会计凭证和登记账簿时，必须严肃认真，一丝不苟，尽力防止差错，保证记账质量。当账簿记录出现不平衡等问题时，应该按照规定的方法找出差错并进行更正。

6.3.1 账簿错误的查找

1. 账簿错误的产生原因

对于经济业务，在记账完毕后，在正式结账前应进行对账检查，如发现总分类账不平或总分类账与明细分类账勾稽关系有误，则说明账簿记录存在错误。为了及时、准确查明账簿记录错误，首先应了解产生错误记录的原因，然后再选用适当的更正方法进行更正。常见的记账错误有以下三种：

（1）凭证错误。凭证错误是在编制凭证环节产生的错误，由于凭证编制错误而导致账簿记录产生错误。凭证错误主要有账户选用错误、计算错误、记账方向错误等。

（2）记录错误。记录错误是在账簿的登记环节产生的记账错误。记录错误有很多种，常见的记录错误有：重记、数字移位、记错方向、记错账户等，这些错误导致了账簿记录结果的错误。产生这些错误的原因有：①登记方法不正确，登记时没有及时在凭证上注记过账符号；②登记时因粗心而看错数字，且登记完毕后也没有及时复核。

（3）计算错误。计算错误是由计算过程产生的错误而导致账簿记录错误，如合计数计算错误导致累计发生额和余额错误，平衡公式使用错误等。

2. 账簿错误的查找方法

一般来说，账簿登记过程中的错误通常有以下两种情况：

（1）影响借贷平衡的错误。这类错误是指会计期末试算平衡时发现借贷双方不平衡的错误。对于此类错误可以通过如下方法进行查找：

1）二除法。二除法适用于记错方向的错误。如果试算不平衡，将借贷方数字的差额除以 2，如果能够除尽，则很有可能是由于某一方重复记录而产生了错误。例如，已经知道试算平衡表上的借方金额大于贷方金额 8 200 元，将该差额除以 2 为 4 100 元，这时就可以查找是否有一笔金额为 4 100 元的账务记录本应该记入贷方账户却错误地记入了借方账户。

2）九除法。九除法适用于数字记录的错误。将差错数字除以 9，如果能够除尽，很有可能是由于两位数字的数码记录倒置或者串位所致。例如，已经发现的差错数字是 81，除以 9 等于 9。这种情况很有可能是某项金额数字记录时发生了倒置，如把 90 记为 09 引起的差错。又如，发现差错数字为 72，除以 9 等于 8，这种情况下，很有可能是某项金额记录时发生了串位，将"91"误记为"19"或相反。

（2）不影响借贷平衡的错误。这类错误不能通过试算平衡来发现，它们主要是因重记或者漏记以及会计分录中错用了会计科目而产生的。对于这类错误，只能采用全面检查法，将一定时期内的账目逐一进行核对。核对方法具体包括以下两种：

1）正查法。正查法是指按照记账顺序，从原始凭证开始，逐笔检查各种凭证和账簿以及试算平衡表的方法。在这种方法下，应先检查记账凭证是否和原始凭证一致，使用的会计科目、方向和金额是否有误；然后查看记账凭证是否与账簿记录一致，有无遗漏、重记、错记等情况；最后查看各个账户的余额计算是否正确，过入试算平衡表中的数字是否有误。

2）反查法。反查法与正查法的检查方向相反，是从试算平衡表开始追查到原始凭证的检查方法。即先检查试算平衡表是否有误，然后查找账户的余额计算是否正确，再逐笔核对记账凭证和账簿是否相符，最后检查记账凭证是否和原始凭证一致。

3. 账簿错误的检查程序

账簿记录出现的记账错误，都是在记账过程中的某个特定环节产生的，错误表现的形式不同，检查记账错误的程序也不相同。

（1）总分类账错误的检查程序。总分类账错误主要是指因总分类账的试算不平衡而发现的总分类账记录错误，检查总分类账错误的程序如下：①检查试算平衡表的编制是否正确；②检查试算平衡公式是否用错；③检查账簿本期的累计发生额与余额计算是否有错；④检查账簿期初的累计发生额与余额计算是否有错；⑤检查本期编制的会计分录是否有错；⑥检查本期账簿上登记的会计分录是否有错。

（2）明细分类账错误。如果总分类账试算后是平衡的，而明细分类账与总分类账的相关数据核对不上，一般说明明细分类账有错。检查明细分类账错误的程序如下：①检查试算平衡表的编制是否正确；②检查本期各明细分类账户的累计发生额与余额计算是否有错；③检查本期编制的会计分录是否有错；④检查本期各明细分类账户登记的会计分录是否有错。

6.3.2 账簿错误的更正

当账簿记录出现错误时，应该按照规定的方法进行更正。由于错误的性质和发现的时间不同，更正方法也有所不同。手工记账中常用的方法有划线更正法、红字更正法和补充登记法三种。

1. 划线更正法

划线更正法即用划红线的方式注销错误记录，达到更正目的的方法。划线更正法主要适用于月末结账前发现账簿记录的文字和数字有误，而其所依据的记账凭证正确，即纯属于记账时的笔误所造成的错误的更正。

使用划线更正法更正错误的具体做法是：首先在错误的文字或数字上划一道红线表示注销；然后，将正确的数字用蓝字写在原错误记录上面，并在更正处签章，以明确责任。划线时要注意使原有的字迹能够辨认，注销数字时必须将错误的数字全部用红线划掉，不得只划掉其中的某个数字。

2. 红字更正法

红字更正法适用于在记账过程中发生记错账户，在结账后发现的记错方向和多记、重记金额的错误。使用红字更正法的具体做法是：当记错账户、记错方向的错误更正时，用红字填写与原错误账户（方向）相同，用蓝字填写正确账户（方向）的记账凭证加以更正；当多记与重记的错误更正时，将多记或重记的金额用红字填写一张与原记账凭证（错误金额）同科目、同方向的记账凭证加以更正。更正时，要在摘要栏注明"冲减某月某日第某号凭证记错科目或记错方向、多记、重记"的字样。

红字更正法不仅能够保持账户的对应关系，而且还能够保持账簿中记录的正确发生额，不至于因改正错账而使账户金额数字虚增或虚减。

【例6-1】 某企业管理部门领用一般性消耗材料100元。填制记账凭证时，误作为生产成本记账，编制了下列会计分录，并已经登记入账：

借：生产成本　　　　　　　　　　　　　　　　　　　　　　　　100
　　贷：原材料　　　　　　　　　　　　　　　　　　　　　　　　100

更正错误时，先按原来的错误分录用红字填制一张相同的记账凭证：

借：生产成本　　　　　　　　　　　　　　　　　　　　　　100（红字）
　　贷：原材料　　　　　　　　　　　　　　　　　　　　　　100（红字）

再用蓝字填制一张正确的记账凭证：

借：管理费用　　　　　　　　　　　　　　　　　　　　　　　　100
　　贷：原材料　　　　　　　　　　　　　　　　　　　　　　　　100

【例6-2】 将现金260元存入银行，在填制记账凭证时，误将金额填为620元，其业务已经登记入账如下：

借：银行存款　　　　　　　　　　　　　　　　　　　　　　　　　　620
　　贷：库存现金　　　　　　　　　　　　　　　　　　　　　　　　　620

发现错误后，应将补记的金额"360"用红字做如下分录：

借：银行存款　　　　　　　　　　　　　　　　　　　　　　　360（红字）
　　贷：库存现金　　　　　　　　　　　　　　　　　　　　　360（红字）

3. 补充登记法

补充登记法适用于对在记账过程中发生的部分漏记和少记，用其他方法又不便更正的错误进行更正。具体的更正方法是将部分漏记的金额或少记的金额用蓝字填写一张与原记账凭证（错误金额）同科目、同方向的记账凭证加以补记，纠正错误。更正时，要在摘要栏注明"补记×月×日第某号凭证漏记（或少记）"的字样。

【例 6-3】 庆顺公司以银行存款支付前欠款 10 000 元，误将金额数字记为 1 000 元，少记了 9 000 元。原错误分录如下：

借：应付账款　　　　　　　　　　　　　　　　　　　　　　　　　1 000
　　贷：银行存款　　　　　　　　　　　　　　　　　　　　　　　　1 000

业务分析：庆顺公司发现错误时，可以将少记的金额 9 000 元重新编制一张记账凭证：

借：应付账款　　　　　　　　　　　　　　　　　　　　　　　　　9 000
　　贷：银行存款　　　　　　　　　　　　　　　　　　　　　　　　9 000

6.4　结账与对账

6.4.1　结账

1. 结账的含义

结账是指在把一定时期内所发生的经济业务全部登记入账的基础上，计算每个账户的借方和贷方累计发生额和期末余额，并将期末金额转入下期或下年新账的账务处理工作。结账是对会计记录进行的总结，通过结账，有利于单位定期总结经济活动情况，对不同会计期间的数据进行比较分析，以便发现问题，采取可行的措施予以解决；通过结账，还能为编制会计报表提供数据资料，有助于单位管理者及投资者、债权人做出正确的投资决策；除此以外，当单位撤销、合并、更换会计人员和配合有关部门检查时，也要进行结账。

2. 结账的时间与方法

根据结账的时间不同，结账可以分为日结、月结、季结和年结四种，在实际工作中，一般采用划线结账的办法进行结账。

（1）日结。日结是指每日的经济业务完成后所进行的结账。现金日记账在每天终了，在最后一笔业务的余额栏结出账面余额。

（2）月结。月结是指每月终了时所进行的结账。办理月结时，先在各账户的本月最后一笔记录下面画一条通栏红线，将本月借方、贷方发生额合计和余额填写在红线的下面一栏，在"摘要"栏注明"本月合计""本月发生额及余额"或者"月结"字样，然后再在月结下面画一条通栏红线，表示与下月的经济业务相区分。如果某账户本月月末无余额，则在"借/贷"栏内注明"平"字，同时在余额栏内注明"θ"。对于本月没有发生余额变化的账户，可以不进行月结。

（3）季结。季结是指在季末进行的结账。办理季结的手续与月结一样，先将本季度的借方、贷方发生额合计与余额写在月结数的下一行内，在"摘要"栏内注明"本季合计""本季度发生额及余额"或者"季结"字样，然后再在季结下面画一条通栏红线，表示本季度的结账。

（4）年结。年结是指在年度终了后进行的结账。办理年结时，先将本年度四个季度的借方、贷方发生额合计数与年末余额写在季结下一行内，在"摘要"栏内注明"本年合计""本年发生额及余额"或者"年结"字样，然后再在年结下面画两条通栏红线，表示封账。年度终了后更换新账时，需要结转新年度的余额可以直接结转到下年度的新账中，在下年度新账各个账户第一行"余额"栏内填写上年度结转的余额，并在"摘要"栏内注明"上年结转"字样。

3. 结账的步骤

第一步：将本期发生的各项经济业务全部登记入账，检查是否有漏记、重记和错记的会计分录，这是结账的基础。

第二步：结转有关账项，即根据本期所有应转账的业务填制记账凭证并登记有关账户，有关各种收入与费用要按权责发生制要求进行处理，编制相关的转账分录，在账簿内进行调整。

第三步：编制结账试算平衡表，计算出总分类账与各种明细分类账的累计发生额和余额，并进行试算平衡与核对，检查总分类账是否平衡，以及总分类账与各明细分类账是否存在勾稽关系。

第四步：正式结账。如经试算平衡后总分类账和各明细分类账都没有错误，说明账簿记录是正确的，就可以正式结账，结出各账户的累计发生额和期末余额。

6.4.2 对账

对账，简单地说就是核对账面记录，将各账簿上记录的资料相互核对，以保证账证相符、账账相符和账实相符的一种方法。通过对账，对发现的记账错误要按规定的方法进行更正；对账实不符和应收账款、应付账款与关联方账务记录不一致的，要查清原因，分不同情况处理，从而保证账证、账账、账实和账表相符，保证会计核算资料真实、可靠。对账具体可分为账证核对、账账核对、账实核对和账表核对。

1. 账证核对

账证核对就是将各种账簿的记录与原始凭证、记账凭证进行核对，确认账簿记录的账户、时间、凭证号、业务内容、借贷方向及金额、栏次等是否与会计凭证一致，有无重记、漏记、错记等问题的对账方法，通过上述核对，可以保证账证相符。

2. 账账核对

账账核对就是利用账簿内部以及不同账簿之间的勾稽关系来核对不同会计账簿的记录是否相符的对账方法。账账核对具体可分为以下几类：

（1）总分类账内部平衡核对。总分类账内部存在着以下平衡关系："全部账户借方累计发生额之和＝全部账户贷方累计发生额之和"以及"全部账户借方余额之和＝全部账户贷方余额之和"。通过核对平衡，才能表明总分类账的记录是正确的，才能据以核对其他账簿记录。具体而言，核对的方法是通过编制试算平衡表进行平衡核对。

（2）总分类账与明细分类账的核对。总分类账与明细分类账存在以下勾稽关系：总分类账户的借方累计发生额等于相关各明细分类账户的借方累计发生额之和，总分类账户的贷方累计发生额等于相关各明细分类账户的贷方累计发生额之和，总分类账户的余额等于所属各明细账户的余额之和。通过核对，检查总分类账余额与相关明细分类账余额合计是否相等，如果不等，则说明总分类账或明细分类账记录有错。核对时可通过编制明细分类科目试算平衡表进行。明细分类科目试算平衡表的格式见表6-19。

表6-19　明细分类科目试算平衡表

单位：　　　　　　　　　　　　　　　　　　　　　　　　　　　　　　　　　年　月　日

科目名称	借方发生额	贷方发生额	余额
合计			
×××（总分类科目）			
1. ××（明细分类科目）			
2. ××（明细分类科目）			
⋮			
×××（总分类科目）			
1. ××（明细分类科目）			
2. ××（明细分类科目）			

（3）总分类账与日记账的核对。将总分类账的"库存现金""银行存款"账户的借、贷方发生额和余额应分别与日记账中"库存现金""银行存款"的借、贷方发生额和余额进行核对，检查是否相等。如相等则表明日记账与总分类账的有关记录是正确的。

（4）本单位账簿与其他有关单位或部门账簿的核对。一般在年底转账之前，各单位要根据账簿的各种往来款项记录与其他有关单位或部门进行一次全面、正式的，应收账款与应付账款的清理核对，以保证债权、债务的清晰准确。

3. 账实核对

账实核对是利用账簿有关财产物资的记录与财产物资实有数进行核对，确保账实相符的对账方法。账实核对具体分为以下几类：

（1）库存现金的核对。库存现金的核对一般采取实地盘点的方法进行，要求每日核对一次。

（2）银行存款的核对。银行存款的核对一般通过核对"银行对账单"来进行，对于未达账项可编制"银行存款余额调节表"进行调整。银行存款至少每月核对一次，每年至少进行一次全面对账。

（3）材料物资的核对。材料物资的核对一般采用实地盘存法进行，要利用账簿材料物资明细账的记录与实存数进行核对，保证账实相符。对于盘盈和盘亏的材料物资要填写实物资产盘点情况报告表，详细记录盘点结果并按规定进行相应的处理。材料物资一般每年至少要核对一次。

（4）固定资产的核对。固定资产核对的具体方法与材料物资的核对相同。

4. 账表核对

账表核对是将账簿中记录与各种会计报表进行相互核对，做到账表一致的对账方法。

6.5 账簿的启用、更换与保管

对于新设立的单位，会计账簿一般在单位组建时建立并启用；对于其他单位，应当在当年12月份建立下年度账簿，于次年1月1日启用。各单位应按会计制度统一规定的会计科目和账页格式建立总分类账、明细分类账和日记账。使用电算化系统的单位，应按年度建立会计账簿。

6.5.1 账簿的启用规则

账簿是记录与储存会计信息的重要会计档案，为了保证账簿的严肃性和合法性，明确记账责任，在账簿启用时，应根据有关规定填写"账簿启用与经管人员一览表"，所填写内容包括单位名称、账簿名称、账簿册号、账簿页数、使用年度、起止日期、会计主管和记账人员签章等，并在指定位置加盖单位公章。当有记账人员、会计机构负责人或会计主管人员因工作变动时，应按会计制度的有关规定办理交接手续，并在"账簿启用与经管人员一览表"的相关栏内填写交接双方的姓名和交接日期。账簿启用与经管人员一览表格式见表6-20。

表6-20 账簿启用与经管人员一览表

单位名称		主管人			经管人			接交			移交		
账簿名称		职别	姓名	盖章	职别	姓名	盖章	年	月	日	年	月	日
账簿册号													
账簿页数													
使用年度													
单位公章													

总分类账和明细分类账还必须填写"账户目录"。总分类账的"账户目录"应按总分类账户的名称和顺序及启用页号填写；明细分类账的"账户目录"应按各明细分类账户的名称和顺序及启用页号填写。账户目录格式见表6-21。

表6-21 账户目录

账户			账户			账户		
名称	号	页	名称	号	页	名称	号	页

6.5.2 账簿的更换

一个会计年度只能建立和使用一套会计账簿。会计年度结束后，要结束本年度的会计账簿记录，将旧账更换存档；新一个会计年度开始时，应建立新账。除固定资产登记簿和备查账簿可以跨年度连续使用外，其他账簿都需要每年更换一次。

更换账簿时，应通过一定的方法将旧账上的余额结转到新账上去。转出时应将旧账各个账户的年终余额直接记入新账的余额栏内，并在旧账的余额的摘要栏内注明"结转下年"字样；转入时将转入的余额直接登记在新账第一行余额栏内，并在新账的摘要栏内注明"上年结转"字样。

会计人员离职移交的账簿，接替其工作的会计人员如果不是在会计年度新开始时接替账簿的登记工作，应该使用移交人员未用完的账簿继续登记会计业务，不必再更换使用新账。

6.5.3 账簿的保管

会计账簿和会计凭证、会计报表一样，都是会计工作的历史资料，也是重要的经济档案。因此，每一个单位都必须按照国家颁布的《会计档案管理办法》的规定妥善保管会计档案，做好会计档案的保管工作，不得丢失和任意销毁会计档案。

会计账簿是重要的历史资料。负责账簿登记的会计人员，同时要负责账簿的保管工作；负责会计档案管理的会计人员，应建立会计账簿保管清册，详细记录保管的各年度各种会计账簿的相关情况。年度终了时，应将已结束的旧账移交档案室保管，并办理相关的交接手续，以明确各自的管理责任。

对于会计账簿，除了应指定专人负责管理之外，还应遵循以下保管规则：一是要建立会计档案保管清册，具体登记入库保管的各种会计档案，包括登记会计账簿的清册；二是要有相应设施设备存放会计档案，建立档案室，购置档案柜，门窗要有安全措施，防止发生丢失、霉烂和虫蛀；三是会计账簿应由特定的记账人员或保管人员保管，未经领导和会计负责人批准，不允许非经管人翻阅、查看、摘抄和复印，除非有特殊需要或司法介入要求，一般情况下不得将账簿携带外出。

【思考题】

1. 对于会计账簿有哪些分类方式？按不同的分类方式可以将其分为哪些种类？不同种类的会计账簿分别适用哪些情况？
2. 会计账簿的设置原则有哪些？
3. 错账的更正方法有哪些？各适用于哪种类型错账的更正？
4. 简述结账的基本程序。
5. 对账的内容有哪些？对账的主要目的是什么？

第 7 章　资产计价与财产清查

【学习目标】

1. 掌握应收账款、存货、固定资产计价的基本知识。
2. 认识会计工作中财产清查的重要性。
3. 熟悉财产物资的盘存制度，掌握货币资金清查及财产清查结果的账务处理。

资产计价是会计计量的核心内容，选用不同的计价方法，关系着企业资产报告金额的大小，影响着企业一定时期的利润高低等；而为了做到账实相符，要通过财产清查这种会计核算方法。因此，进行资产计价和财产清查是提高会计信息可靠性、真实性的重要手段。

7.1　资产计价

资产计价，是以货币来计量企业所拥有或控制的各种资产实际价值的一种专门方法。企业拥有的资产包括流动资产、固定资产和无形资产等。这些资产有的具有一定的实物形态，如房屋建筑物、机器设备、材料物资和产成品等；有的不具有实物形态，如专利权、专有技术和商标权等。由于它们在企业的生产经营过程中发挥着不同的作用，因此，正确合理地进行资产计价，对于科学地运用资产和进行会计核算具有重要意义。

7.1.1　资产计价的标准与应用原则

1. 资产计价的标准

计价也叫计量，是按照一定标准和程序对计量对象进行"量化"的过程。会计工作要对经济活动中的资金运动进行核算和监督，首先要确认经济活动的性质，即确认其属于哪一项会计要素；之后对会计要素进行科学而正确的计量，这样才能进行会计记录、归类、汇总，使之系统化、条理化。企业对加工处理过的会计信息进行计量后，才能通过会计报表对外输出信息。会计计量贯穿会计核算的全过程，会计计量工作中最为复杂的是对资产要素的计量。对资产的计量就是以货币作为计量尺度，衡量、计算和确定资产的价值，即资产计价。从会计角度看，资产计价标准的选择应以会计计量属性为依据。会计计量属性反映的是会计要素金额的确定基础，主要包括历史成本、重置成本、可变现净值、现值和公允价值等。

2. 资产计价标准的应用原则

《企业会计准则——基本准则》规定，企业在对会计要素进行计量时一般应当采用历史成本，采用重置成本、可变现净值、现值、公允价值计量的，应当保证所确定的会计要素金额能够取得并可靠地计量。确定资产的计量基础是会计核算的重要内容之一，对于保证会计信息质量有着重要的意义。它不仅直接关系到各种资产在会计账簿和会计报表上以何种价值反映，以及反映的数额多少，而且将影响到一系列财务指标。对各种资产采用的计价方法不同，不仅会影响企业拥有资产数额的多少，还会影响企业一定期间内成本费用的高低，因此，它必然影响企业一定期间内利润的数额和应缴纳所得税的数额。

本书所介绍的资产计价，主要包括应收账款、存货和固定资产的计价。

7.1.2 应收账款的计价

1. 应收账款计价的概念

应收账款是指企业因销售商品、提供劳务等而应向购货单位收取的款项。

在商品经济条件下，由于各行各业都存在着激烈的市场竞争，管理不善、扭亏无望、无力偿债的企业将面临破产倒闭，从而使债权人承担着难以收回应收账款的风险。现实经济生活中，企业的应收账款因为种种原因或多或少总有一部分不能收回，在会计上，这部分应收账款被称为坏账或呆账。企业的应收账款总额扣除坏账数额，即为应收账款净额。应收账款总额一般可根据账簿记录确定，因此，应收账款计价的核心问题是确定坏账的数额。

2. 应收账款减值的核算方法

应收账款减值有两种核算方法，即直接转销法和备抵法，我国《企业会计准则》规定应采用备抵法确定应收账款减值。

（1）直接转销法。直接转销法指的是平时不计提坏账准备，只有在实际发生坏账时，才将坏账损失计入当期损益。《小企业会计准则》规定，采用直接转销法确定应收账款减值。

1）坏账损失确认。根据《小企业会计准则》第十条规定：小企业应收及预付款项符合下列条件之一的，减除可收回的金额后确认的无法收回的应收及预付款项，作为坏账损失：

① 债务人依法宣告破产、关闭、解散、被撤销，或者被依法注销、吊销营业执照，其清算财产不足清偿的。

② 债务人死亡，或者依法被宣告失踪、死亡，其财产或者遗产不足清偿的。

③ 债务人逾期3年以上未清偿，且有确凿证据证明已无力清偿债务的。

④ 与债务人达成债务重组协议或法院批准破产重整计划后，无法追偿的。

⑤ 因自然灾害、战争等不可抗力导致无法收回的。

⑥ 国务院财政、税务主管部门规定的其他条件。

2）坏账损失的会计处理。按照《小企业会计准则》，确认应收账款实际发生的坏账损失，应当按照可收回的金额，借记"银行存款"等账户；按照其账面余额，贷记"坏账损失账户"；按照其差额，借记"营业外支出"账户。

直接转销法的优点是会计处理简单，但是只有等到实际发生坏账时才确认损失，不符合收入费用配比原则以及权责发生制，也会导致高估资产、虚增利润，不符合会计谨慎性原则的要求。

（2）备抵法。备抵法是指一种按期确定预期信用损失，计入当期损益，形成坏账准备，当某一应收账款全部或部分被确认为坏账时，应根据其金额冲减坏账准备，同时转销相应的应收账款金额的核算方法。这种方法的优点是：可将预计不能收回的应收账款及时作为坏账损失入账，较好地贯彻权责发生制和配比原则，避免企业虚盈实亏；便于估算应收账款的可收回金额，以真实反映企业的财务状况。此外，预计不能收回的应收账款已不符合资产的定义，计提坏账准备可以防止企业虚夸资产。

1）预期信用损失的确定。预期信用损失是指以发生违约的风险为权重的金融工具信用损失的加权平均值。信用损失是指企业按照原实际利率折现的，根据合同应收的所有合同现金流量与预期收取的所有现金流量之间的差额。

对于《企业会计准则第 14 号——收入》所规定的、不含重大融资成分的应收款项，应当始终按照整个存续期内预期信用损失的金额计量其损失准备。

2）坏账准备的会计处理。采用备抵法，企业需设置"坏账准备"账户。企业计提坏账准备时，借记"信用减值损失"账户，贷记"坏账准备"账户。如果已确认并转销的坏账以后又收回，则应按收回的金额，借记"应收账款"账户，贷记"坏账准备"账户，以恢复企业债权并冲回已计提的坏账准备金额；同时，借记"银行存款"账户，贷记"应收账款"账户，以反映账款收回情况。"坏账准备"账户期末的贷方余额反映企业已计提但尚未转销的坏账准备。

下面通过例题说明坏账准备的会计处理。

【例 7-1】 假设某企业从 2019 年开始计提坏账准备。2019 年年末应收账款余额为 1 200 000 元，根据预计信用减值损失，本期应收账款应计提 6 000 元坏账准备。

该企业计提坏账准备的会计分录如下：

借：信用减值损失　　　　　　　　　　　　　　　　　　　　　　　　6 000
　　贷：坏账准备　　　　　　　　　　　　　　　　　　　　　　　　　　6 000

2020 年 2 月，该企业发现有 1 000 元的应收账款无法收回，按有关规定确认为坏账损失。会计分录如下：

借：坏账准备　　　　　　　　　　　　　　　　　　　　　　　　　　　1 000
　　贷：应收账款　　　　　　　　　　　　　　　　　　　　　　　　　　1 000

2020 年 12 月 31 日，该企业应收账款余额为 1 440 000 元。

根据预计信用减值损失，本期应收账款应计提 7 200 元坏账准备。

年末计提坏账准备前，"坏账准备"的贷方余额为 6 000-1 000＝5 000（元）。

当年应补提的坏账准备金额为 7 200-5 000＝2 200（元）

补提坏账准备的会计分录如下：

借：信用减值损失　　　　　　　　　　　　　　　　　　　　　　　　2 200

  贷：坏账准备   2 200

2021年4月15日，接银行通知，该企业上年度已冲销的1 000元坏账又收回，款项已存入银行。会计分录如下：

  借：应收账款   1 000
    贷：坏账准备   1 000
  借：银行存款   1 000
    贷：应收账款   1 000

2021年12月31日，企业应收账款余额为1 000 000元。根据预计信用减值损失，本期应收账款应计提5 000元坏账准备。

2021年年末，计提坏账准备前的"坏账准备"科目贷方余额为7 200+1 000=8 200（元）。

当年应冲销多提的坏账准备金额为8 200-5 000=3 200（元）。

冲销坏账准备的会计分录如下：

  借：坏账准备   3 200
    贷：信用减值损失   3 200

7.1.3 存货的计价

1. 存货的概念

  存货是指企业在日常活动中持有以备出售的产成品或商品、处在生产过程中的在产品、在生产过程或提供劳务过程中耗用的材料、物料等。存货主要包括原材料、在产品、产成品、商品、周转材料等财产物资。

  企业的存货计价包括形成存货的计价和耗用（或销售）存货的计价两方面的内容。由于存货资产必须按实际成本计价，形成存货成本的计价方法就是"成本计算方法"，如材料采购成本计算方法。耗用或销售的存货同样须按其取得时的实际成本计价，但由于市场上的商品价格不可能总是保持不变，每次耗用或销售存货的实际取得成本难以直接确定，因此，便只能采用特定的计价方法，将本期可供耗用或销售存货的总成本在期末存货和本期已耗用（或已销售）存货之间进行合理分配。显然，如果存货取得的价格保持不变，则存货的计价就十分简单了。

  就特定会计期间而言，特定会计期间内可供耗用或销售存货的实际总成本是一定的，因此，计算确定的期末存货成本和已耗用（或已销售）存货成本是选择不同计价方法的结果。期末存货与已耗用（或已销售）存货成本的关系如下：

期初存货成本+本期取得存货成本=本期可供耗用或销售存货总成本

本期可供耗用或销售存货总成本=期末存货成本+已耗用（或已销售）存货成本

2. 存货的计价方法

  存货的计价方法，是指对发出的存货和每次发出后结存的存货价值的

存货计价方法

计算确定方法。只有正确计算和确定发出存货的价值，才能正确地计算生产成本和销售成本。企业应当根据各类存货的实物流转方式、企业管理的要求、存货的性质等实际情况，合理地选择发出存货成本的计算方法，以合理确定当期发出存货的实际成本。

对于性质和用途相似的存货，应当采用相同的成本计算方法确定发出存货的成本。企业在确定发出存货的成本时，可以采用先进先出法、加权平均法、移动平均法和个别计价法等方法，但不得采用后进先出法确定发出存货的成本。

（1）先进先出法。先进先出法是以先购入的存货先发出（销售或耗用）这样一种存货实物流转假设为前提，对发出存货进行计价的一种方法。采用这种方法，先购入的存货成本在后购入的存货成本之前转出，据此确定发出存货和期末存货的成本。

【例 7-2】 假设某企业 2021 年 5 月的材料收、发、结存情况（存货明细账）见表 7-1。

表 7-1 存货明细账

存货类别： 数量单位：kg

金额单位：元

存货编号： 最高存量：

存货名称及规格：A 最低存量：

2019 年		凭证编号	摘要	收入			发出			结存		
月	日			数量	单价	金额	数量	单价	金额	数量	单价	金额
5	1		期初结存							400	4	1 600
5	3		购入	200	4.5	900				400	4	1 600
										200	4.5	900
5	4		购入	700	5	3 500				400	4	1 600
										200	4.5	900
										700	5	3 500
5	10		领用				400	4	1 600	100	4.5	450
							100	4.5	450	700	5	3 500
5	23		购入	300	4	1 200				100	4.5	450
										700	5	3 500
										300	4	1 200
5	25		领用				100	4.5	450	300	4	1 200
							700	5	3 500			
5	31		期末结存	1 200		5 600	1 300		6 000	300	4	1 200

由表 7-1 可得：

2021 年 5 月 10 日发出存货成本 = 400×4+100×4.5 = 2 050（元）

25 日发出存货成本 = 100×4.5+700×5 = 3 950（元）

月末结存存货成本 = 1 600+（900+3 500+1 200）-2 050-3 950 = 1 200（元）

采用先进先出法，存货成本是按最近购货确定的，期末存货成本比较接近现行的市场价值，因此，其优点是使企业不能随意挑选存货计价以调整当期利润；缺点是工作手续比较烦琐，特别对于存货进出量比较频繁的企业更是如此。此外，当物价上涨时，采用先进先出法会高估企业当期利润和库存存货价值；反之，会低估企业库存存货价值和当期利润。

（2）加权平均法。加权平均法也称全月一次加权平均法，是指以本月全部收货成本加月初存货成本，除以本月全部收货数量与月初存货数量之和，计算出存货的加权平均单位成本，从而确定存货的发出和库存成本的存货计价方法。

【例 7-3】 以【例 7-2】中存货的收发资料为例，采用加权平均法计算存货 A 材料发出成本和结存成本。

业务分析：

加权平均单位成本 =（1 600+900+3 500+1 200）/（400+200+700+300）= 4.5（元/kg）

发出存货成本 =（500+800）×4.5 = 5 850（元）

期末结存存货成本 =（400+200+700+300−500−800）×4.5 = 1 350（元）

采用加权平均法，只在期末一次计算加权平均单价，比较简单，而且在市场价格上涨或下跌时所计算出来的单位成本平均化，对存货成本的分摊较为折中。但是，这种方法平时无法从账上提供发出和结存存货的单价及金额，不利于加强对存货的管理。

（3）移动平均法。移动平均法也称移动加权平均法，是指用本次收货的实际成本加原有库存存货的实际成本，除以本次收货数量与原有库存存货数量之和，据以计算移动加权平均单价（存货单位成本），并对发出存货进行计价的一种方法。计算公式如下：

$$移动加权平均单价 = \frac{（原有库存存货的实际成本 + 本次收货的实际成本）}{（原有库存存货数量 + 本次收货数量）}$$

本次发出存货成本 = 本次发出存货数量 × 本次发货前的存货单位成本

本月月末库存存货成本 = 月末库存存货数量 × 本月月末存货单位成本

【例 7-4】 以【例 7-2】中存货的收发资料为例，采用移动平均法计算 A 材料发出成本和结存成本。

业务分析：

第一次发出 500kg：

移动加权平均单价 =（1 600+900+3 500）/（400+200+700）= 4.62（元/kg）

结存存货成本 = 800×4.62 = 3 696（元）

发出存货成本 = 1 600+900+3 500−3 696 = 2 304（元）

第二次发出 800kg：

移动加权平均单价 =（3 696+1 200）/（800+300）= 4.45（元/kg）

结存存货成本 = 300×4.45 = 1 335（元）

发出存货成本 = 3 696+1 200−1 335 = 3 561（元）

移动加权平均法的优点在于能使管理当局及时了解存货的结存情况，而且计算的平均单位成本以及发出和结存的存货成本比较客观。但采用这种方法，每次收货都要计算一次平均单位成本，计算工作量较大，对收发货较频繁的企业而言不适用。

（4）个别计价法。个别计价法，也称个别认定法、具体辨认法、分批实际法，其特征是注重所发出存货具体项目的实物流转与成本流转之间的联系，逐一辨认各批发出存货和期末存货所属的购进批别或生产批别，分别按其购入或生产时所确定的单位成本计算各批发出存货和期末存货的成本。也就是说，把每一种存货的实际成本作为计算发出存货成本和期末存货成本的基础。对于不能替代使用的存货、为特定项目专门购入或制造的存货以及提供的劳务，通常采用个别计价法确定发出存货的成本。在实际工作中，越来越多的企业采用电算化系统进行会计处理，个别计价法可以广泛应用于发出存货的计价，并且该方法确定的存货成本最为准确。

企业销售存货，应当将已售存货的成本结转为当期损益，计入营业成本。这就是说，企业在确认存货销售收入的当期，应当将已经销售存货的成本结转为当期营业成本。这种结转是为了符合收入与费用相配比的要求。

存货为商品存货，如产成品的存货，企业应采用先进先出法、加权平均法、移动平均法和个别计价法确定已销售商品的实际成本。存货为非商品存货的，如材料等，应将已出售材料的实际成本予以结转，计入当期其他业务成本。这里所讲的材料销售是指不构成企业的主营业务的情况。如果材料销售构成了企业的主营业务，则该材料为企业的商品存货，而不是非商品存货。

7.1.4 固定资产计价

固定资产，是指同时具有下列特征的有形资产：①为生产商品、提供劳务、出租或经营管理而持有；②使用寿命超过一个会计年度。

由于固定资产寿命周期较长，从取得到报废其价值会发生变化。因此选择合理计价标准，正确进行固定资产计价，对保证会计信息质量，真实反映财务成果有重大影响。

1. 固定资产计价的内容

固定资产计价的内容包括：取得固定资产时价值的确定；固定资产使用过程中磨损价值的确定；固定资产使用过程中发生其他支出及其价值的确定。

2. 固定资产原始价值的确定

由于企业取得固定资产的情况有多种，其原始价值的组成也有所差异。

购入的固定资产，以实际支付给供应单位的买价、支付的运杂费、包装费、安装成本等为原始价值入账。

自行建造的固定资产，以建造过程中实际发生的全部支出为原始价值入账。

投资者投入的固定资产，其入账价值应当按照投资合同或协议约定的价值确定，但合同或协议约定价值不公允的除外。在投资合同或协议约定价值不公允的情况下，按照该项固定资产的公允价值确定入账价值。

盘盈的固定资产，作为前期差错处理，在按管理权限报请批准处理前，应先通过"以前年度损益调整"科目核算。

3. 固定资产折旧的计算

折旧是指固定资产损耗掉的那部分价值。折旧计算既要考虑固定资产周转的特点，满足资金管理的需要，又要考虑生产技术的不断发展和企业在经营决策上的要求。

（1）折旧计算应考虑的因素。

1）固定资产的预计使用年限。确定固定资产预计使用年限应考虑固定资产的有形损耗和无形损耗两个因素。有形损耗是指固定资产因使用而发生的机械磨损及由于自然因素的作用引起的自然损耗。按有形损耗确定的使用年限是固定资产的物理使用年限。无形损耗是指由于劳动生产率的提高，生产同样的固定资产的成本降低或由于科技进步，更新的、效率更高的新型固定资产出现，使原来的固定资产面临淘汰，成为不经济的资产；按照无形损耗确定的耐用年限称为固定资产的经济使用年限。企业通常应把物理使用年限和经济使用年限结合起来确定固定资产的预计使用年限，预计使用年限决定了固定资产折旧率的高低。

2）固定资产的应计折旧总额。

固定资产用原始成本计价时，在使用年限内应计提折旧的总额即为它的原始价值。在废弃固定资产时，通常会收回一部分残余材料，在计提固定资产折旧时，应按残余材料的估计价值，即残值从应计提折旧总额中扣除。相应地，房屋和大型机器设备在废弃时，需要一笔诸如拆除、搬运和整理场地等清理费用，清理费用抵减估计残值以后剩余的净残值应从应计提折旧总额中扣除。因此，应计提折旧总额的计算公式应为

$$应计折旧总额 = 固定资产原价 - 估计净残值$$
$$= 固定资产原价 - （估计残值 - 估计清理费用）$$

如果估计残值与估计清理费用基本相等、相差甚微，或残值很难估计，也可以只根据固定资产的原价计算折旧。

（2）折旧计算方法。折旧计算方法就是把应计提折旧总额在预计使用年限内进行合理分摊的方法。折旧计算方法有很多，一般常用的有平均年限法、工作量法等。下面介绍几种常用的折旧计算方法：

1）平均年限法。平均年限法是将应计折旧总额按照预计使用年限平均计算折旧的一种方法。由于这种方法计算的折旧额在各个使用年份或月份中都是相等的，折旧的累计额呈直线上升趋势，因此，这种方法也称为直线法。平均年限法下折旧的计算公式如下：

$$固定资产年折旧额 = 应计折旧总额 / 预计使用年限$$
$$= （固定资产原值 - 估计残值 + 估计清理费用）/ 预计使用年限$$
$$= （固定资产原值 - 预计净残值）/ 预计使用年限$$

固定资产折旧额占固定资产原值的比重称为折旧率，其计算公式如下：

$$固定资产年折旧率 = 固定资产年折旧额 / 固定资产原值 \times 100\%$$
$$= （固定资产原值 - 预计净残值）/（预计使用年限 \times 固定资产原值）\times 100\%$$
$$= （1 - 预计净残值率）/ 预计使用年限$$

净残值或在折旧率中体现，或在计提折旧基数中体现，会计上应使得最终的累计折旧额与应计折旧额相等。

企业如果计算月折旧率，用年折旧率除以12即可求得，计算公式如下：

$$月折旧率 = 年折旧率/12$$

$$月折旧额 = 固定资产原值 \times 月折旧率$$

【例7-5】 某厂生产车间有车床一台，原始价值为40 000元，预计使用20年，预计净残值为2 000元。

业务分析：该车床折旧的会计处理如下：

$$年折旧额 = (40\,000-2\,000)/20 = 1\,900(元)$$

$$年折旧率 = 1\,900/40\,000 \times 100\% = 4.75\%$$

$$或 (1-5\%)/20 = 4.75\%$$

$$月折旧率 = 4.75\%/12 = 0.396\%$$

$$月折旧额 = 40\,000 \times 0.396\% = 158.4(元)$$

上述固定资产折旧率是按个别固定资产单独计算的，称为个别折旧率。实务中，企业往往有多种固定资产，因此通常按分类折旧率计算固定资产折旧。分类折旧率是按结构相似或其他条件相同的一类固定资产计算的平均折旧率。分类折旧率的计算以个别固定资产的原值和应计提的折旧额为基础。计算公式如下：

$$年分类折旧率 = 企业某类固定资产年折旧额之和/企业某类固定资产原值之和 \times 100\%$$

$$月分类折旧率 = 年分类折旧率/12$$

2）工作量法。对于某些价值较大，又不经常使用的专用设备，如建筑机械、冶炼设备、专用机床、运输设备等可按工作量（小时或里程或台班）计算折旧额。计算公式如下：

按工作小时计算折旧的公式：

$$每工作小时折旧额 = (固定资产原值-预计净残值)/规定的总工作小时$$

$$月折旧额 = 月实际工作小时数 \times 每工作小时折旧额$$

按台班计算折旧的公式：

$$每台班折旧额 = (固定资产原值-预计净残值)/规定的总工作台班数$$

$$月折旧额 = 月实际台班总数 \times 每台班折旧额$$

按行驶里程计算折旧的公式：

$$单位里程折旧额 = (固定资产原值-预计净残值)/规定的总行驶里程$$

$$月折旧额 = 月实际行驶里程总数 \times 单位里程折旧额$$

【例7-6】 某单位运货卡车取得时的原值为50 000元，在其行驶里程达100 000km时报废，预计将有5%的净残值。假定第一个月行驶3 000km，第二个月行驶2 700km。

业务分析：该卡车采用工作量法计算第1个月、第2个月的折旧额如下：

$$单位里程折旧额 = (50\,000-50\,000 \times 5\%)/100\,000 = 0.475(元/km)$$

$$第1个月的折旧额 = 3\,000 \times 0.475 = 1\,425(元)$$

$$第2个月的折旧额 = 2\,700 \times 0.475 = 1\,282.5(元)$$

3）双倍余额递减法。双倍余额递减法下的折旧率为直线法下折旧率的2倍。采用双倍余额递减法计提折旧的固定资产价值为期初折余价值，累计折旧越多，折余价值越小。双倍余额递减法属于加速折旧法，其不仅缩短了计提折旧资产的使用年限，且累计折旧额呈曲线。

采用双倍余额递减法的固定资产折旧率和折旧额的计算公式如下：

$$年折旧率 = 2/折旧年限 \times 100\%$$

$$月折旧率 = 年折旧率/12$$

$$月折旧额 = 固定资产账面净值 \times 月折旧率$$

采用双倍余额递减法计提折旧的固定资产，应当在其固定资产折旧年限到期前两年内，将固定资产净值扣除预计净残值后的余额平均摊销。

【例7-7】 某项固定资产原值为10 000元，预计使用寿命为10年，预计净残值为400元。

业务分析：采用双倍余额递减法计算每年折旧额如下：

首先确定折旧率，本例中直线法下的折旧率为10%（10年），则双倍余额递减法下的折旧率为20%。然后每年用20%去乘年初账面折余价值，即可计算出每年的年折旧额，具体折旧计算见表7-2。

表7-2　折旧计算表（双倍余额递减法）　　　　　　　　　单位：元

年份	年折旧率	账面折余价值	年折旧额
1	20%	10 000	2 000
2	20%	8 000	1 600
3	20%	6 400	1 280
4	20%	5 120	1 024
5	20%	4 096	819
6	20%	3 277	655
7	20%	2 622	524
8	20%	2 098	420
9		1 678	639
10		1 039	639
第10年年末		400	

在上例中，如果该项资产系当年6月投入使用，从7月开始计提折旧，那么第一年的折旧应为1 000元（2 000×1/2），第二年的折旧应为1 800元（第一年年末的折余价值9 000元×20%）。

4）年数总和法。年数总和法是用固定资产的应计折旧总额乘上一个分数来计算折旧的方法。这个分数的分母是固定资产使用年限的逐期年数加总，如固定资产预计使用5年，则分母为1+2+3+4+5=15；分子是从当年开始计算的尚可使用年限，如第一年尚可使用年限为5年，第二年尚可使用年限为4年……

年数总和法下的折旧率和折旧额计算公式如下：

$$\text{年折旧率} = \text{尚可使用年限} / [\text{折旧年限} \times (\text{折旧年限} + 1) \div 2] \times 100\%$$

$$\text{月折旧率} = \text{年折旧率} \div 12$$

$$\text{月折旧额} = (\text{固定资产原值} - \text{预计净残值}) \times \text{月折旧率}$$

【例7-8】 某项固定资产原值为10 400元,预计净残值400元,预计使用年限为4年。

业务分析:该固定资产按照年数总和法确定的每年折旧额计算如下:

4年的年数总和为 4+3+2+1 = 10 或 4×(4+1)÷2 = 10

则第1年折旧率为4/10,第2年折旧率为3/10,第3年折旧率为2/10,第4年为1/10。

第1年折旧额 = (10 400-400)×4/10 = 4 000(元)

第2年折旧额 = 10 000×3/10 = 3 000(元)

第3年折旧额 = 10 000×2/10 = 2 000(元)

第4年折旧额 = 10 000×1/10 = 1 000(元)

折旧总额为10 000元。

如固定资产系在年度中期投入使用,则只需要按当年实际使用月份数计提折旧额。假定上例中该固定资产是6月投入使用的,第一年就只应提6个月的折旧。上例中,第一年6个月的折旧额 = 10 000×(4/10)×(1/2) = 2 000(元),第二年的折旧额的计算如下:

10 000×(4/10)×(1/2)+10 000×(3/10)×(1/2) = 3 500(元)

以上介绍了四种常用的固定资产折旧计算方法,在实际工作中,企业可以按照规定选择具体的折旧方法。若企业确需对固定资产采取缩短折旧年限或者加速折旧方法的,应在取得该固定资产后一个月内,向其企业所得税主管税务机关备案。

折旧方法和折旧年限一经确定,不得随意变更。需要变更的,须在变更年度以前,由企业提出申请,报主管税务机关批准。

7.2 财产清查

7.2.1 财产清查的意义

1. 财产清查的概念

财产清查就是指通过核对账目并对各项财产物资进行盘点,查明财产物资实存数,确定账存数和实存数是否相符,并根据盘点结果调整账簿,保证账实相符的一种会计核算方法。

会计核算一个最基本的要求就是保证账簿记录正确、真实,进而保证会计信息的可靠性和相关性。通过加强对会计凭证的日常审核,定期地核对账簿记录,做到账证相符、账账相符,保证了账簿记录的正确性。但账簿记录正确并不能保证账簿所做的记录是真实可靠的。在实际工作中,由于财产物资天然属性造成的自然损溢,收发过程控制不力产生的计量差错,会计记录和计算的错误,工作人员失职或贪污盗窃、营私舞弊造成的人为损失等,都可能会导致财产物资的账面结存数与实际结存数不一致,产生差异。为了保证账簿记录的可靠性,掌握各项财产物资的真实情况,保证财产物资的安全完整,必须对各项财产物资定期或不定期地进行盘点或核对，对账存数与实存数不相符的，要及时调整账簿记录，并查明原因和责任，按有关规定做出处理。

2. 账实不符的情形

造成账存数和实存数不符，即账实不符的情形一般有以下几个原因：

（1）各种财产物资在运输、保管过程中，发生自然损耗或升溢。

（2）各种财产物资在收发过程中，由于计量检验器具不准确或是保管人员工作疏忽，发生计量差错。

（3）在财产物资增减变动时，会计人员没有及时填制凭证，登记入账或是记账、算账时出现漏记、重记、多记、少记等错账现象。

（4）由于规章制度不健全，管理不善或工作人员失职造成财产物资损坏、变质和短缺等差错。

（5）不法分子贪污盗窃、营私舞弊等造成的财产损失。

（6）在结算过程中，由于未达账项或拒付引起的记账时间、记账金额与实际业务不相符。

（7）自然灾害或人为事故造成财产损失。

（8）其他原因造成财产损失或升溢。

3. 财产清查的作用

财产清查对于提高会计的核算反映质量，强化对财产物资的管理有着重要作用。具体而言，其作用主要体现在以下方面：

（1）通过财产清查，可以确定各项财产的实存数，查明各项财产账实是否相符及账实不符的原因，以便及时调整账簿记录，使账实相符，从而保证会计资料的真实性，为编制会计报表做好准备。

（2）通过财产清查，可以及时发现财产管理方面存在的问题，健全财产的保管和核算制度，以保护企业财产的安全和完整。

（3）通过财产清查，可以查明各项财产物资的储备和利用情况，充分挖掘财产物资的潜力，促进财产物资的有效使用，加速资金周转。

（4）通过财产清查，可以查明各项应收账款的结算情况，有助于及时清理应收账款，避免坏账损失，并敦促企业自觉遵守财经制度，维护财经纪律。

7.2.2 财产清查的分类

财产清查按清查对象和范围、清查时间以及执行单位的不同可以分为不同的类型。

1. 全面清查和局部清查

财产清查按照清查的对象和范围不同可以分为全面清查和局部清查。

全面清查，就是对本单位所有的财产物资进行全面彻底的清查、盘点和核对。就工业企业而言，全面清查的内容一般包括：

（1）所有的固定资产、材料、在产品、未完工工程及其他物资。

（2）库存现金、银行存款、银行借款和各种有价证券等。

（3）各种结算款项、预算缴拨款项。

（4）在途材料、发出商品、委托其他单位加工保管的材料及物资等。

（5）委托本单位加工、代管的材料及物资等。

全面清查的优点如下：内容全面，范围广泛，能够彻底清查单位的所有财产物资；其缺点是需要投入的人力多、费用高、时间长。因此，全面清查一般在下列情况下进行：

（1）在年终决算前进行一次清查，为结清账目和编制报表做好准备，以保证会计核算资料的真实性。

（2）企业在进行清产核资时要进行一次全面的清查，以如实反映企业情况。

（3）企业破产、撤销、合并和改变隶属关系时，也应进行全面清查，以明确经济责任。

（4）企业发生重大违法经济事件时。

（5）企业进行中外合资、国内联营时，要进行全面清查，以确定产权关系。

（6）企业发行债券，或进行股份制改制时，要进行全面清查，以确保会计信息真实。

（7）企业主要领导调离工作岗位时需要全面清查，以明确经济责任并总结工作业绩。

局部清查就是根据需要，只对一部分财产进行盘点和核对。在一般情况下，对于流动性较大的财产物资，如材料、在产品、产成品等，除了年度清查外，年内还要轮流盘点或重点抽查，而对于各种贵重物资，应每月清查盘点一次；对于库存现金，应由出纳人员当日清点核对；对于银行存款，每月要同银行核对一次；各项债权和债务每年至少要核对一至两次。

2. 定期清查和不定期清查

财产清查按照清查的时间不同，可分为定期清查和不定期清查。

定期清查是指按照预先规定的时间对企业的财产物资进行的清查，一般是在月末、季末或年末结账前进行。定期清查的范围，应视具体情况和需要而定，可以进行全面清查，也可以进行局部清查。

不定期清查是指事前并不规定清查的日期而根据需要临时进行的财产清查。不定期清查一般在下列几种情况下进行：

（1）更换财产物资和现金保管人员时。

（2）财产物资遭受意外灾害时。

（3）发现贪污盗窃、营私舞弊等行为时。

（4）上级主管部门、财政和银行等部门对企业进行会计检查时。

（5）企业关、停、并、转、清产核资时。

不定期清查可以是全面清查，也可以是局部清查，根据实际需要而定。

3. 内部清查和外部清查

财产清查按照执行的单位不同，可分为内部清查和外部清查。

内部清查是指由本企业的有关人员对本企业的财产所进行的清查，这种清查也称为自查。

外部清查是指由企业外部的有关部门或人员根据国家法律或制度的规定对企业进行的财

产清查。

7.2.3 财产清查的工作程序

财产清查是一项复杂细致的工作，涉及面广、政策性强、工作量大。因此，在进行财产清查前，必须有计划、有组织地进行各项准备工作，包括组织准备和业务准备，然后，才能按科学、合理的方法进行财产清查。

1. 组织准备

财产清查的组织准备主要包括以下工作：

成立由单位负责人、技术人员、财会人员、保管人员和职工代表等组成的负责财产清查的领导小组，具体组织和领导财产清查一切工作。制定财产清查工作计划，确定财产清查的对象、时间、范围，配备必要的人员，明确责任范围。

2. 业务准备

财产清查的业务准备主要包括以下工作：

（1）财会部门应在财产清查进行前，对财产物资账目进行一次全面清理，保证账账相符，账证相符。

（2）对于财产清查计划所确定清查的财产物资，应按存放或使用现场进行整理，分别挂上标签，标明品种、规格和结存数量，以便查点。

（3）准备并校验好各种必要的计量器具和有关清查的登记表册。例如"盘存表""实存账存对比表""未达账项登记表"等。此外，进行银行存款、银行借款和有关结算款项的清查时，还应取得对账所需要的有关资料。

3. 具体实施

财产清查的具体实施主要包括以下工作：

在做好各项准备工作以后，应由清查人员根据清查对象的特点，依据清查目的，采用相应的清查方法实施财产清查。

在盘点财产物资时，财产物资保管人员必须在场；在盘点库存现金时，出纳人员必须在场。盘点时，要由盘点人员做好盘点记录；盘点结束后，盘点人员应根据财产物资的盘点记录编制"盘点表"，并由盘点人员、财产物资的保管人员及其他有关责任人签名盖章。同时，应根据有关账簿资料和盘存表资料填制"实存账存对比表"，据以检查账实是否相符，并根据对比结果调整账簿记录，分析差异原因，做出相应的处理。

7.2.4 财产物资的盘存制度

财产物资的盘存制度即确定财产物资的收、发、余的方法，有永续盘存制和实地盘存制两种。

1. 永续盘存制

永续盘存制又称账面盘存制。它是以账簿记录为依据来确认财产物资结存数量的方法。这种制度的特点是在财产清查时，根据账面记录，确认财产物资的盘盈或盘亏，再通过调整账面记录使账实相符。在这种制度下,对各项盘存的财产物资的增减变动数都必须根据会计凭证在有关的明细账、日记账等账簿中进行连续登记,并随时在账上结算出各种财产物资的结存数。

永续盘存制的优点是,可以通过账簿记录随时了解各种财产物资的收入、发出和结存情况,便于从财产物资的数量和金额两方面进行控制,有利于加强财产物资管理。缺点是核算工作量较大,需要投入较多的人力和费用。

2. 实地盘存制

实地盘存制是在期末以具体盘点实物的结果为依据来确认财产物资结存数量的方法。实地盘存制的具体做法如下:平时只在有关账簿中登记财产物资的增加数(收入数),不登记财产物资的减少数(发出数)。每到期末,先对该种财产物资进行实地盘点,再根据实地盘点所得的实存数来倒轧出本期的减少数(发出数),并完成账面记录,使账实相符。相关计算公式为

$$期初结存数 + 本期增加(收入)数 - 期末盘点实存数 = 本期减少(发出)数$$

7.2.5 财产清查的内容与方法

1. 库存现金和银行存款的清查

由于库存现金和银行存款的收支业务十分频繁,容易出现差错,所以要定期或不定期地对企业的库存现金和银行存款进行清查。

(1)库存现金的清查。清查库存现金一般采用实地盘点法。具体清查时,应首先确定库存现金的实有数,然后与现金日记账的余额进行核对,查明账实是否相符。盘点库存现金时,出纳人员必须在场,除了盘点库存现金数额外,还要注意检查有无白条抵库或超过限额存放库存现金等违反现金管理规定的现象。盘点结束后,应根据盘点的结果,填制"库存现金盘点报告表"。库存现金盘点报告表既是反映现金实存数的重要原始凭证,也是查明账实差异原因和调整账簿记录的依据,其一般格式见表7-3。

表7-3 库存现金盘点报告表

单位名称: 　　　　　　　　　　　　　年　月　日

实存金额	账存金额	对比结果		备注
		盘盈	盘亏	

盘点人签章:　　　　　　　　　　　　出纳员签章:

(2)银行存款的清查。清查银行存款一般采用核对法,通常是通过与开户银行核对账目的方法进行的。核对前,应把至清查日为止的所有银行存款的收、付业务登记入账,力求正确与完整。然后再与银行定期转来的详细记录本企业存款收入、支出和结余金额的对账单逐笔核对,如发生错账或漏账,应及时更正。

需要注意的是,即使在企业和银行记账都无错误的情况下,常常还是会出现双方余额不

相一致的情况，这主要是由未达账项所引起的。所谓未达账项，是指一方已经入账，而另一方因尚未接到有关凭证还没有入账的事项。

未达账项通常有以下四种情况：

（1）企业收入的款项，企业已完成存款增加入账，银行尚未入账。

（2）企业支付的款项，企业已完成存款减少入账，银行尚未入账。

（3）委托银行代收的款项，银行已完成企业存款的增加入账，但企业尚未入账。

（4）委托银行代付的款项，银行已完成企业存款的减少入账，但企业尚未入账。

在上述（1）和（4）两种情况下，企业账面存款余额会大于银行账面存款余额；而在（2）和（3）两种情况下，企业账面存款余额会小于银行账面存款余额。为了查清银行存款的实际余额，消除未达账项的影响，企业每月至少需要编制一次"银行存款余额调节表"，其格式见表7-4。

表7-4　银行存款余额调节表

年　月　日　　　　　　　　　　　　　　　　　　　　　　单位：元

项目	金额	项目	金额
企业存款日记账余额		银行对账单余额	
加：银行已收、企业未收的款项		加：企业已收、银行未收的款项	
减：银行已付、企业未付的款项		减：企业已付、银行未付的款项	
调节后存款余额		调节后存款余额	

经过调节后的存款余额，便是企业银行存款的真正实有数，经上表调节后，如果双方账目没有其他差错，那么双方余额必然相等。如果不相符，就要进一步检查不符的原因。对于银行已经入账而企业尚未入账的未达账项，企业应在收到有关凭证后登记入账。对银行存款进行清查时，还要注意是否有出租出借账号，为私人代汇款项等违法违纪行为。

对银行存款的清查方法同样适用于对银行借款的清查。

【例7-9】　某企业2021年12月31日银行存款日记账账面余额为164 049元，开户银行送来的对账单所列示的余额为180 917元，经逐笔核对，发现未达账项如下：

（1）12月28日，企业收到购货单位转账支票4 000元，已记入企业银行存款日记账，但支票尚未送存银行，因而银行尚未记账。

（2）12月29日，企业开出转账支票支付所购材料的货款18 168元，另开出现金支票800元，用于支付职工李某的差旅费，企业已记账，持票人尚未到银行取款，故银行尚未记账。

（3）12月30日，银行收到企业委托代收销货款2 000元，已记企业银行存款余额增加，企业因未收到收款通知而未记账。

（4）12月31日，银行计算企业应付银行借款利息100元并划收，企业因未收到付款通知而未记账。

业务分析：企业根据上述资料编制的"银行存款余额调节表"见表7-5。

表 7-5　银行存款余额调节表（例 7-9）

2021 年 12 月 31 日　　　　　　　　　　　　　　　　　　　　　　　　　　单位：元

项目	金额	项目	金额
企业存款日记账余额	164 049	银行对账单余额	180 917
加：银行已收、企业未收的款项	2 000	加：企业已收、银行未收的款项	4 000
减：银行已付、企业未付的款项	100	减：企业已付、银行未付的款项	18 968
调节后存款余额	165 949	调节后存款余额	165 949

2. 实物财产的清查

企业的实物财产主要包括存货和固定资产。对存货的清查可以及时了解存货储备不足或多余积压的情况，加速资金周转，避免损失浪费；对固定资产的清查可以提高固定资产的使用效率，充分发挥固定资产的潜力。

（1）存货的清查。企业的各项存货应定期进行盘点，每年至少盘点一次。发现盘盈、盘亏、损毁、变质等情况，应由有关部门查明原因，写出书面报告，经严格审查，报请有关负责人批准后及时处理，一般应在年度决算前处理完毕。

企业在清查存货之前应做好各项准备工作，包括事先准备清查报告表，抄列各项存货的编号、名称、规格和存放地点等。盘点前应将已收、已发存货的数量全部登记入账；盘点时，应在清查报告表中逐一记入盘点的存货实有数额及其与账面数额的差额，对损坏、变质、陈旧、失效的存货，应查明原因单独存放；清查完毕后，应在存货清查报告表上注明清查日期，并由清查人签名盖章。存货清查报告表的格式见表 7-6。

表 7-6　存货清查报告表

单位名称：　　　　　　　　　　　　　　年　月　日　　　　　　　　　　　　　　金额单位：元

编号	类别及名称	规格或型号	计量单位	单价	实存		账存		对比结果				备注
					数量	金额	数量	金额	盘盈		盘亏		
									数量	金额	数量	金额	

仓库保管：　　　　　　　　　　　　　　　　　　　　　　　　　　　　　会计部门：

（2）固定资产的清查。固定资产是企业财产物资的重要组成部分，在企业的生产经营中发挥着重要作用。因此，对固定资产的清查不仅要关注固定资产的数量，还应关注其质量。清查时，除了注意点清固定资产的实有数额外，还要注意检查固定资产有无损坏等情况，并查明毁损程度和原因。固定资产的清查一般采用实地盘点法。盘点时，固定资产的保管人员应到场并参加盘点工作。盘点中要防止重复和遗漏，注意检查固定资产的磨损情况及其是否配套，通过逐一清点确定固定资产的实有数额。盘点结束后，应由盘点人员将盘点结果填写在固定资产盘存单上，并由盘点人员和固定资产的保管人员签字盖章。固定资产盘存单是记录盘点工作结果的书面证明，其中所列各项固定资产类别、编号、名称、规格和计量单位等，必须与有关账簿记录一致，以便核对。固定资产盘存单的格式见表7-7。

表7-7　固定资产盘存单

固定资产类别：
存放地点：　　　　　　　　　　　　　年　月　日　　　　　　　　　　　　编号：

编号	名称	计量单位	数量	单价（元）	金额（元）	备注

盘点人签章：　　　　　　　　　　　　　　　　　　　　　　保管人签章：

确定了各项固定资产的实存数额后，还需要进一步查明账实是否相符，所以还要根据固定资产盘存单和有关账面记录编制"固定资产实存账存对比表"，以确定各项固定资产实存数额与账存数额之间的差异，以分析产生差异的原因和责任，并据以调整账簿记录。固定资产实存账存对比表的格式见表7-8。

表7-8　固定资产实存账存对比表

单位名称：　　　　　　　　　　　　　年　月　日

编号	类别及名称	规格或型号	计量单位	单价（元）	实存		账存		对比结果				备注
					数量	金额（元）	数量	金额（元）	盘盈		盘亏		
									数量	金额（元）	数量	金额（元）	

主管人员：　　　　　　　　　　　会计：　　　　　　　　　　　制表：

3. 往来结算款项的清查

企业的往来结算款项主要包括应收款项、应付款项、暂收款项等等。企业同其他单位的结算往来款项，也是采取同对方单位核对账目的方法来清查的。清查企业在确保本企业有关结算款项记录正确无误后，一式二联的编制往来款项对账单，送交对方单位。其中一联为回单，对方单位如核对相符，应在回单上盖章后退回，如发现双方记录不符，应在回单上注明不符情况或者另抄对账单退回，作为进一步核对的依据。如发现未达账项，双方应采用账面余额调节法进行核对。通过对往来款项的清查，还可以查明有无双方发生争议的款项及没有收回希望或无须支付的款项，并及时采取措施进行处理，以避免或减少坏账损失。

企业在收到对方寄回的证明文件后，应据以填制"应收应付款项清查结果报告表"，见表7-9。

表7-9　应收应付款项清查结果报告表

年　月　日

明细分类账户		清查结果		不相符原因分析				
单位名称	金额（元）	相符	不相符	未达账项	拖欠款项	争执项目	收回	其他

单位负责人：　　　　　　　　　　　会计：　　　　　　　　　　　清查人：

7.2.6　财产清查结果的处理

1. 财产清查结果的类型

财产清查后，如果实存数额与账存数额一致，即账实相符，则不必进行账务处理。如果实存数额与账存数额不一致，会出现两种情况。当实存数额大于账存数额时，称为盘盈；当实存数额小于账存数额时，称为盘亏；此外，实存数额虽与账存数额一致，但实存的财产物资有质量问题，不能按正常的财产物资使用的，称为毁损。不论盘盈，还是盘亏、毁损，都需要进行账务处理，调整账存数额，使账存数额与实存数额一致，保证账实相符。盘盈时，应调整增加账存数额，使其与实存数额一致；盘亏或毁损时，应调整减少账存数额，使其与实存数额一致。盘盈、盘亏或毁损等都说明企业在经营管理中，对财产物资的保管存在着一定的问题。因此，一旦发现财产物资的账存数额与实存数额不一致，应核准数额差异，并进一步分析形成差异的原因，明确经济责任，提出相应的处理意见。经规定的程序批准后，才能对差异进行处理。

2. 财产清查结果的处理程序

企业通过财产清查发现的有关财产管理、会计核算、规章制度执行等方面的问题，应认真加以分析研究，并以有关法规和制度为依据，严肃认真地进行处理。对财产清查结果的处理，主要分以下几个步骤进行：

（1）查明清查中所发现的各项差异的性质和原因。对清查发现的各项账实差异，企业应核实数字金额，认真分析其性质和发生的具体原因，明确责任，提出处理意见，并按照规定程序报请有关负责人审批。

（2）积极处理超储物资。对超储积压或闲置不用的物资，企业要采取措施积极处理，以达到合理储备，减少资金占用，加速资金周转。

（3）将查明的原因报请有关部门和负责人审批。企业应根据造成账实不符的原因，明确经济责任，据实提出处理意见，并报请有关部门和负责人审批，以便及时处理超储积压物资和清理长期不偿还或有争议的债权、债务。

（4）调整账簿记录，做到账实相符。对财产清查所发现的差异及对差异的处理，企业应当及时地编制记账凭证，登记入账，调整账面记录，做到账实相符。

（5）总结经验教训，建立健全财产管理制度。对于清查中发现的管理及核算上存在的问题，企业应当总结经验教训，提出改进工作的具体措施，以便加强财产管理，做好核算工作，提高经营管理水平。

3. 财产清查结果的会计处理

（1）账户设置。在会计中，对于财产清查中发现的差异应分两步进行会计处理：

第一步，将已查明属实的财产盘盈、盘亏进行账面调整，使各项财产物资账存数额与实存数额相符。对盘亏的财产物资，应首先在账面上注销，列为待处理损失；对盘盈的财产物资，应首先登记入账，列为待处理溢余。

第二步，根据发生差异的原因和经批准的处理办法，将各项盘盈、盘亏的财产物资分别不同情况编制记账凭证，记入有关账户。为了反映企业财产物资盘盈、盘亏和毁损情况，应设置和运用"待处理财产损溢"账户，该账户下应设置"待处理固定资产损溢"和"待处理流动资产损溢"两个明细分类账户，进行明细分类核算。该账户借方登记各项财产物资的盘亏或毁损数额和各项盘盈财产物资报请批准后的转销数额；贷方登记各项财产物资的盘盈数额和各项盘亏或毁损财产物资报请批准后的转销数额。该账户期末一般无余额，其结构见表7-10。

表7-10 待处理财产损溢账户的结构

借方	待处理财产损溢	贷方
（1）发生的待处理财产盘亏和毁损数额		（1）发生的待处理财产盘盈数额
（2）结转已批准处理的财产盘盈数额		（2）转销已批准处理的财产盘亏和毁损数额

（2）财产物资盘盈的会计处理。

1）存货盘盈的会计处理。企业发生存货盘盈情况时，应首先查明原因，并及时办理存货入账手续，调整存货账簿记录，借记有关存货账户，贷记"待处理财产损溢"账户；经有关部门批准后，借记"待处理财产损溢"账户，贷记有关账户。

【例7-10】 某企业的存货B材料经清查，发现实存数额比账存数额多50元。

业务分析：

① 批准前，该企业应根据"存货清查结果报告表"的记录，做如下会计分录：

借：原材料　　　　　　　　　　　　　　　　　　　　　50
　　贷：待处理财产损溢——待处理流动资产损溢　　　　　　　　　　50

② 经查明原因，上述差异是因自然升溢造成的材料多余，报请批准后冲减本期管理费用。该企业做如下会计分录：

借：待处理财产损溢——待处理流动资产损溢　　　　　　50
　　贷：管理费用　　　　　　　　　　　　　　　　　　　　　　　50

2）固定资产盘盈的会计处理。盘盈的固定资产应为前期差错处理，在按管理权限报请批准处理前，应先通过"以前年度损益调整"账户核算。

3）财产物资盘亏的会计处理。

① 存货盘亏和毁损的会计处理：企业发生存货盘亏和毁损情况时，应先将相关数额结转到"待处理财产损溢"账户；报请批准以后再根据造成亏损的原因，分别按以下方法进行处理：

属于定额内的自然损耗的，经批准后转作管理费用，借记"管理费用"账户，贷记"待处理财产损溢"账户。

属于超定额损耗及存货毁损，能确定过失人员的，应由过失人员赔偿；属于保险责任范围内的，应向保险公司索赔；扣除过失人员或保险公司赔款和残值后的损失后，经批准计入管理费用。上述业务的账务处理为：借记"管理费用""其他应收款"等账户，贷记"待处理财产损溢"账户。

属于自然灾害所造成的存货毁损，扣除保险公司赔款和残值损失后，经批准计入营业外支出,借记"营业外支出"账户,贷记"待处理财产损溢"账户。

【例 7-11】 某企业经清查,发现 A 材料的实存数额短缺 1 000 元,原因待查。

业务分析:报请批准前,企业应根据"存货清查结果报告表"做如下会计分录:

借:待处理财产损溢——待处理流动资产损溢　　　　　　　　　1 000
　　贷:原材料　　　　　　　　　　　　　　　　　　　　　　　1 000

经批准后,企业应对上述材料如下处理:查明属定额内自然损耗的 800 元列为管理费用;因保管人员失职造成的 200 元损失由保管人员赔偿。会计分录如下:

借:管理费用　　　　　　　　　　　　　　　　　　　　　　　　800
　　其他应收款　　　　　　　　　　　　　　　　　　　　　　　200
　　贷:待处理财产损溢——待处理流动资产损溢　　　　　　　　1 000

② 固定资产盘亏的会计处理:当发生固定资产盘亏情况时,企业应及时办理固定资产注销手续,按盘亏固定资产的账面净值,借记"待处理财产损溢"账户;按已提折旧额,借记"累计折旧"账户;按其原值,贷记"固定资产"账户。按规定程序报请批准后,应按盘亏固定资产的原值扣除累计折旧和过失人及保险公司赔款后的差额,借记"营业外支出"账户;同时按过失人及保险公司应赔款额,借记"其他应收款"账户;按盘亏固定资产的净值,贷记"待处理财产损溢"账户。

【例 7-12】 某工厂在财产清查中发现短缺车床一台,账面记录表明:该车床原价为 10 000 元,已计提折旧额为 2 000 元,该工厂将盘亏情况列账待查。

业务分析:

① 盘亏的固定资产在未经批准之前,应根据"固定资产实存账存对比表"所确定的盘亏数额编制如下会计分录:

借:待处理财产损溢——待处理固定资产损溢　　　　　　　　　8 000
　　累计折旧　　　　　　　　　　　　　　　　　　　　　　　2 000
　　贷:固定资产　　　　　　　　　　　　　　　　　　　　　10 000

② 经上级批准后,该工厂将盘亏的固定资产净值列入营业外支出,并编制如下会计分录:

借:营业外支出　　　　　　　　　　　　　　　　　　　　　　8 000
　　贷:待处理财产损溢——待处理固定资产损溢　　　　　　　8 000

4)往来结算款项清查的会计处理。

企业在财产清查中发现长期未清偿的往来款项时,应当及时清理。对于经查明确实无法支付的应付款项和无法收回的应收款项,可在按规定程序报请批准后,分别转为营业外收入和列为坏账损失(计提坏账准备的企业)。

【例 7-13】 某企业在财产清查中查明应付甲公司的货款 2 000 元确实无法支付,经批准转作营业外收入。

业务分析:该企业应做如下会计分录:

借:应付账款——甲公司　　　　　　　　　　　　　　　　　　2 000
　　贷:营业外收入　　　　　　　　　　　　　　　　　　　　2 000

【例7-14】 某企业在财产清查中发现应收乙公司的货款6 000元过期已久,经再三催要,仅收4 000元,转存银行。其余2 000元无法收回,经批准作为坏账损失处理。

业务分析:该企业应做如下会计分录:

① 收回货款时:

借:银行存款 4 000
　　贷:应收账款——乙公司 4 000

② 结转坏账损失时:

借:坏账准备 2 000
　　贷:应收账款——乙公司 2 000

【思考题】

1. 应收账款计提坏账准备的方法有哪些?计提坏账准备的账务处理是怎样的?
2. 存货的四种计价方法的具体内容分别是什么?
3. 固定资产计提折旧应考虑的因素有哪些?固定资产计提折旧的四种方法的具体内容是什么?
4. 什么是永续盘存制?它的优缺点和适用范围是什么?
5. 什么是实地盘存制?它的优缺点和适用范围是什么?
6. 如何进行银行存款的清查?如何编制"银行存款余额调节表"?
7. 存货和固定资产盘盈、盘亏时应分别进行怎样的会计处理?

第 8 章 财务会计报告

> 【学习目标】
> 1. 了解财务会计报告的有关知识,掌握财务会计报告编制的基本方法。
> 2. 理解财务会计报告的组成内容。
> 3. 掌握资产负债表、利润表的基本格式、项目内容和填制方法。

编制财务会计报告是会计核算的专门方法之一。通过日常会计核算,虽然可以提供反映会计主体经营活动和财务收支情况的会计信息资料,但是,反映在会计凭证和会计账簿上的资料是比较分散的,不能集中、概括地反映会计主体某一特定日期的财务状况和某一特定会计期间的经营成果和现金流量,因而不便于这些会计信息被了解和利用,更难以满足投资者和债权人等会计信息使用者了解该企业的财务状况、经营成果及现金流量的需要,还难以反映企业管理层受托责任的履行情况。因此,企业有必要在日常会计核算的基础上,根据会计信息使用者的需要,定期地对日常会计核算资料加以归纳整理,形成具有一定格式和规定内容的报告文件,以全面、概括地反映会计主体在一定时期内的经济活动情况及最终结果。

8.1 财务会计报告概述

8.1.1 财务会计报告的概念、目标和构成

1. 财务会计报告的概念

财务会计报告有时也被称为财务报告,是指企业对外提供的,反映企业某一特定日期的财务状况和某一特定会计期间内的经营成果、现金流量、所有者权益变动等会计信息的文件。财务会计报告包括会计报表、会计报表附注和其他应当在财务会计报告中披露的相关信息和资料。

2. 财务会计报告的目标

企业编制财务会计报告的目标,是向会计信息使用者提供与企业财务状况、经营成果、现金流量、所有者权益变动等有关的会计信息,反映企业管理层受托责任的履行情况,有助于会计信息使用者做出经济决策。会计信息使用者通常包括投资者、债权人、政府有关部门

和社会公众等。

3. 财务会计报告的构成

财务会计报告包括会计报表、会计报表附注和其他应当在财务会计报告中披露的相关信息和资料。会计报表是对企业财务状况、经营成果、现金流量和所有者权益变动等会计信息的结构性表述,是财务会计报告的主体和核心,包括资产负债表、利润表、现金流量表、所有者权益(或股东权益,下同)变动表。

资产负债表、利润表和现金流量表分别从不同角度反映企业的财务状况、经营成果和现金流量。资产负债表反映企业在某一特定日期所拥有的资产、需偿还的债务以及股东(投资者)拥有的净资产情况;利润表反映企业在一定会计期间内的经营成果,即盈利或亏损情况,体现企业运用所拥有的资产的获利能力;现金流量表反映企业在一定会计期间内现金和现金等价物的流入和流出情况。

所有者权益变动表反映构成企业所有者权益的各组成部分当期的增减变动情况。企业的净利润及其分配情况是所有者权益变动表的组成部分,这类信息已经在所有者权益变动表及其附注中予以反映,企业不需要再单独编制利润分配表。

会计报表附注是会计报表不可或缺的组成部分,是对在资产负债表、利润表、现金流量表和所有者权益变动表等会计报表中列示项目的文字描述或明细资料,以及对未能在这些会计报表中列示项目的说明等。会计报表附注应当按照如下顺序披露有关内容:企业的基本情况、会计报表的编制基础、遵循企业会计准则的声明、重要会计政策和会计估计、会计政策和会计估计变更以及差错更正的说明、会计报表重要项目的说明、其他需要说明的重要事项。

8.1.2 会计报表的分类、编制程序和基本列报要求

会计报表是企业根据日常的会计核算资料归集、加工和汇总后形成的,是企业会计核算的最终成果。

1. 会计报表的分类

为了便于编制和应用会计报表,应对会计报表进行分类。企业的会计报表可以按照不同的标准进行分类。

(1)按会计报表所反映的内容,可以将其分为静态报表和动态报表。静态报表是指综合反映企业某一特定日期资产、负债和所有者权益状况的报表,如资产负债表;动态报表是指综合反映企业一定期间的经营成果或现金流动情况的报表,如利润表和现金流量表。

(2)按会计报表的编报期间,可以将其分为中期报表和年度报表。中期报表是以短于一个完整会计年度的报告期间为基础编制的会计报表,包括月报、季报和半年报等。中期报表至少应当包括资产负债表、利润表、现金流量表和附注,其中,中期资产负债表、利润表和现金流量表应当是完整报表,其格式和内容应当与年度报表相一致。与年度会计报表相比,中期报表中的附注披露可适当简略。

(3)按会计报表的编报主体,可以将其分为个别会计报表和合并会计报表。个别会计

报表是由企业在自身会计核算基础上对账簿记录进行加工而编制的会计报表,它主要用以反映企业自身的财务状况、经营成果和现金流量等情况。合并会计报表是以母公司和子公司组成的企业集团为会计主体,根据母公司及其子公司的会计报表,由母公司编制的综合反映企业集团财务状况、经营成果及现金流量等会计信息的会计报表。

(4)按会计报表的服务对象,可以将其分为内部报表和外部报表。内部报表是指为满足企业内部经营管理需要而编制的会计报表,它一般没有统一的格式,也没有统一的编制要求,通常也无须对外公开,如成本报表;外部报表则是指企业对外提供的会计报表,主要供投资者、债权人、政府部门和社会公众等有关方面使用的,《企业会计准则》对外部报表规定了统一的格式和编制要求。本章所介绍的会计报表均指外部报表,它面向企业外部不同的会计信息使用者。

2. 会计报表的编制程序

为了确保会计报表所提供信息资料的及时、正确和完整,使其真正成为有助于会计信息使用者做出正确决策的有用信息,会计报表必须采用一套系统、科学的编制程序。会计报表的具体编制程序如下:

(1)检查会计报表编制期内的全部经济业务是否全部已登记入账,保证账簿记录的完整性。在正式编报会计报表前,应将本期所发生的全部经济业务,包括期末的转账业务以及按权责发生制原则应进行期末账项调整的业务全部登记入账。

(2)核对账簿记录,做到账证相符、账账相符。在正式编报会计报表前,应将账簿资料与相关的会计凭证进行核对;并将不同账簿的记录进行核对,包括外部核对和内部核对。外部核对主要是核对本企业与其他单位的业务往来;内部核对主要是企业内部各种账簿之间的核对,如总分类账的核对,总分类账与日记账和明细账的核对。

(3)进行财产清查,做到账实相符。在正式编制会计报表前,要按会计制度的规定,对企业的财产如现金、原材料、在产品、库存商品、固定资产等进行清查盘点。编制月度报表前应做重点抽查盘点,编制年度报表前应做全面盘点,并与账簿记录核对,以保证账实相符,为编制会计报表提供正确的资料。

(4)按期结账。按期结账即结算出各账户的本期发生额和期末余额,并据以编制总分类账户和明细分类账户的本期发生额及余额试算平衡表,进行总分类账户之间的核对及总分类账户与明细分类账户的核对。企业不得为编报会计报表而提前结账。

(5)编制会计报表。企业应根据账簿资料、前期会计报表资料和有关统计资料编制会计报表。要按制度规定的报表种类、格式和内容,严格、认真地填列报表项目。报表编制完成后,还要检查有关指标与账簿资料及财产实有数额是否一致,指标计算是否正确,报表之间有关指标是否相符,以保证会计报表编制的正确性。实行会计电算化的单位,会计报表由电子计算机自动生成。

3. 会计报表的基本列报要求

(1)遵循各项具体会计准则的规定进行确认和计量。企业应当根据实际发生的交易和事项,遵循各项具体会计准则的规定进行确认和计量,并在此基础上编制会计报表。企业应当在附注中对遵循《企业会计准则》编制的会计报表做出声明,只有遵循了《企业会计准则》的所有规定时,会计报表才应当被称为"遵循了《企业会计准则》"。企业不应以在附注中披露代替对相关交易和事项的确认与计量。

(2) 选择恰当的列报基础。《企业会计准则》规范的是持续经营条件下企业对所发生交易和事项的确认、计量及报表列报;相反,如果企业出现了非持续经营情况,致使以持续经营为基础编制会计报表不再合理的,企业应当采用其他基础编制会计报表。在编制会计报表的过程中,企业管理层应当对企业持续经营的能力进行评价,经评价对企业持续经营的能力产生严重怀疑的,应当在附注中披露导致对持续经营能力产生重大怀疑的重要的不确定性因素。

(3) 根据重要性原则进行项目列报。关于特定项目在会计报表中是单独列报还是合并列报,应当依据重要性原则来判断。总的原则是,如果某项目单独看不具有重要性,则可将其与其他项目合并列报;如具有重要性,则应当单独列报。

重要性是判断项目是否单独列报的重要标准,它是指财务报表某项目的省略或错报会影响使用者据此做出经济决策。项目的重要性应当根据企业所处环境,从项目的性质和金额大小两方面加以判断。

(4) 列报遵循可比性。可比性是会计信息的一项重要质量要求,目的是使同一企业不同期间和同一期间不同企业的会计报表相互可比。为此,会计报表项目的列报应当在各个会计期间保持一致,不得随意变更,这一要求不仅只针对会计报表中的项目名称,会计报表项目的分类、排列顺序等也应当保持一致。

(5) 会计报表项目的金额间不得随意相互抵销。会计报表项目应当以总额列报,资产和负债、收入和费用不能相互抵销,即不得以净额列报,但《企业会计准则》另有规定的除外。以下两种情况不属于抵销,相关项目可以以净额列示:一是资产项目按扣除减值准备后的净额列示;二是非日常活动产生的损益,以收入扣除费用后的净额列示。

(6) 按要求进行比较信息的列报。企业在列报当期会计报表时,至少应当提供所有列报项目上一可比会计期间的比较数据,以及与理解当期会计报表相关的说明。在会计报表项目的列报确需发生变更的情况下,企业应当对上期比较数据按照当期的列报要求进行调整,并在附注中披露调整的原因和性质,以及调整的各项目金额。在某些情况下对上期比较数据进行调整是不切实可行的,应当在附注中披露不能调整的原因。

(7) 按要求进行会计报表表首的列报。会计报表一般分为表首和正表两部分,其中,在表首部分企业应当概括地说明下列基本信息:①编报企业的名称,如企业名称在所属当期发生了变更的,还应明确标明;②对资产负债表而言,须披露资产负债表日,对利润表、现金流量表、所有者权益变动表而言,须披露报表涵盖的会计期间;③货币名称和单位,按照我国企业会计准则的规定,企业应当以人民币作为记账本位币列报,并标明金额单位,如人民币元、人民币万元等;④会计报表是合并会计报表的,应当予以标明。

(8) 按规定确定报告期间。企业至少应当编制年度会计报表。根据《中华人民共和国会计法》的规定,会计年度自公历1月1日起至12月31日止。因此,在编制年度会计报表时，可能存在年度会计报表涵盖的期间短于一年的情况，比如企业在年度中间（如3月1日）开始设立等。在这类情况下，企业应当披露年度会计报表的实际涵盖期间及其短于一年的原因，并说明由此引起会计报表项目与比较数据不具可比性这一事实。

8.2 资产负债表

8.2.1 资产负债表的概念和作用

资产负债表是总括反映企业在某一特定日期（如月末、季末、半年末、年末等）财务状况的静态会计报表，它是根据资产、负债、所有者权益之间的相互关系，即"资产＝负债＋所有者权益"这一会计等式，按照一定的分类标准和顺序，将企业在某一特定日期的全部资产、负债、所有者权益各项目予以适当排列，并对日常工作中形成的大量数据进行整理后编制而成的。

资产负债表可以反映企业资产、负债和所有者权益的全貌。通过资产负债表，可以反映企业资产的构成及其状况，分析企业在某一特定日期所拥有的经济资源及其分布情况；可以反映企业某一特定日期的负债总额及其结构，分析企业目前与未来需要偿还的债务数额；还可以反映企业所有者权益的情况，了解企业现有投资者在企业资产中所占的份额，分析所有者权益的构成情况。通过对资产负债表项目金额及其相关比率的分析，可以帮助报表使用者全面了解企业的财务状况，分析企业的债务偿还能力，从而为未来的经济决策提供依据。通过前后期资产负债表的比较，可以了解企业资金结构的变化情况和未来财务状况的变动趋势。

资产负债表是企业最重要的会计报表之一，每一个会计主体都必须按要求编制资产负债表。

8.2.2 资产负债表的内容和结构

1. 资产负债表的内容

资产负债表的主要内容包括以下三个方面：

（1）资产。资产负债表中的资产反映由过去的交易、事项形成并由企业在某一特定日期所拥有或控制的、预期会给企业带来经济利益的资源。资产应当按照流动资产、非流动资产两大类别在资产负债表中列示，并在流动资产和非流动资产类别下进一步按性质分项列示。

流动资产是指预计在一个正常营业周期中变现、出售或耗用，也包括主要为交易目的而持有，或者预计在资产负债表日起一年内（含一年）变现的资产，也包括自资产负债表日起一年内交换其他资产或清偿负债的能力不受限制的现金或现金等价物。

资产负债表中列示的流动资产项目通常包括货币资金、交易性金融资产、应收票据、应收账款、其他应收款、预付款项、存货和一年内到期的非流动资产等。

非流动资产是指流动资产以外的资产。资产负债表中列示的非流动资产项目通常包括长期股权投资、固定资产、在建工程、无形资产、开发支出、长期待摊费用及其他非流动资产等。

（2）负债。资产负债表中的负债反映企业在某一特定日期所承担的、预期会导致经济利益流出企业的现时义务。负债应当按照流动负债、非流动负债两大类别在资产负债表中列示，并在流动负债和非流动负债类别下进一步按性质分项列示。

流动负债是指预计在一个正常营业周期中清偿，或者主要为交易目的而持有，或者自资产负债表日起一年内（含一年）到期应予以清偿的负债，也包括企业无权自主地将清偿推迟至资产负债表日后一年以上的负债。资产负债表中列示的流动负债项目通常包括短期借款、应付票据、应付账款、预收款项、应付职工薪酬、应交税费、应付股利、其他应付款、一年内到期的非流动负债等。

非流动负债是指流动负债以外的负债。非流动负债项目通常包括长期借款、应付债券和其他非流动负债等。

（3）所有者权益。资产负债表中的所有者权益反映企业在某一特定日期股东（投资者）拥有的净资产的总额，它一般按照实收资本（或股本）、资本公积、盈余公积和未分配利润分项列示。

2. 资产负债表的结构

资产负债表一般包括表首和正表两部分。其中，表首概括地说明报表名称、编制单位、编制日期、报表编号、货币名称、计量单位等。正表是资产负债表的主体，列示了用以说明企业财务状况的各个项目。在资产负债表中，企业通常按资产、负债、所有者权益分类分项反映会计信息。资产负债表各要素及要素项目的不同排列方式，形成了资产负债表的具体格式。目前，国际上通行的资产负债表正表的格式主要有两种，即报告式资产负债表和账户式资产负债表。

（1）报告式资产负债表。报告式资产负债表是上下结构，上半部列示资产，下半部列示负债和所有者权益。报告式资产负债表，在排列形式上又分为两种：一种是按"资产＝负债＋所有者权益"的原理排列的；另一种是按"资产－负债＝所有者权益"的原理排列的。报告式资产负债表的优点在于便于编制比较资产负债表，即在一张表格中，除列出本期的项目金额之外，还可平行列示相邻的若干期资产负债表项目金额，也可留有较多空间，易于用括号旁注的方式注明特殊项目；其缺点是资产与负债及所有者权益的平衡关系不如账户式资产负债表一目了然。

（2）账户式资产负债表。账户式资产负债表是按照"T"形账户的形式设计的，分左右两方，左方为资产项目，按资产的流动性大小排列：流动性大的排在前面，流动性小的排在后面；右方为负债及所有者权益项目，一般按清偿时间先后顺序排列：先清偿的项目排在前面，后清偿的项目排在后面。账户式资产负债表左方和右方应保持平衡。因此，可通过账户式资产负债表反映企业资产、负债和所有者权益之间的关系，即"资产＝负债＋所有者权益"。

账户式资产负债表的优点是资产与负债及所有者权益的平衡关系非常明晰，其缺点是不便于编制比较资产负债表。

我国的资产负债表按规定采用账户式结构,并采用对比式填列,即各项目均应对比填列"上年年末余额"和"期末余额"两栏,这样有利于进行纵向的对比分析,也有利于考察各项目在本期增减变动情况,便于期末编制现金流量表。我国资产负债表的格式见表 8-1。

表 8-1　资产负债表

会企 01 表

编制单位：　　　　　　　　　　　　　年　月　日　　　　　　　　　　　　　单位：元

资产	期末余额	上年年末余额	负债和所有者权益（或股东权益）	期末余额	上年年末余额
流动资产：			流动负债：		
货币资金			短期借款		
交易性金融资产			交易性金融负债		
衍生金融资产			衍生金融负债		
应收票据			应付票据		
应收账款			应付账款		
应收款项融资			预收款项		
预付款项			合同负债		
其他应收款：			应付职工薪酬		
其中：应收利息			应交税费		
应收股利			其他应付款		
存货			其中：应付利息		
合同资产			应付股利		
持有待售资产			持有待售负债		
一年内到期的非流动资产			一年内到期的非流动负债		
其他流动资产			其他流动负债		
流动资产合计			流动负债合计		
非流动资产：			非流动负债：		
债权投资			长期借款		
其他债权投资			应付债券		
长期应收款			其中：优先股		
长期股权投资			永续债		
其他权益工具投资			租赁负债		
其他非流动金融资产			长期应付款		
投资性房地产			预计负债		
固定资产			递延收益		
在建工程			递延所得税负债		
生产性生物资产			其他非流动负债		
油气资产			非流动负债合计		

（续）

资产	期末余额	上年年末余额	负债和所有者权益（或股东权益）	期末余额	上年年末余额
使用权资产			负债合计		
无形资产			所有者权益（或股东权益）：		
开发支出			实收资本（或股本）		
商誉			其他权益工具		
长期待摊费用			其中：优先股		
递延所得税资产			永续债		
其他非流动资产			资本公积		
非流动资产合计			减：库存股		
			其他综合收益		
			专项储备		
			盈余公积		
			未分配利润		
			所有者权益（或股东权益）合计		
资产总计			负债和所有者权益（或股东权益）总计		

3. 资产负债表的编制方法

资产负债表"上年年末余额"栏内各项数字，应根据上年年末资产负债表"期末余额"栏内所列数字填列。如果上年度资产负债表规定的各个项目的名称和内容同本年度不相一致，应对上年年末资产负债表各项目的名称和数字按照本年度的规定进行调整，填入表中"上年年末余额"栏内。

资产负债表"期末余额"栏内各项数字，一般应根据资产、负债和所有者权益类账户的期末余额填列。主要包括以下填列方式：

（1）根据总账余额填列。资产负债表中的有些项目，可直接根据有关总账余额填列，如"交易性金融资产""短期借款""应付票据""应付职工薪酬"等项目；有些项目则需根据几个总账账户的余额计算填列，如"货币资金"项目，需根据"库存现金""银行存款""其他货币资金"三个总账账户的余额合计数填列。

（2）根据明细账户的期末余额计算填列。如"应付账款"项目，需要根据"应付账款"和"预付账款"两个总账账户的相关明细账户的期末贷方余额计算填列；"应收账款"项目，需要根据"应收账款"和"预收账款"两个账户的相关明细账户的期末借方余额计算填列。

（3）根据总账和明细账余额分析计算填列。如"长期借款"项目，需根据"长期借款"总账账户余额，扣除"长期借款"总账的明细账户中反映的，将在资产负债表日起一年内到期，且企业不能自主地将清偿义务展期的长期借款后的金额计算填列。

（4）根据有关账户余额减去其备抵账户余额后的净额填列。如资产负债表中的"应收账款""长期股权投资"等项目，应根据"应收账款""长期股权投资"等账户的期末余额减去"坏账准备""长期股权投资减值准备"等账户余额后的净额填列；"固定资产"项目，应根据"固定资产"账户的期末余额减去"累计折旧""固定资产减值准备"账户余额后的净额填列；"无形资产"项目，应根据"无形资产"账户的期末余额，减去"累计摊销""无形资产减值准备"账户余额后的净额填列。

（5）综合运用上述填列方法分析填列。如资产负债表中的"存货"项目，需根据"原材料""库存商品""委托加工物资""周转材料""材料采购""在途物资""发出商品""材料成本差异"等总账账户期末余额的分析汇总数，减去"存货跌价准备"账户余额后的金额填列。

（6）根据备查登记簿的记录填列。会计报表附注中的某些资料，需要根据备查登记簿中的记录填列。

8.3 利润表

8.3.1 利润表的概念和作用

利润表是反映企业在一定会计期间的经营成果的会计报表。

利润表的列报必须充分反映企业经营业绩的主要来源和构成，有助于会计信息使用者判断净利润的质量及其风险，预测净利润的持续性，从而做出正确的决策。通过利润表，可以反映企业一定会计期间收入的实现情况，如实现的营业收入有多少，实现的投资收益有多少，实现的营业外收入有多少，等等。可以反映企业一定会计期间的费用耗费情况，如耗费的营业成本有多少，税金及附加有多少及销售费用，管理费用，财务费用各有多少，营业外支出有多少，等等。也可以反映企业生产经营活动的成果，即净利润的实现情况，据以判断资本保值、增值等情况。将利润表中的信息与资产负债表中的信息相结合，还可以提供进行财务分析的基本资料，如将赊销收入净额与应收账款平均余额进行比较，计算出应收账款周转率；将销货成本与存货平均余额进行比较，计算出存货周转率；将净利润与资产总额进行比较，计算出资产收益率等，进而反映企业资金周转情况及企业的盈利能力和水平，便于会计信息、使用者判断企业未来的发展趋势，做出经济决策。

8.3.2 利润表的内容和结构

在利润表中，费用应当按照其在企业所发挥的功能进行分类列报。列报时，通常将费用分为从事经营业务发生的成本、管理费用、销售费用和财务费用等，并且将营业成本与其他费用分开披露。按照费用的功能将不同费用分开列报，有助于会计信息使用者了解费用发生的活动领域。例如企业为销售产品发生了多少费用，为日常行政管理发生了多少费用，为筹措资金发生了多少费用，等等。这种方法通常能向会计信息使用者提供具有结构性的信息，能更清楚地揭示企业经营业绩的主要来源和构成，提供的信息更为相关。关于费用性质的信息有助于预测企业未来现金流量，因此企业可以在附注中披露费用按照性质分类的利润表作为补充资料。费用按照性质分类，指将费用按其性质分为耗用的材料费用、职工薪酬费用、折旧费用、摊销费用等。

利润表正表的格式一般有两种：单步式利润表和多步式利润表。单步式利润表是指将当期所有的收入列在一起，然后将所有的费用列在一起，两者相减得出当期净损益的利润表。单步式利润表具有步骤简化、结构简单、易于理解和编制简便的特点，但难以满足会计信息使用者的全部需要，因为根据这种报表所提供的资料，既无法判断企业营业性收益与非营业性收益对实现利润的影响，也无法判断主营业务收益与其他业务收益对实现利润的影响，还不便于对企业未来盈利能力的预测。在我国，单步式利润表主要用于那些业务较单纯的咨询服务业企业和某些企业化管理的、业务比较简单的事业单位。

多步式利润表是指通过对当期的收入、费用、支出项目按性质加以归类，按利润形成的主要环节列示一些中间性利润指标，分步计算当期净损益的利润表。企业可以分如下三个步骤编制利润表：

第一步，以营业收入为基础，减去营业成本、税金及附加、销售费用、管理费用、研发费用、财务费用、资产减值损失、信用减值损失，加上其他收益、投资收益（减去投资损失）净敞口套期收益（减去净敞口套期损失）、公允价值变动收益（减去公允价值变动损失）和资产处置收益（减去资产处置损失），计算出营业利润。

第二步，以营业利润为基础，加上营业外收入，减去营业外支出，计算出利润总额。

第三步，以利润总额为基础，减去所得税费用，计算出净利润（或净亏损）。

普通股或潜在普通股已公开交易的企业，以及正处于公开发行普通股或潜在普通股过程中的企业，还应当在利润表中列示每股收益信息。

多步式利润表弥补了单步式利润表的局限性，反映了构成主营业务利润、营业利润、利润总额、净利润的各项要素的情况，可以清晰地反映每项收入同费用支出之间的内在联系，有助于会计信息使用者从不同利润类别中了解企业经营成果的不同来源，便于同行业企业间的比较分析，并据以预测企业的盈利能力。因此，《企业会计准则第30号——财务报表列报》规定，企业应当采用多步式列报利润表。多步式利润表的格式见表8-2。

表8-2 利润表

会企02表

编制单位： 年 月 日 单位：元

项目	本期金额	上期金额
一、营业收入		
减：营业成本		
税金及附加		
销售费用		

(续)

项目	本期金额	上期金额
管理费用		
研发费用		
财务费用		
其中：利息费用		
利息收入		
加：其他收益		
投资收益（损失以"-"号填列）		
其中：对联营企业和合营企业的投资收益		
以摊余成本计量的金融资产终止确认收益（损失以"-"号填列）		
净敞口套期收益（损失以"-"号填列）		
公允价值变动收益（损失以"-"号填列）		
资产减值损失		
信用减值损失		
资产处置收益（损失以"-"号填列）		
二、营业利润（亏损以"-"号填列）		
加：营业外收入		
减：营业外支出		
三、利润总额（亏损总额以"-"号填列）		
减：所得税费用		
四、净利润（净亏损以"-"号填列）		
五、其他综合收益的税后净额（略）		
六、综合收益总额		
七、每股收益：		
（一）基本每股收益		
（二）稀释每股收益		

8.3.3 利润表的编制方法

1. 利润表各项目的填列方法

（1）"营业收入"项目，反映企业经营主要业务和其他业务所确认的收入总额。该项目应根据"主营业务收入"和"其他业务收入"账户的发生额分析填列。

（2）"营业成本"项目，反映企业经营主要业务和其他业务所发生的成本总额。该项目应根据"主营业务成本"和"其他业务成本"账户的发生额分析填列。

（3）"税金及附加"项目，反映企业经营业务应负担的消费税、城市维护建设税、资源税、土地增值税和教育费附加等。该项目应根据"税金及附加"账户的发生额分析填列。

（4）"销售费用"项目，反映企业在销售商品过程中发生的包装费、广告费等费用和为销售本企业商品而专设的销售机构的职工薪酬、业务费等经营费用。该项目应根据"销售费用"账户的发生额分析填列。

（5）"管理费用"项目，反映企业为组织和管理生产经营发生的管理费用。该项目应根据"管理费用"账户的发生额分析填列。

（6）"研发费用"项目，反映企业进行研究与开发过程中发生的费用化支出。该项目应根据"管理费用"账户下的"研发费用"明细账户的发生额分析填列。

（7）"利息费用"项目，反映企业为筹集生产经营所需资金等而发生的应予以费用化的利息支出。该项目应根据"财务费用"账户的相关明细账户的发生额分析填列。

（8）"利息收入"项目，反映企业为筹集生产经营所需资金等而发生的应予以费用化确认的利息收入。该项目应根据"财务费用"账户的相关明细账户的发生额分析填列。

（9）"资产减值损失"项目，反映企业固定资产、无形资产及除特别规定外的其他资产减值的处理。该项目应根据"资产减值损失"账户的发生额分析填列。

（10）"信用减值损失"项目，反映企业计提各项金融工具减值所形成的预期信用损失。该项目应根据"信用减值损失"账户的发生额分析填列。

（11）"其他收益"项目，反映计入"其他收益"的政府补助等。该项目应根据"其他收益"账户的发生额分析填列。

（12）"投资收益"项目，反映企业以各种方式对外投资所取得的收益。该项目应根据"投资收益"账户发生额分析填列。如为投资损失，该项目以"-"号填列。

（13）"净敞口套期收益"项目，反映净敞口套期下被套期项目累计公允价值变动转入当期损益的金额或现金流量套期储备转入当期损益的金额。该项目应根据"净敞口套期收益"账户的发生额分析填列。如为套期损失，该项目以"-"号填列。

（14）"公允价值变动收益"项目，反映企业应当计入当期损益的资产或负债公允价值变动收益。该项目应根据"公允价值变动损益"账户的发生额分析填列，如为净损失，该项目以"-"号填列。

（15）"资产处置收益"项目，反映企业出售划分为持有待售的非流动资产（金融工具、长期股权投资和投资性房地产除外）或处置组（子公司和业务除外）时确认的处置利得或损失，以及处置未划分为持有待售的固定资产、在建工程、生产性生物资产以及无形资产而产生的处置利得或损失。债务重组中因处置非流动资产产生的利得或损失和非货币性资产交换中换出非流动资产产生的利得或损失也包括在该项目内。该项目应根据"资产处置收益"账户的发生额分析填列，如为净损失，本项目以"-"号填列。

（16）"营业利润"项目，反映企业实现的营业利润。若为亏损，该项目以"-"号填列。

（17）"营业外收入"项目，反映企业发生的除主营业务收入和其他业务收入以外的收入。主要包括债务重组利得、与企业日常活动无关的政府补助、盘盈利得、捐赠利得（企业接受股东或股东的子公司直接或间接的捐赠，经济实质属于股东对企业的资本性投入的除外）等。该项目应根据"营业外收入"账户的发生额分析填列。

（18）"营业外支出"项目，反映企业发生除主营业务支出和其他业务支出以外的支出。主要包括债务重组损失、公益性捐赠支出、非常损失、盘亏损失、非流动资产毁损报废损失等。该项目应根据"营业外支出"账户发生额分析填列。

（19）"利润总额"项目，反映企业实现的利润。如为亏损，该项目以"-"号填列。

（20）"所得税费用"项目，反映企业应从当期利润总额中扣除的所得税费用。该项目应根据"所得税费用"账户的发生额分析填列。

（21）"净利润"项目，反映企业实现的净利润。如为亏损，该项目以"-"号填列。

（22）"基本每股收益"和"稀释每股收益"项目的列报见《企业会计准则第34号——每股收益》中的介绍。

2."上期金额"栏的列报方法

利润表"上期金额"栏内各项数字，应根据上年该期利润表"本期金额"栏内所列数字填列。如果上年该期利润表规定的各个项目的名称和内容同本期不一致，应对上年该期利润表各项目的名称和数字按本期的规定进行调整，填入利润表"上期金额"栏内。

3."本期金额"栏的列报方法

利润表"本期金额"栏内各项数字一般应根据损益类账户的发生额分析填列。

8.4 现金流量表

8.4.1 现金流量表的概念和作用

1. 现金流量表的概念

现金流量表是反映企业一定会计期间现金和现金等价物流入和流出情况的报表。编制现金流量表的主要目的，是为会计信息使用者提供企业一定会计期间内现金和现金等价物流入和流出的信息，以便于会计信息使用者了解和评价企业获取现金和现金等价物的能力，并据以预测企业未来的现金流量。

2. 现金流量表的作用

现金流量表的主要作用是提供有关企业现金流量方面的信息。在市场经济条件下，企业的现金流转情况在很大程度上影响着企业的生存和发展。企业现金充裕，就可以及时购入必要的材料物资和固定资产、及时支付工资、偿还债务、支付股利和利息；反之，若现金短缺，轻则影响企业的正常生产经营，重则危及企业的生存。现金管理已经成为企业财务管理的一个重要方面，受到企业管理人员、投资者、债权人以及政府监管部门的广泛关注。现金流量表的具体作用包括以下三个方面：

（1）现金流量表有助于评价企业的支付能力、偿债能力和周转能力。通过现金流量表，并配合资产负债表和利润表，将现金与流动负债进行比较，可以计算出现金比率；将现金流量净额与发行在外的普通股加权平均股数进行比较，可以计算出每股现金流量；将经营活动产生的现金流量净额与净利润进行比较，可以计算出盈利现金比率，从而可以了解企业的现金能否偿还到期债务、支付股利和进行必要的固定资产投资，体现企业现金流转的效率和效果等，便于投资者做出投资决策、债权人做出信贷决策。

（2）现金流量表有助于预测企业未来的现金流量。评价过去是为了预测未来。通过现金流量表所反映的企业过去一定期间的现金流量以及其他生产经营指标，可以了解企业现金的来源和用途是否合理，了解企业经营活动产生的现金流量有多少以及企业在多大程度上依赖外部资金，从而可以据以预测企业的未来现金流量，为企业编制现金流量计划、组织现金调度、合理节约地使用现金创造条件，为投资者和债权人评价企业的未来现金流量、做出投资和信贷决策提供必要信息。

（3）现金流量表有助于分析企业收益质量及影响现金净流量的因素。利润表中列示的净利润指标，并没有反映投资活动和筹资活动对企业财务状况的影响。通过现金流量表，可以掌握企业经营活动、投资活动和筹资活动的现金流量，将经营活动产生的现金流量与净利润相比较，从现金流量的角度了解净利润的质量，并进一步判断是哪些因素影响现金流入，从而为分析和判断企业的财务前景提供依据。

8.4.2 现金流量表的编制基础和内容

1. 现金流量表的编制基础

现金流量表是以现金为基础编制的，这里的现金是指企业的库存现金、可随时用于支付的存款及现金等价物。现金流量表中的"现金"不仅包括"库存现金"账户核算的现金，还包括企业"银行存款"账户核算的存入金融机构、可以随时用于支付的存款，也包括"其他货币资金"账户核算的外埠存款、银行汇票存款、银行本票存款、信用证保证金存款和在途货币资金等其他货币资金。需要注意的是，银行存款和其他货币资金中包括一些不能随时用于支付的存款，如不能随时支取的定期存款等，不应视为现金，而应列作投资；提前通知金融企业便可支取的定期存款，则应包括在现金范围内。

现金等价物是指企业持有的期限短、流动性强、易于转换为已知金额现金、价值变动风险很小的投资。其中，期限短，一般是指从购买日起三个月内到期。例如可在证券市场上流通的三个月内到期的短期债券投资等。现金等价物虽然不是现金，但其支付能力与现金的差别不大，可视为现金。如企业为保证支付能力而持有必要的现金，为了不使现金闲置，可以购买短期债券，在需要现金时随时将其变现。

2. 现金流量表的内容

现金流量表首先对企业各项经济业务所引起的现金流量进行了合理的分类，通常按照经济业务发生的性质将企业一定期间内产生的现金流量划分为经营活动产生的现金流量、投资活动产生的现金流量和筹资活动产生的现金流量。

（1）经营活动产生的现金流量。经营活动是指企业投资活动和筹资活动以外的所有交易和事项。

一般来说，经营活动产生的现金流入项目主要有：销售商品、提供劳务收到的现金，收到的税费返还，收到的其他与经营活动有关的现金；经营活动产生的现金流出项目主要有：购买商品、接受劳务支付的现金，支付给职工以及为职工支付的现金，支付的各项税费，支付的其他与经营活动有关的现金。

各类企业由于所属行业的特点不同，对经营活动的认定存在一定差异，在编制现金流量表时，应根据企业的实际情况对现金流量进行合理的归类。

（2）投资活动产生的现金流量。投资活动是指企业长期资产的购建和不包括在现金等价物范围内的投资及其处置活动。其中，长期资产是指固定资产、无形资产、在建工程、其他资产等持有期限在一年或一个营业周期以上的资产。

一般来说，投资活动产生的现金流入项目主要有：收回投资收到的现金，取得投资收益收到的现金，处置固定资产、无形资产和其他长期资产收回的现金净额、处置子公司及其他营业单位收到的现金净额、收到其他与投资活动有关的现金；投资活动产生的现金流出项目主要有：购建固定资产、无形资产和其他长期资产支付的现金、投资支付的现金、取得子公司及其他营业单位支付的现金净额、支付其他与投资活动有关的现金。

（3）筹资活动产生的现金流量。筹资活动是指导致企业资本及债务规模和构成发生变化的活动。资本既包括实收资本（股本），也包括资本溢价（股本溢价）；债务指的是对外举债形成的偿付义务，包括向银行借款、发行债券以及偿还债务等。产生应付账款、应付票据等商业应付款等的活动属于经营活动，不属于筹资活动。

一般来说，筹资活动产生的现金流入项目主要有：吸收投资收到的现金，取得借款收到的现金，收到其他与筹资活动有关的现金；筹资活动产生的现金流出项目主要有：偿还债务支付的现金，分配股利、利润或偿付利息支付的现金，支付其他与筹资活动有关的现金。

8.4.3 现金流量表的结构

现金流量表属于年度会计报表，一般由表首、正表和补充资料三部分所组成。

按照现金流量的分类，将相关项目分为经营、投资、筹资活动产生的现金流量，从现金流入和现金流出两个方面列报各有关现金收支项目和各类活动所产生的现金流量净额。对于汇率变动对现金的影响，则作为调节项目单独列示。我国现金流量表的具体格式见表8-3。

表 8-3 现金流量表

会企03表

编制单位： 年 月 日 单位：元

项目	本期金额	上期金额
一、经营活动产生的现金流量：		
销售商品、提供劳务收到的现金		
收到的税费返还		
收到其他与经营活动有关的现金		

（续）

项目	本期金额	上期金额
经营活动现金流入小计		
购买商品、接受劳务支付的现金		
支付给职工以及为职工支付的现金		
支付的各项税费		
支付其他与经营活动有关的现金		
经营活动现金流出小计		
经营活动产生的现金流量净额		
二、投资活动产生的现金流量：		
收回投资收到的现金		
取得投资收益收到的现金		
处置固定资产、无形资产和其他长期资产收回的现金净额		
处置子公司及其他营业单位收到的现金净额		
收到其他与投资活动有关的现金		
投资活动现金流入小计		
购建固定资产、无形资产和其他长期资产支付的现金		
投资支付的现金		
取得子公司及其他营业单位支付的现金净额		
支付其他与投资活动有关的现金		
投资活动现金流出小计		
投资活动产生的现金流量净额		
三、筹资活动产生的现金流量：		
吸收投资收到的现金		
取得借款收到的现金		
收到其他与筹资活动有关的现金		
筹资活动现金流入小计		
偿还债务支付的现金		
分配股利、利润或偿付利息支付的现金		
支付其他与筹资活动有关的现金		
筹资活动现金流出小计		
筹资活动产生的现金流量净额		
四、汇率变动对现金及现金等价物的影响		
五、现金及现金等价物净增加额		
加：期初现金及现金等价物余额		
六、期末现金及现金等价物余额		

8.4.4 现金流量表的编制方法

1. 直接法与间接法

现金流量表的编制方法有两种：一是直接法，二是间接法。在这两种方法下，投资活动产生的现金流量和筹资活动产生的现金流量的编制方法是一样的，仅仅是经营活动产生的现金流量的编制方法不同。

所谓直接法，是指通过现金收入和支出的主要类别反映来自企业经营活动的现金流量的编制方法。采用直接法编制经营活动产生的现金流量时，一般是以利润表中的营业收入为起算点，调整与经营活动有关项目的增减变动，然后计算出经营活动产生的现金流量。

所谓间接法，是指以本期净利润为起算点，调整不涉及现金的收入、费用、营业外收支以及应收应付等项目的增减变动，据此计算并列示经营活动产生的现金流量的编制方法。由于净利润是按照权责发生制原则确定的，且包括了投资活动和筹资活动中的收益和费用，将净利润调节为经营活动产生的现金流量，实际上就是将按权责发生制原则确定的净利润调整为现金净流入，并剔除投资活动和筹资活动对现金流量的影响。

采用直接法编报的现金流量表，便于分析企业经营活动产生的现金流量的来源和用途，预测企业现金流量的未来前景；采用间接法编报的现金流量表，便于将净利润与经营活动产生的现金流量净额进行比较，了解净利润与经营活动产生的现金流量差异的原因，从现金流量的角度分析净利润的质量。因此，我国规定企业应当采用直接法编报现金流量表的同时要提供在净利润基础上将其调节为经营活动产生的现金流量的信息。也就是说，企业应同时采用直接法和间接法两种方法编报现金流量表。

2. 工作底稿法与 T 形账户法

工作底稿法和 T 形账户法主要是针对现金流量表的编制程序而言的。

(1) 工作底稿法。采用工作底稿法编制现金流量表，就是以工作底稿为手段，以利润表和资产负债表数据为基础，对每一个项目进行分析并编制调整分录，从而编制出现金流量表。在直接法下，整个工作底稿从纵向分成三段，第一段是资产负债表项目，其中又分为借方项目和贷方项目两部分；第二段是利润表项目；第三段是现金流量表项目。工作底稿从横向分为五栏，在资产负债表部分，第一栏是项目栏，填列资产负债表各项目名称；第二栏是期初数，用来填列资产负债表项目的期初数；第三栏是调整分录的借方；第四栏是调整分录的贷方；第五栏是期末数，用来填列资产负债表各项目的期末数。在利润表和现金流量表部分，第一栏也是项目栏，用来填列利润表和现金流量表项目名称；第二栏空置不填；第三、第四栏分别是调整分录的借方和贷方；第五栏是本期数，利润表部分这一栏数字应和本期利润表数字核对相符，现金流量表部分这一栏的数字可直接用来编制正式的现金流量表。

采用工作底稿法编制现金流量表的具体步骤如下：

第一步，将资产负债表的期初数和期末数过入工作底稿的期初数栏和期末数栏。

第二步，对当期业务进行分析并编制调整分录。调整分录大体有以下几类：第一类涉及利润表中的收入、成本和费用项目以及资产负债表中的资产、负债及所有者权益项目，通过调整，将权责发生制下的收入和费用转换为以现金为基础的数据；第二类是涉及资产负债表和现金流量表中的投资、筹资项目，反映投资和筹资活动的现金流量；第三类是涉及利润表和现金流量表中的投资和筹资项目，目的是将利润表中有关投资和筹资方面的收入和费用列入现金流量表投资、筹资活动产生的现金流量中去。此外，还有一些调整分录并不涉及现金收支，只是为了核对资产负债表项目的期末期初变动。

在调整分录中，有关现金和现金等价物的事项，并不直接借记或贷记现金，而是分别记入"经营活动产生的现金流量""投资活动产生的现金流量""筹资活动产生的现金流量"有关项目，借记表明现金流入，贷记表明现金流出。

第三步，将调整分录过入工作底稿中的相应部分。

第四步，核对调整分录，确保借贷合计数相等，资产负债表项目期初数加减调整分录中的借贷金额以后，应当等于期末数。

第五步，根据工作底稿中的现金流量表部分编制正式的现金流量表。

（2）T形账户法。采用T形账户法，就是以T形账户为手段，以利润表和资产负债表数据为基础，对每一个项目进行分析并编制调整分录，从而编制出现金流量表。

采用T形账户法编制现金流量表的具体步骤如下：

第一步，为所有的非现金项目（包括资产负债表项目和利润表项目）分别开设T形账户，并将各自的期末期初变动数过入对应账户。

第二步，开设一个大的"现金及现金等价物"T形账户，每边分为经营活动、投资活动和筹资活动三个部分，左边记现金流入，右边记现金流出。与其他账户一样，过入期末期初变动数。

第三步，以利润表项目为基础，结合资产负债表分析每一个非现金项目的增减变动，并据此编制调整分录。

第四步，将调整分录过入各T形账户并进行核对，相应账户借贷相抵后的余额与原先过入的期末期初变动数应当一致。

第五步，根据大的"现金及现金等价物"T形账户编制正式的现金流量表。

8.5 所有者权益变动表

8.5.1 所有者权益变动表概述

所有者权益变动表是反映构成企业所有者权益的各组成部分当期的增减变动情况的报表。所有者权益变动表应当全面反映企业一定时期所有者权益变动的情况，不仅包括所有者权益总量的增减变动，还包括所有者权益增减变动的重要结构性信息，特别是要反映直接计入所有者权益的利得和损失，让会计信息使用者准确理解所有者权益增减变动的根源。所有者权益变动表的格式见表8-4。

表 8-4 所有者权益变动表

编制单位：　　　　　　　　　　　　　　　年　月　日　　　　　　　　　　　　　　　会企 02 表
单位：元

项目	本年金额											上年金额										
	实收资本（或股本）	其他权益工具			资本公积	减：库存股	其他综合收益	专项储备	盈余公积	未分配利润	所有者权益合计	实收资本（或股本）	其他权益工具			资本公积	减：库存股	其他综合收益	专项储备	盈余公积	未分配利润	所有者权益合计
		优先股	永续债	其他									优先股	永续债	其他							
一、上年末余额																						
加：会计政策变更																						
前期差错更正																						
其他																						
二、本年年初余额																						
三、本年增减变动金额（减少以"-"号填列）																						
（一）综合收益总额																						
（二）所有者投入和减少资本																						
1. 所有者投入的普通股																						
2. 其他权益工具持有者投入资本																						
3. 股份支付计入所有者权益的金额																						
4. 其他																						
（三）利润分配																						
1. 提取盈余公积																						
2. 对所有者（或股东）的分配																						
3. 其他																						
（四）所有者权益内部结转																						
1. 资本公积转增资本（或股本）																						
2. 盈余公积转增资本（或股本）																						
3. 盈余公积弥补亏损																						
4. 设定受益计划变动额结转留存收益																						
5. 其他综合收益结转留存收益																						
6. 其他																						
四、本年年末余额																						

8.5.2　所有者权益变动表的编制方法

1. 所有者权益变动表各项目的列报说明

（1）"上年年末余额"项目，反映企业上年资产负债表中实收资本（或股本）、资本公积、库存股、其他综合收益、盈余公积、未分配利润的年末余额。

（2）"会计政策变更"和"前期差错更正"项目，分别反映企业采用追溯调整法处理的会计政策变更的累积影响金额和采用追溯重述法处理的前期差错更正的累积影响金额。

为了体现会计政策变更和前期差错更正的影响，企业应当在上期期末所有者权益余额的基础上进行调整得出本期期初所有者权益，根据"盈余公积""利润分配""以前年度损益调整"等科目的发生额分析填列。

（3）"本年增减变动金额"项目分别反映如下内容：

1）"综合收益总额"项目，反映净利润和其他综合收益扣除所得税影响后的净额相加后的合计金额。

2）"所有者投入和减少资本"项目，反映企业当年所有者投入的资本和减少的资本。

"所有者投入的普通股"项目，反映企业接受所有者投入形成的实收资本（或股本）和资本溢价或股本溢价。

"其他权益工具持有者投入资本"项目，反映企业接受其他权益工具持有者投入的资本。

"股份支付计入所有者权益的金额"项目，反映企业处于等待期中的权益结算的股份支付当年计入资本公积的金额。

3）"利润分配"项目，反映企业当年的利润分配金额。

4）"所有者权益内部结转"项目，反映不影响当年所有者权益总额的所有者权益各组成部分之间当年的增减变动，包括资本公积转增资本（或股本）、盈余公积转增资本（或股本）、盈余公积弥补亏损等项金额。其中：

"资本公积转增资本（或股本）"项目，反映企业当年以资本公积转增资本或股本的金额。

"盈余公积转增资本（或股本）"项目，反映企业当年以盈余公积转增资本或股本的金额。

"盈余公积弥补亏损"项目，反映企业当年以盈余公积弥补亏损的金额。

"设定受益计划变动额结转留存收益"项目，反映企业因重新计量设定受收益计划净负债或净资产所产生的变动计入其他综合收益，结转至留存收益的金额。

"其他综合收益结转留存收益"项目，主要反映以下信息：①企业指定为以公允价值计量且其变动计入其他综合收益的非交易性权益工具投资终止确认时，之前计入其他综合收益的累计利得或损失从其他综合收益中转入留存收益的金额；②企业指定为以公允价值计量且其变动计入当期损益的金融负债终止确认时，之前由企业自身信用风险变动引起而计入其他综合收益的累计利得或损失从其他综合收益中转入留存收益的金额等。

2. "上年金额"栏的列报方法

所有者权益变动表"上年金额"栏内各项数字，应根据上年度所有者权益变动表"本年金额"栏内所列数字填列。如果上年度所有者权益变动表规定的各个项目的名称和内容同本年度不一致，应对上年度所有者权益变动表各项目的名称和数字按本年度的规定进行调整，填入所有者权益变动表"上年金额"栏内。

3. "本年金额"栏的列报方法

所有者权益变动表"本年金额"栏内各项数字一般应根据实收资本（或股本）、资本公积、库存股、其他综合收益、盈余公积、未分配利润等科目的发生额分析填列。

8.6 财务会计报告的报送、审批和审计

财务会计报告是反映会计主体财务状况、经营成果和财务收支情况的综合文件。为了充分发挥其作用，企业应当依照法律、行政法规和国家统一的会计制度有关财务会计报告提供期限的规定，及时对外提供财务会计报告。

8.6.1 财务会计报告的报送

根据相关规定，企业应当定期向投资者、债权人、有关行政管理部门以及其他会计信息使用者提供财务会计报告。国务院派出监事会的国有重点大型企业、国有重点金融机构和省、自治区、直辖市人民政府派出监事会的国有企业，应当依法定期向监事会提供财务会计报告。各个报送单位应向哪些部门或单位报送财务会计报告，同各单位的隶属关系、经济监督管理的需要有关。公开发行股票的股份有限公司还应向证券交易机构和证券监管机构等提供年度财务会计报告。企业对外报送的年度财务会计报告，应于年度终了后在规定的时间内连同注册会计师的审计报告一同对外报送。

企业编制的财务会计报告，在报送前必须由本单位会计主管人员和企业负责人进行认真复核。主要是复核报表的项目是否填列齐全，补充资料是否填列完整，是否随有必要的编报说明，报表中指标的勾稽关系是否正确，项目填列是否存在不合理现象，有关手续是否齐全等。经审核无误后，财务会计报告应当依次编定页数，加具封面，装订成册，加盖公章。封面上应当注明以下信息：企业名称、企业统一社会信用代码、组织形式、地址、主管单位、报表所属年度或者月份、报出日期等内容，并由企业负责人和主管会计工作的负责人、会计机构负责人（或会计主管人员）签名并盖章；设置总会计师的企业，还应当由总会计师签名并盖章。

为了充分发挥财务会计报告的作用，保证财务会计报告的时效性，必须正确规定财务会计报告的报送期限。在规定财务会计报告的报送期限时，既要考虑会计信息使用者的需求，又要考虑各级编表单位的机构组织形式、编表工作量的大小、注册会计师的审计状况等具体情况。会计制度规定：月度财务会计报告应于月份终了后6天内对外提供（节假日顺延，下同）；季度财务会计报告应于季度终了后15天内对外提供；半年度财务会计报告应于半年度

终了后 60 天内对外提供；年度财务会计报告应于年度终了后 4 个月内对外提供。

8.6.2 财务会计报告的审批

上级主管部门、财政部门对企业报送的财务会计报告应当认真审核。主要审核财务会计报告的编制是否符合会计制度的规定，并审查和分析财务会计报告的内容，评价企业的财务状况、偿债能力、营运能力、获利能力和现金流量，以便对企业的财务活动进行监督。如果发现有违反财经纪律的行为，应查明原因及时纠正，对有关责任人员进行批评教育或依法处理。

财务会计报告审核后要进行批复，以书面形式将审核意见通知企业。企业对财务会计报告的批复意见，要认真研究执行。需要在账面上进行调整的应在账面上做相应的调整。

8.6.3 财务会计报告的审计

企业每一个会计年度的财务会计报告在对外报送前必须经过注册会计师的审计。注册会计师将根据企业提供的会计核算资料，对企业的会计核算方法、凭证账簿记录、会计报表编制、日常收支业务、投资者资本投入与收回等内容进行全面审核，并对其真实情况进行公证，出示书面审计报告。企业应当将注册会计师出具的审计报告随同财务会计报告一并对外报送。

【思考题】

1. 财务会计报告由哪几部分组成？
2. 资产负债表的作用是什么？其内容和结构是怎样的？
3. 利润表的作用是什么？其内容和结构是怎样的？

第9章 账务处理程序

【学习目标】

1. 了解账务处理程序的概念、意义与种类。
2. 掌握记账凭证账务处理程序、汇总记账凭证账务处理程序及科目汇总表账务处理程序的特点。

会计凭证、会计账簿和会计报表是组织账务处理的工具,但三者之间不是彼此孤立的,而是以一定的形式结合在一起,构成一个完整的工作体系,从而形成了一定的账务处理程序。

9.1 账务处理程序概述

账务处理程序,又称会计核算组织程序或会计核算形式,是指会计凭证、会计账簿与记账程序和方法有机结合的方式。它包括会计凭证和账簿的种类、格式及会计凭证与账簿之间的联系方式,也包括由填制和审核原始凭证到编制记账凭证、登记明细分类账和总分类账、编制会计报表的工作程序和方法等。

9.1.1 账务处理程序的作用

按照账务处理程序做账务处理工作,可以更好地反映和监督各单位的经济活动,为经济管理提供全面、系统、及时、准确的会计信息,提高会计工作的质量和效率,更好地完成会计任务,达到会计目标。具体来说,账务处理程序的作用有以下几个方面:

(1) 有利于会计核算日常工作的规范化。建立科学合理的账务处理程序,使得会计部门和人员在进行核算工作时有序可循,既有分工又有协作,责任明确,相互督促。保证各个环节的核算工作衔接得当、有条有理地进行,保证会计数据在各个环节有条不紊地传递。

(2) 有利于保证会计核算的工作质量。建立科学合理的账务处理程序,也就建立了会计核算的正常机制,这是会计核算工作质量的重要保证。

(3) 有利于提高会计核算的工作效率。建立科学合理的账务处理程序,可以减少不必要的环节和手续,节约人力、物力,提高工作效率。

9.1.2 账务处理程序的确定原则

一个单位要确定合理、适用的账务处理程序,一般应遵循以下原则:

(1)适合本单位的实际情况。要根据本单位经济活动的性质、特点、规模大小、业务的繁简程度等实际情况确定账务处理程序,使之有利于会计核算分工以及岗位责任制的建立。

(2)满足有关会计信息使用者的需要。单位所确定的账务处理程序应能够正确、系统、全面、及时地提供有关经济活动和财务收支情况的指标,满足本单位及其他会计信息使用者的需要。

(3)降低核算成本,提高工作效率。账务处理程序的确定,在保证核算资料正确、及时和完整的前提下,尽可能地简化核算手续,节约核算工作的人力、财力和物力,提高会计工作效率。

9.1.3 账务处理程序的种类

我国会计核算工作在长期实践中形成了多种账务处理程序,比如记账凭证账务处理程序、汇总记账凭证账务处理程序和科目汇总表账务处理程序等。它们既有共同点,也有各自的特点,主要区别在于登记总分类账的依据和方法不同。

1. 记账凭证账务处理程序

记账凭证账务处理程序,是指先根据原始凭证或汇总原始凭证填制记账凭证,再直接根据记账凭证登记总分类账的一种账务处理程序。通俗地讲,就是根据记账凭证直接逐笔登记总分类账的账务处理程序。

2. 汇总记账凭证账务处理程序

汇总记账凭证账务处理程序,是指先根据原始凭证或汇总原始凭证填制记账凭证,定期根据记账凭证分类编制汇总收款凭证、汇总付款凭证和汇总转账凭证,再根据汇总记账凭证登记总分类账的一种账务处理程序。

3. 科目汇总表账务处理程序

科目汇总表账务处理程序又称为记账凭证汇总表账务处理程序,是指根据记账凭证定期编制科目汇总表,再根据科目汇总表登记总分类账的一种账务处理程序。

4. 日记总账账务处理程序

日记总账账务处理程序,是指先根据原始凭证或汇总原始凭证填制记账凭证,再根据记账凭证逐笔登记日记总账的一种账务处理程序。

9.2 记账凭证账务处理程序

9.2.1 记账凭证账务处理程序的特点

记账凭证账务处理程序的主要特点是直接根据记账凭证逐笔登记总分类账。它是会计账务处理程序中最基本的账务处理程序,其他各种账务处理程序都是在此基础上发展形成的。

9.2.2 记账凭证账务处理程序下的会计凭证和账簿

1. 记账凭证账务处理程序下的会计凭证

在记账凭证账务处理程序下,一般设置收款凭证、付款凭证和转账凭证,也可设置通用记账凭证,作为登记总分类账的依据。

2. 记账凭证账务处理程序下的账簿

在记账凭证账务处理程序下,应设置总分类账、明细分类账和日记账。总分类账应按总分类科目设置,采用借、贷、余三栏式账页格式;明细分类账可以根据管理需要按明细分类科目设置,采用三栏式、数量金额式或多栏式等账页格式。现金日记账和银行存款日记账应采用三栏式账页格式。

9.2.3 记账凭证账务处理程序的基本步骤

记账凭证账务处理程序的基本步骤如下:

(1)根据原始凭证填制汇总原始凭证。

(2)根据原始凭证或汇总原始凭证,填制收款、付款和转账凭证,也可以填制通用记账凭证。

(3)根据收款凭证和付款凭证逐笔登记现金日记账和银行存款日记账。

(4)根据原始凭证、汇总原始凭证和记账凭证,登记各种明细分类账。

(5)根据记账凭证逐笔登记总分类账,包括汇总收款凭证、汇总付款凭证、汇总转账凭证。

(6)期末,将现金日记账、银行存款日记账和明细分类账的余额与有关总分类账的余额相核对。

(7)期末,根据总分类账和明细分类账的记录编制会计报表。

记账凭证账务处理程序的流程如图 9-1 所示。

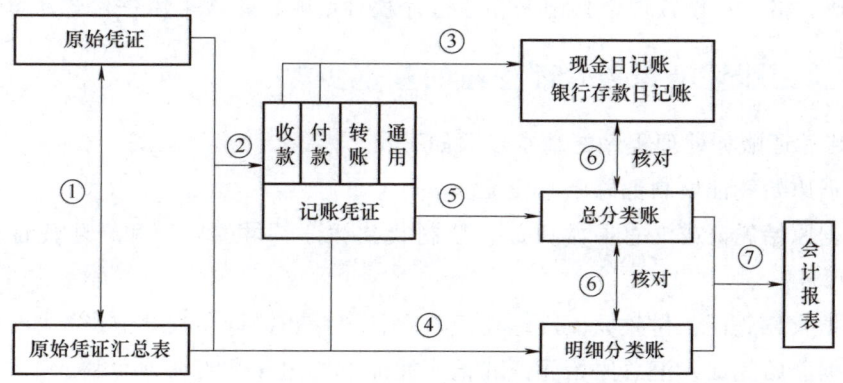

图 9-1　记账凭证账务处理程序的流程

9.2.4 记账凭证账务处理程序的优缺点和适用范围

1. 优缺点

记账凭证账务处理程序的优点是简单明了、易于理解和掌握。总分类账簿的信息量大，可以比较详细地反映企业经营活动的全貌，便于分析和检查。缺点是直接根据记账凭证登记总分类账的工作量较大。

2. 适用范围

记账凭证账务处理程序一般适用于规模较小、业务量较少、凭证不多的企业。如果经济业务较多，为了简化编制记账凭证，减少登记总分类账的工作量，则可以考虑将内容相同的原始凭证先行汇总，编制汇总原始凭证，然后再根据汇总原始凭证编制记账凭证。

9.3 汇总记账凭证账务处理程序

9.3.1 汇总记账凭证账务处理程序的特点

汇总记账凭证账务处理程序的主要特点是先定期将全部记账凭证按收款凭证、付款凭证和转账凭证分别归类汇总，编制汇总收款凭证、汇总付款凭证和汇总转账凭证，然后再根据上述三种汇总记账凭证登记总分类账。

9.3.2 汇总记账凭证账务处理程序下的会计凭证和账簿

1. 汇总记账凭证账务处理程序下的会计凭证

在汇总记账凭证账务处理程序下，应设置收款凭证、付款凭证和转账凭证等，除此之外，还应设置汇总收款凭证、汇总付款凭证和汇总转账凭证，作为登记总分类账的依据。

2. 汇总记账凭证账务处理程序下的账簿

在汇总记账凭证账务处理程序下，应设置总分类账，按总分类科目采用借、贷、余三栏式账页格式；设置明细分类账，根据所记录的经济业务的内容，可采用三栏式、数量金额式或多栏式的账页格式；设置现金日记账和银行存款日记账，一般采用三栏式账页格式。

9.3.3 汇总记账凭证账务处理程序的基本步骤

汇总记账凭证账务处理程序的基本步骤如下：

（1）根据原始凭证填制汇总原始凭证。

（2）根据原始凭证或汇总原始凭证，填制收款凭证、付款凭证和转账凭证，也可以填制通用记账凭证。

（3）根据收款凭证、付款凭证逐笔登记现金日记账和银行存款日记账。

（4）根据原始凭证、汇总原始凭证和记账凭证，登记各类明细分类账。

（5）根据各种记账凭证编制有关汇总记账凭证。

（6）根据各种汇总记账凭证登记总分类账。

（7）期末，将现金日记账、银行存款日记账和明细分类账的余额与有关总分类账的余额相核对。

（8）期末，根据总分类账和明细分类账的记录编制会计报表。

汇总记账凭证账务处理程序的流程如图 9-2 所示。

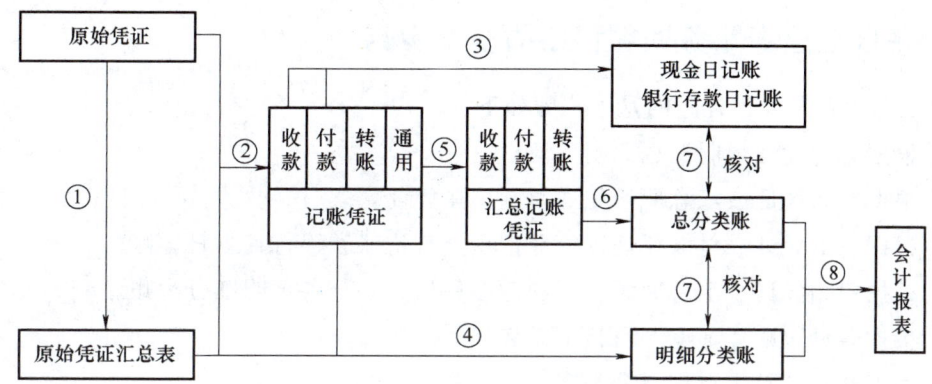

图 9-2　汇总记账凭证账务处理程序的流程

9.3.4　汇总记账凭证账务处理程序的优缺点和适用范围

1. 优缺点

汇总记账凭证账务处理程序的优点是大大减轻了登记总分类账的工作量，可以清晰地反映科目之间的对应关系，便于查对和分析账目。缺点是按照每一贷方科目编制汇总转账凭证，不利于会计核算的日常分工，并且当转账凭证较多时，编制汇总转账凭证的工作量较大。

2. 适用范围

汇总记账凭证账务处理程序一般适用于规模较大、收付款业务发生较多的单位。

9.4　科目汇总表账务处理程序

9.4.1　科目汇总表账务处理程序的特点

科目汇总表账务处理程序的主要特点是根据记账凭证定期编制科目汇总表，直接根据科目汇总表登记总分类账。

9.4.2　科目汇总表账务处理程序下的会计凭证和账簿

1. 科目汇总表账务处理程序下的会计凭证

在科目汇总表账务处理程序下，与记账凭证账务处理程序相同，一般应设置收款凭证、付款凭证、转账凭证等记账凭证。

2. 科目汇总表账务处理程序下的账簿

在科目汇总表账务处理程序下，应设置总分类账，按总账科目采用借、贷、余三栏式账页格式；设置明细分类账，根据所记录的经济业务的内容，可采用三栏式、数量金额式或多栏式的账页格式；设置现金日记账和银行存款日记账，采用三栏式账页格式。

9.4.3 科目汇总表账务处理程序的基本步骤

科目汇总表账务处理程序的基本步骤如下：

（1）根据原始凭证填制汇总原始凭证。

（2）根据原始凭证或汇总原始凭证填制记账凭证。

（3）根据收款凭证、付款凭证逐笔登记现金日记账和银行存款日记账。

（4）根据原始凭证、汇总原始凭证和记账凭证，登记各种明细分类账。

（5）根据各种记账凭证编制科目汇总表。

（6）根据科目汇总表登记总分类账。

（7）期末，将现金日记账、银行存款日记账和明细分类账的余额同有关总分类账的余额相核对。

（8）期末，根据总分类账和明细分类账的记录编制会计报表。

科目汇总表账务处理程序的流程如图 9-3 所示。

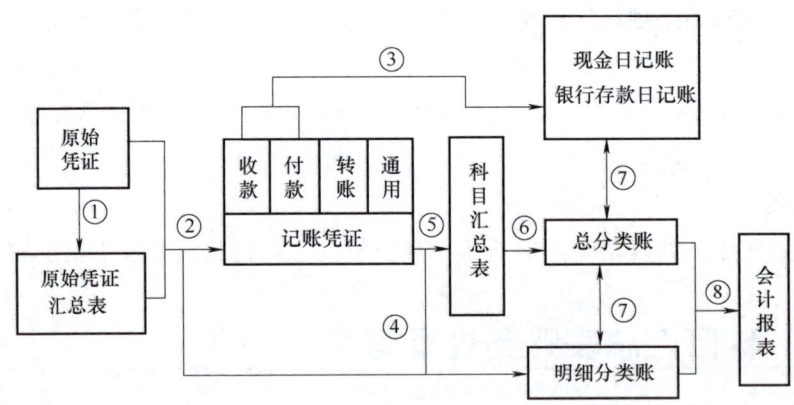

图 9-3　科目汇总表账务处理程序的流程

9.4.4 科目汇总表账务处理程序的优缺点和适用范围

1. 优缺点

在科目汇总表账务处理程序下，可根据科目汇总表上有关账户的汇总发生额，在月中定期或月末一次性地登记总分类账，可以使登记总分类账的工作量大为减轻。同时，科目汇总表上的汇总结果体现了一定会计期间所有账户的借方发生额和贷方发生额之间的相等关系，利用这种发生额的相等关系,可以进行全部账户记录的试算平衡。缺点是不分对应科目进行汇总,不能反映各科目的对应关系,不便于对经济业务进行检查和分析。

2. 适用范围

科目汇总表账务处理程序一般适用于规模较大、经济业务较多的单位。

9.5 日记总账账务处理程序

9.5.1 日记总账账务处理程序的特点

日记总账账务处理程序的主要特点是设置日记总账,根据记账凭证逐笔登记日记总账。其中,日记总账是一种把日记账和总分类账结合起来的联合账簿。具体而言,将全部科目都集中设置在一张账页上,以记账凭证为依据,对发生的各项经济业务进行序时登记,月末将每个科目借、贷方登记的数字分别合计,并计算出每个科目的月末余额。

9.5.2 日记总账账务处理程序下的会计凭证和账簿

1. 日记总账账务处理程序下的会计凭证

在日记总账账务处理程序下,按记录的经济业务内容不同,可设置收款凭证、付款凭证和转账凭证等。

2. 日记总账账务处理程序下的账簿

在日记总账账务处理程序下,除需特别开设日记总账外,设置的账簿还有各种明细分类账,根据需要可采用三栏式、数量金额式或多栏式的账页格式。设置现金日记账和银行存款日记账,一般采用三栏式账页格式。

9.5.3 日记总账账务处理程序的基本步骤

日记总账账务处理程序的基本步骤如下:

(1) 根据原始凭证编制汇总原始凭证。

(2) 根据原始凭证和汇总原始凭证,编制收款凭证、付款凭证和转账凭证。

(3) 根据收款凭证和付款凭证序时逐笔登记现金日记账和银行存款日记账。

(4) 根据原始凭证、汇总原始凭证和记账凭证逐笔登记各种明细分类账。

(5) 根据收款凭证、付款凭证和转账凭证,逐日逐笔登记日记总账。

(6) 定期将现金日记账、银行存款日记账的余额,以及各种明细分类账的余额合计数,分别与日记总账中有关账户的余额相核对。

(7) 期末,根据核对无误的日记总账和明细分类账记录,编制会计报表。

日记总账账务处理程序的流程如图9-4所示。

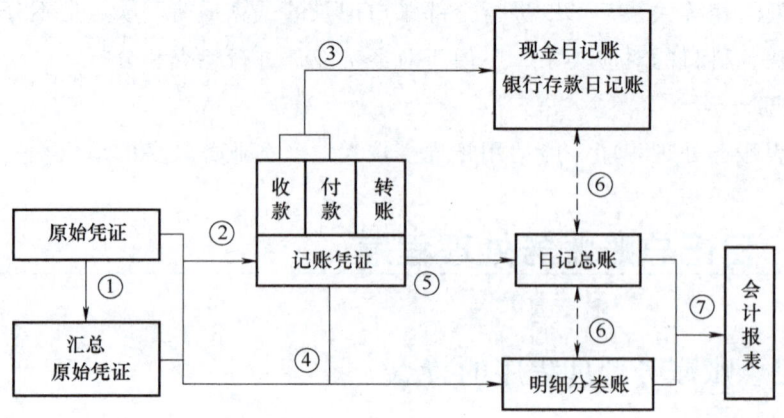

图 9-4　日记总账账务处理程序的流程

9.5.4　日记总账账务处理程序的优缺点和适用范围

1. 优缺点

日记总账账务处理程序的优点是将日记账和总分类账结合在一起，直接根据记账凭证登记总分类账，并且将所有会计科目都集合在一张账页上，而不是分设在各个账簿中，可以简化登记总分类账的手续。同时，可以集中反映经济业务的全貌，反映会计账户之间的对应关系，便于进行会计检查和会计分析。缺点是不便于分工记账，不便于查阅，如果一个单位使用的会计科目较多，则会导致日记总账的账页过长。

2. 适用范围

日记总账账务处理程序一般适用于规模小、经济业务简单、使用会计科目较少的单位。

【思考题】

1. 简述记账凭证账务处理程序的优缺点和适用范围。
2. 简述科目汇总表账务处理程序的一般步骤。
3. 简述汇总记账凭证账务处理程序的特点和适用范围。

第 10 章 会计规范

> 【学习目标】
> 1. 理解会计规范的概念、构成和特点。
> 2. 认识会计法律、行政法规和部门规章。
> 3. 掌握会计职业道德的基本内容。

会计是一种有意识的社会行为,它必须遵循某种规范,按照一定的规则来运行,才能达到相应的目标。会计行为应该遵循的规则就是会计规范。会计规范对于保证会计信息质量有着重要的作用。

10.1 会计规范的概念、构成和特点

10.1.1 会计规范的概念

不同的学者对会计规范有着不同的认识和总结。阎达五(2003)认为会计规范是一种标准,其中,会计行为规范是指各种影响和制约会计行为的标准方式,包括法律规范和道德规范两种类型。陈亚民(1991)认为会计规范是一种意识形态,是在会计领域内起作用的一种社会意识形态,它具有公认性、统一性、客观性和适用性,可以分为会计原则、会计规范和职业道德三类。作为一种标准,会计规范帮助会计人员解决如何工作的问题,为评价会计工作提供客观依据;作为一种机制,会计规范是保障和促进会计活动达到预期目的的一种制约力量。汤云为(1998)认为会计规范是指所有能对会计实务起约束作用的原则、准绳、法规、条例和道德守则等的总和,是为适应会计实践活动的需要而发展起来的用于指导和约束会计行为的准绳,包括会计法律规范、会计职业道德规范和会计准则规范三种类型。

尽管人们对会计规范的认识有所不同,这些认识中也有一些共同之处。各种观点均认可会计规范是一种标准,它规定了会计工作应当怎样做,为判断会计信息质量提供了依据。会计规范的内容很丰富,包括会计法律、法规、规章、职业道德等。会计规范对于规范会计行为,保证会计信息质量具有重要作用。

10.1.2 会计规范的构成

会计规范内容繁多,是由诸多会计法律、法规、规章等构成的。这些法律、法规和规章在形式上多种多样,在具体内容上各不相同,在功能上也存在着差异,但它们并不是杂乱无章的。这些相关的规范相互配合、相互补充,形成一个有机整体。根据法律效力的不同,可以将会计规范分为会计法律、会计行政法规、会计部门规章、地方性会计法规、内部会计管理制度和会计职业道德六大类。

1. 会计法律

法律是国家立法机关依照立法程序制定,由国家强制保证实施的行为规范。法律经全国人民代表大会及其常务委员会通过后,由国家主席签署中华人民共和国主席令予以发布。会计法律是用来调整会计法律关系的规范,在会计规范中处于最高层次,具有最高的权威性和效力。世界各国由于经济制度、法律制度、历史文化等方面的差异,其规范会计行为的会计法律表现形式也各不相同。少数国家颁发了专门规范会计行为与会计关系的《会计法》,如法国、瑞典和荷兰等国,而多数国家没有专门的《会计法》,只是将相关会计规范分散于其他法律中,如《公司法》《税法》《证券法》等。

我国属于会计法律的主要有《中华人民共和国会计法》《中华人民共和国注册会计师法》(以下简称《会计法》《注册会计师法》)等。其中,《会计法》是基本法,是制定其他会计法规的依据,也是指导会计工作最基本的准绳。除此之外,其他法律中也有关于调整会计法律关系的规范,也应属于会计法律的范畴。例如,《中华人民共和国公司法》《中华人民共和国证券法》《中华人民共和国票据法》《中华人民共和国经济合同法》《中华人民共和国商业银行法》《中华人民共和国企业所得税法》等经济法中,均涉及会计方面的条款。

2. 会计行政法规

行政法规是国务院为领导和管理国家各项行政工作,根据宪法和法律,按照《行政法规制定程序条例》制定的政治、经济、教育、科技等各类法规的总称。会计行政法规是由国务院制定并颁布的有关会计工作的行为规范,一般称为条例。会计行政法规在全国范围内具有强制性和约束力。我国现行的会计行政法规包括《总会计师条例》《企业财务报告条例》等。

3. 会计部门规章

会计部门规章是指国家主管会计工作的行政部门,即财政部以及其他相关部委,根据法律和国务院的行政法规、决定、命令,在本部门权限范围内制定,调整会计工作中某些特定方面的内容的,国家统一的关于会计核算、会计监督、会计机构和会计人员设置以及会计工作管理的规范性文件。包括制度、办法、规定、准则等。如《企业会计准则》《会计基础工作规范》《企业财务通则》等。在会计规范中,会计行政规章所占的比例最大且涉及面最广,具有及时性、灵活性和针对性强等特点。

4. 地方性会计法规

地方性会计法规是由各省、自治区、直辖市等的人民代表大会及其常务委员会在不与宪法、法律和行政法规相抵触的前提下，为了领导和管理地方会计工作，按法定程序在本地区或特定范围内制定的，关于会计核算、会计监督、会计机构和会计人员设置以及会计工作管理的规范性文件。地方性会计法规根据行政区域或特定范围的具体情况和实际需要制定，以公告形式发布，在相应该区域或范围内具有普遍约束力。

5. 内部会计管理制度

内部会计管理制度是指各单位根据内部管理的需要而制定的会计制度，它只能在本单位内部实施。如有的单位制定的《内部财务人员岗位责任制》《内部会计核算管理规定》等。

6. 会计职业道德

会计职业道德是从事会计工作的人员应当遵守的，具有本职业特征的道德准则和行为规范。《会计法》明确规定：会计人员应当遵守职业道德，提高业务素质。会计职业道德的基本要求是忠于职守，所有从事会计工作的人员在会计岗位上，应当恪守职业道德，履行自身所承担的工作职责，完成会计工作所应完成的各项任务。与其他规范相比，会计职业道德的强制性比较弱，主要依靠会计人员的自律来维护。但是，其约束范围却非常广泛。会计人员只有不断追求崇高的会计道德观念，达到更高的会计道德境界，锻炼出高尚的会计道德品质，才能在会计工作中做到忠于职守、廉洁自律，真正全心全意为人民服务。

按照法律效力的差别来区分各种会计法规，是最基本的一种分类方法。其中，前五类会计规范，即会计法律、会计行政法规、会计部门规章、地方性会计法规和内部会计管理制度可以统称为会计法规。因此，可以简单地说，会计规范是由会计法规和会计职业道德两大部分组成的。会计规范还可以从不同的角度去认识，按不同的标准来分类：按内容不同，可以将会计规范分为综合会计规范、会计基础工作规范、会计核算规范、会计人员管理规范等；按适用范围不同，可以将会计规范分为全国性会计规范、部门（或行业）会计规范、地方性会计规范、内部会计规范等。

10.1.3　会计规范的特点

会计规范作为会计工作的标准和评价会计行为的依据，具有以下特点：

1. 权威性

会计规范作为会计行为的评价标准，让人们能明确地知道哪些会计行为是合乎规范的，哪些会计行为是不符合规范的，因而它具有充分的影响力和权威性。会计规范所具有的权威性主要来自两个方面：一是来自于会计规范的制发机关，这主要是针对会计法律规范而言的，如会计法律、会计行政法规、会计部门规章等。从这些法律规范的制发程序来看，必须是由具有相应的职责权限的机关来颁发。而且，制发机关的职责权限越高，其制发的会计规范的法律效力也越高，其权威性也越强。如由国家最高权力机关全国人民代表大会及其常务委员会通过的会计法律，其权威性就最强。二是来自于社会的广泛支持，这主要是指会计职业道德规范。尽管在《会计基础工作规范》等法规中也有关于会计职业道德的条款，但对于会计职业道德规范而言，其权威性主要来自于人们对它的普遍认可与广泛支持，会计职业道德规范也主要依靠会计人员的自律来保证。

2. 适用性

会计规范对我国范围内的任何单位和个人的会计行为都具有影响和制约作用,任何单位和个人违背会计规范都必须承担相应责任。会计规范对各类事项和行为所列示的规定或规则,具有普遍和长期的适用性,当然,对于某一项具体的会计规范,有其具体明确的适用范围。如:地方性法规只能适用于特定地区;各单位自行制定的内部会计管理制度只适用于本单位内部;等等。

3. 相对稳定性

会计规范在一定时期、一定客观环境下,应保持相对稳定,不能朝令夕改。只有相对稳定,才能使会计人员确实掌握会计规范的要求,按照正确的方法进行会计核算,实行会计监督;才能不断提高会计核算质量,提高经济效益。若会计规范变动过于频繁,会计人员将无所适从,难以真正掌握和正确运用不断变化的会计规范,最终会大大影响会计工作的质量。当然,会计规范的稳定性只是相对而言的。一旦外界条件发生了改变,如社会经济环境发生了变化,在会计工作中出现了一些新情况、新问题,现存的会计规范对此无法处理,那么就必须对那些不适宜的、不能满足会计工作要求的规范进行调整、修订甚至完全废止,重新制定并实施新的会计规范来约束会计行为。

10.2 会计法规

会计法规内容全面,包括会计法律、会计行政法规、地方性会计法规、会计行政规章以及内部会计管理制度等。本节重点介绍国家统一的会计法规,对地方性会计法规、地方会计行政规章、内部会计管理制度等仅适用于特定区域或范围的规章制度暂不进行详细介绍。

10.2.1 会计法律

会计法律是由国家最高权力机关全国人民代表大会及其常务委员会制定的用来调整我国经济生活中会计关系的法律规范。会计法律主要包括《会计法》《注册会计师法》等,其他法律中有关会计方面的条款也属于会计法律的内容。

从法理上讲,《会计法》和《注册会计师法》是同一个层次的法律,但两者在会计规范中所处的地位及发挥的作用是不同的。《会计法》是会计规范中权威性最高、法律效力最强的法律,是调整经济活动中会计法律关系、规范会计活动的基本法,是其他一切会计法规、制度的母法。它具有全面性、稳定性、指导性的特点,是指导会计工作的最根本的准绳。《注册会计师法》只是调整经济活动中某一方面会计关系的法律规范,该法对注册会计师行业所做的若干规定,对于保证会计信息质量起着重要的监督保障作用。

1.《会计法》

《会计法》是规范会计工作的根本法律。自发布实施以来,为适应经济环境的变化先后进行了多次修订,在规范会计行为、提高会计信息质量、维护市场经济秩序、推进法治社会建设等方面发挥了重要作用。会计工作是经济活动的"关口",任何经济业务事项都需要通过会计账目加以反映，会计信息的真实、可比、有用，有利于市场主体降低交易成本，促进资金有效流动，避免资源浪费，推动市场经济健康发展，使市场在资源配置中起决定性作用，并更好地发挥政府管理职能。现行的《会计法》于 2017 年 11 月由第十二届全国人民代表大会常务委员会第三十次会议修正，2017 年 11 月 5 日实施。共分七章五十二条，包括总则、会计核算、公司、企业会计核算的特别规定、会计监督、会计机构和会计人员、法律责任、附则等。与 1999 年相比，现行《会计法》调整了会计从业资格证书相关条款，并对会计人员的专业能力以及职业道德提出要求。随着政府会计改革的深化，会计信息的重要性日显突出，由此推动了《会计法》的进一步完善和修订。2020 年《会计法》修订草案正在广泛征求社会各界的意见和建议。

2.《注册会计师法》

《注册会计师法》是为了发挥注册会计师在社会经济活动中的鉴证和服务作用，加强对注册会计师的管理，维护社会公益和投资者的合法权益，促进社会主义市场经济的健康发展而制定的。《注册会计师法》于 1993 年 10 月第八届全国人民代表大会常务委员会第四次会议通过，自 1994 年 1 月 1 日起施行。2014 年 8 月第十二届全国人民代表大会常务委员会第十次会议通过修订。《注册会计师法》共分七章四十六条。主要内容包括总则、考试和注册、业务范围和规则、会计师事务所、注册会计师协会、法律责任、附则等。经修订完善的《注册会计师法》，在会计师事务所设立审批方面进行了简政放权，提高了行政审批效率，对激发市场活力、优化审计资源配置发挥了一定的作用。

10.2.2　会计行政法规

会计行政法规是指由国家最高行政机关国务院颁布的，用以调整经济生活中会计关系的法律规范。现行的会计行政法规主要包括《企业财务会计报告条例》《总会计师条例》等。

1.《企业财务会计报告条例》

《企业财务会计报告条例》于 2000 年 6 月由中华人民共和国国务院令第 287 号公布，自 2001 年 1 月 1 日起施行。该条例共分六章四十六条，包括总则、财务会计报告的构成、财务会计报告的编制、财务会计报告的对外提供、法律责任和附则等内容。

2.《总会计师条例》

《总会计师条例》于 1990 年 12 月由中华人民共和国国务院令第 72 号公布，根据 2011 年 1 月《国务院关于废止和修改部分行政法规的决定》修订。该条例共分五章二十三条，包括总则、总会计师的职责、总会计师的权限、任免与奖惩、附则等。

10.2.3　会计部门规章

会计部门规章是指财政部及国务院其他部委或地方政府制定的有关会计方面的规范，法学界和会计学界一般将其统称为会计制度。《会计法》第八条明确规定：国家实行统一的会计制度。这种统一的会计制度主要是指财政部制定的会计规章，这是从规章的角度来定义会计制度。后文谈到与会计准则相提并论的会计制度，实质上是对会计制度一种更狭义的理解，指的是会计核算制度的一种，即规范会计主体对会计要素的确认、计量、记录和报告等行为的各项规定。国家统一的会计制度从内容和作用上看，可以分为会计核算制度、会计工作管理制度、会计机构与会计人员管理制度等。

1. 会计核算制度

国家统一的会计核算制度包括会计准则、会计制度和会计核算办法等。会计准则和会计制度同时共存，是我国会计的一大特色。会计准则一般是按经济业务或项目来制定的，而会计制度是按企业类型来制定的，相比较而言，会计准则侧重于确认和计量，会计制度侧重于记录和报告，确认和计量方面的内容在会计制度中有机地体现在会计科目及其使用说明里。会计准则比较抽象，更需要会计人员的职业判断，而会计制度比较具体，容易操作。会计准则的重点是规范会计决策过程，而会计制度的重点是规范会计的行动和结果。会计核算办法是以会计制度为依据，结合各类企业具体业务的特点而制定的。它不如会计制度全面，一般只包括会计科目的设置及使用说明、会计报表格式等内容，但更为详细、具体。会计核算制度包括《企业会计准则》《小企业会计准则》《政府会计准则》《事业单位会计准则》等。

《企业会计准则》是会计人员从事会计工作必须遵循的基本原则，是会计核算工作的规范，也是进行会计确认、计量、记录和报告所依据的标准和规则。《企业会计准则》对经济业务的具体会计处理做出规定，用以指导和规范企业的会计核算，保证会计信息的质量。《企业会计准则》按其所起的作用分为基本准则、具体准则、应用指南和准则解释。基本准则是最基本的原则，是"准则中的准则"，也是在起草具体准则时必须遵循的总体原则和基本框架，统驭所有具体准则。具体准则主要为企业处理各种具体交易和事项提供统一的标准。在基本准则和具体准则的基础上，财政部又发布了应用指南和准则解释，对会计实务中一些要点、重点和难点进行规范，属于操作层面的规定。

有些小企业经营规模较小，内部核算较为简单，有的甚至没有专职的会计人员，对于方便和规范小企业的会计核算，《小企业会计准则》具有更强的针对性。符合工业和信息化部、国家统计局、国家发展和改革委员会、财政部于2011年6月联合发布的《中小企业划型标准规定》的企业，参照执行《小企业会计准则》。

为了适应权责发生制政府综合财务报告制度改革的需要，使政府财务管理更加清晰透明，政府会计核算更加科学、合理、规范，政府会计逐渐向具体执行深化。2015年10月，财政部发布了《政府会计准则——基本准则》，自2017年1月起在各级政府部门和单位施行。此后，存货、投资、固定资产、无形资产、公共基础设施、政府储备物资、会计调整、负债、财务报表编制和列报等具体准则陆续发布。经过一系列改革操作，政府会计标准体系逐步建立并逐步得以完善。《政府会计准则》强化了政府单位资产负债的有效管理，推动政府单位形成高效的绩效管理机制，促进政府单位廉政建设。为了进一步推进政府绩效核算，加强债务管理，明晰产权，财政部修订发布了《事业单位会计准则》，自2013年1月起在各级各类事业单位施行。2017年10月，财政部发布了《政府会计制度——行政事业单位会计科目和报表》。

2. 会计工作管理制度

现行的国家统一的会计工作管理制度涉及会计基础工作、会计监督、会计档案、会计信息化等各个方面，具体包括《会计基础工作规范》《财政部门实施会计监督办法》《内部会计控制规范》《会计档案管理办法》等。

《会计基础工作规范》是财政部于1996年6月财政部19号令发布并实施的。2019年3月财政部第98号令修订。该制度对国家机关、社会团体、企业、事业单位、个体工商户和其他组织的会计基础工作做出了具体规定。主要包括总则、会计机构和会计人员、会计核算、会计监督、内部会计管理制度、附则等内容。《会计基础工作规范》全面统一了会计工作基本流程、方法和操作规范，对于建立规范的会计秩序，提高会计工作水平，起到了重要作用。

《财政部门实施会计监督办法》是财政部于2001年2月发布的。该办法适用于国务院财政部门及其派出机构和县级以上地方各级人民政府财政部门，对国家机关、社会团体、公司、企业、事业单位和其他组织的会计行为实施监督检查，以及对违法会计行为实施行政处罚。主要内容包括总则，会计监督检查的内容、形式和程序，处理、处罚的种类和适用，行政处罚程序，附则等内容。

《内部会计控制规范》是财政部于2001年6月发布并实施的一项会计制度，包括基本规范和具体规范两个层次。基本规范包括总则、内部会计控制的目标和原则、内部会计控制的内容、内部会计控制的方法、内部会计控制的检查等内容。适用于国家机关、社会团体、公司、企业、事业单位和其他经济组织。《内部会计控制规范》对于促进各单位的内部会计控制建设，加强内部会计监督，维护社会主义市场经济秩序具有现实指导意义。

《会计档案管理办法》最初是财政部、国家档案局于1984年6月发布的，对加强单位会计档案管理起到了积极的作用。该办法主要对会计档案的内容与种类，会计档案管理的基本要求，会计档案的归档、保管、销毁、交接等做了明确规定。为了适应经济发展与会计改革的要求，1998年8月，财政部、国家档案局依据《中华人民共和国会计法》和《中华人民共和国档案法》的有关规定，对《会计档案管理办法》进行了修订，并联合发布，自1999年1月1日起执行。2015年12月，财政部、国家档案局再次修订了《会计档案管理办法》，于2016年1月1日起施行，进一步明确了会计档案归档的范围，保管期限，增加了对电子会计档案的相关规定。

3. 会计机构与会计人员管理制度

现行的国家统一的会计机构与会计人员管理制度包括：《会计专业职务试行条例》《会计专业技术资格考试暂行规定》《会计专业技术人员继续教育规定》等。

《会计专业职务试行条例》于1986年4月发布并实施。该条例规定了会计专业职务的名称，分别为：高级会计师、会计师、助理会计师、会计员；会计专业职务的任职条件、基本职责；会计专业职务的设置和聘任的基本条件、程序等。

《会计专业技术资格考试暂行规定》及其实施办法是财政部、人事部于2000年发布实施的。该规定适用于国家机关、社会团体、企业、事业单位和其他组织持有会计专业技术资格证书的人员。

《会计专业技术人员继续教育规定》是为规范会计专业技术人员继续教育，保障会计专业技术人员合法权益，不断提高会计专业技术人员素质而制定的继续教育规范。这一规范主要包括会计人员继续教育的目的、任务、对象、内容、形式、组织、实施、检查、考核等内容。财政部最初于1998年7月印发了《会计人员继续教育暂行规定》。2013年8月经过修订完善，印发了《会计人员继续教育规定》。2018年5月，为了适应社会经济的发展和会计行业发展的要求，以能力建设为核心，突出针对性、实用性、兼顾系统性、前瞻性，财政部再次修订发布《会计专业技术人员继续教育规定》，并于2018年7月正式施行。

10.3 会计职业道德

会计职业道德是会计人员的职业准则规范，作为会计规范的一种，它与会计法规有着明显的区别。会计职业道德主要依靠会计人员的自律来维持，需要内化为会计人员的信念与品质，才能在规范会计行为，保证会计信息质量中发挥积极作用。

10.3.1 会计职业道德的概念

会计职业道德

道德是人们在生活中各方面行为的准则和规范。道德是社会意识形态之一，属于上层建筑的范畴。除法律规范外，道德是适用最广泛的一种行为规范。但是，道德对人们行为的约束主要依靠自律。教育和舆论的力量可以使人们普遍形成符合道德的思想观念，并自觉、自愿地以这种观念来指导自己的言行。同时，这种思想观念也成为人们判断他人言行是否规范的标准与依据。当然，道德与法律规范的边界并非不可逾越，随着社会的不断发展进步，受外界客观环境的影响，某些原来通过道德来规范的行为，可能会成为法律规范调整的内容。道德与法律规范的一个很显著的差别在于是否具有强制性。法律规范是依靠国家机关的强制力来执行的，而道德主要是通过人们对行为规范的普遍认同和接受，依靠自律来实现的。

职业道德在社会分工的基础上产生。由于社会分工的不断细化，产生了许许多多不同的职业。从事某一职业的人们，在其职业生活中，逐渐形成了具有明显职业特征的道德规范，这就是职业道德。具体而言，职业道德包括职业品德、职业纪律、专业胜任能力以及职业责任等内容。职业道德实质上是一般社会道德在职业行为和职业关系中的具体表现。许多行业通过制定公约、守则等对职业生活的某些方面进行规范。职业道德既是本行业人员在职业活动中的行为规范，也是一定行业对社会所担负的道德责任和义务。

会计职业道德是指在会计职业活动中应遵循的、体现会计职业特征的、调整会计职业关系的职业行为准则和规范。会计职业道德在会计工作中具有重要的作用，是其他会计规范所不能完全取代的，它与其他职业道德一样，基本要求是忠于职守。所有从事会计工作的人员，都应当遵守会计职业道德，严格履行工作职责，完成工作任务，并不断提高工作效率和工作质量。尽管会计职业道德与其他职业道德一样，主要是依靠行业自律来维持，但是，在我国的会计法律规范中，也吸收了许多会计职业道德的内容。例如《会计法》明确规定：会计人员应当遵守职业道德，提高业务素质。《会计基础工作规范》不仅明确了会计人员职业道德的基本内容，还规定：财政部门、业务主管部门和各单位应当定期检查会计人员遵守职业道德的情况，并作为会计人员晋升、晋级、聘任专业职务、表彰奖励的重要考核依据。因此，会计职业道德也具有一定程度上的强制性。

会计职业道德在会计工作中具有不可替代的作用，同时，会计职业道德也是会计法律规范的重要补充，对于实现会计目标，规范会计行为，保证会计工作质量，都具有非常重要的现实意义。

10.3.2 会计职业道德的基本内容

会计职业道德的基本内容是有关会计人员职业道德方面的具体要求。财政部会计司前司长魏克发在20世纪80年代曾提出"顾大局、讲效益、求实际、遵法纪、身廉正"作为会计职业道德的内容。朱镕基也曾为上海国家会计学院题字"不做假账"，并指出"不做假账"是会计人员最基本的职业道德。此后在视察北京国家会计学院时，他进一步指出"诚信为本，操守为重，遵循准则，不做假账"是会计人员应该遵守的职业道德。财政部发布的《会计基础工作规范》也对会计职业道德做出了具体的规定。不同的经济环境对会计职业道德的要求侧重点有所不同。根据我国会计工作与会计人员的具体情况，可以将会计职业道德归纳为以下几个方面：

1. 爱岗敬业

岗是指岗位。根据会计业务的需要，各单位一般会设置若干会计工作岗位，如：会计机构负责人或者会计主管人员、出纳、财产物资核算、工资核算、成本费用核算、财务成果核算、资金核算、往来结算、总账报表、稽核、档案管理等。爱岗就是指会计人员热爱本职工作，安心本职岗位，并为做好本职工作尽心尽力，尽职尽责。爱岗要求会计人员对自己的本职工作有热情和强烈的责任感。而这种热情和责任感就会成为做好工作不可或缺的动力源泉。正所谓干一行爱一行，只有热爱会计工作，才能使会计人员长期保持最佳的精神状态，遇到挫折不灰心，遇到困难不气馁，才能感受到工作的乐趣，真正干好会计工作。只有树立对本职工作应有的荣誉感和责任感，才能对自己处理的每一件事情都做到有始有终，不敷衍了事，不绕开矛盾，而是竭尽所能，高标准、高质量地完成每一项任务，全心全意地做好本职工作。

敬业是指会计人员对其所从事的会计职业或行业有着正确认识和恭敬态度，并用这种严肃恭敬的态度认真对待本职工作，全身心投入本职工作之中。会计人员对会计工作的认识无疑会影响会计人员的行为。如果会计人员充分认识到会计工作的重要意义，认识到会计工作在整个国民经济中所处的地位，就会以从事会计工作为荣，就会敬重会计工作，愿意将自己的聪明才智奉献给会计事业。工作刻苦耐劳，兢兢业业，才会干出一番成绩。如果不敬重、不珍惜本职工作，认为工作仅仅是谋生的手段，工作不积极、不主动，效率低下，工作质量不高，甚至提供虚假的会计信息，就发挥不了会计应有的作用。

爱岗和敬业这两项职业道德规范相互支持，相辅相成。爱岗是敬业的基础，敬业是爱岗的升华。只有对会计工作有满腔的热情，有事业心和责任感，才能做到任劳任怨，勤勤恳恳。爱岗敬业是从事任何职业都应当遵守的职业道德，也是会计职业道德的基础。

2. 诚实守信

诚实是指言行一致，不弄虚作假、不欺上瞒下，做老实人、说老实话、办老实事。守信就是遵守自己所做出的承诺，讲信用，重信用，信守诺言。诚信是现代民法四大原则之一，是个人与社会、个人与个人之间相互关系的基础性道德规范，也是市场经济领域中一项基础性的行为规范。人而无信，不知其可也。会计人员要诚实守信，就是要求会计人员在会计工作中要实事求是，不弄虚作假；在职业生活中要讲求信用，信守承诺。

在处理会计业务时，会计人员要恪守独立、客观、公正的原则，不为他人所左右，也不能为了个人或小集团的利益而弄虚作假。应当严格按照会计法律、法规的有关规定，如实反映财务活动情况。会计人员要做到言行一致，表里如一，不做表面文章，不阳奉阴违。要培养严谨务实的工作作风，如实反映单位的财务状况和经营成果，在会计工作中的每一个环节都要做到内容真实、数字准确、手续完备。当然，在会计工作中，针对同一项经济业务，可能会有不同的处理方法，这就需要会计人员做出职业判断，来选择合适的会计处理方法。这时，会计人员也应尽可能地保证所做判断的真实可靠。诚实守信不仅是对单位内部会计人员的要求，也是注册会计师执业中的红线。注册会计师要珍惜、爱护自己的职业信誉，在接受委托后，执行业务要独立、公正，出具的有关报告要真实、客观，真正维护社会公共利益和投资者的合法权益。会计诚信关系到方方面面的利益，一旦会计诚信缺失，提供虚假会计信息，就会误导投资者的投资决策，直接影响投资者的切身利益，进而势必会影响市场经济的健康发展。

3. 廉洁自律

廉洁，就是不损公肥私，不贪污。自律，就是自己约束、控制自己的言行和思想，也就是自觉抵制不良欲望。会计工作有一个很显著的特点就是常常与金钱打交道。在工作环境中，会计人员往往会受到各种各样的诱惑。如果意志力薄弱，道德观念不强，就会私欲膨胀，严重的甚至会堕入违法犯罪的深渊，一失足成千古恨。会计人员要做到廉洁自律，特别是在各种不良风气面前，要行得正，站得稳，不为金钱所迷惑，不滥用职权，不假公济私，不贪污受贿；必须为自己树立一道坚固的思想防线，不断加强自身的思想道德修养，防微杜渐，自觉抵制诱惑的侵蚀。会计人员不仅要严格遵守会计法律、法规，努力强化正确的价值观，不断增强廉洁自律的自觉性，牢固树立正确的世界观、人生观、价值观和正确的权力观、地位观、利益观；要正确认识人生的意义和目标，从精神上丰富自我，使自己不被物质欲望所主宰。会计人员对自己要高标准、严要求，要通过自我反省、自我教育、自我约束、自我控制、自我修养、自我监督、自我改造、自我调整、自我提高，来从灵魂深处自重、自省、自警、自励；要经常反思自己的行为是否忠实地执行会计法律、法规。此外，会计人员还要善于从那些违法违纪的反面典型中吸取教训，自觉增强抵抗各种诱惑的免疫力。要做到见了好处不伸手，见了利益不忘义，不滥用职权谋取私利；时时处处严格要求自己，从小事做起，不以善小而不为，不以恶小而为之。

4. 客观公正

客观就是按照事物的本来面目去考察事物，不加个人偏见。会计核算要以客观事实为依据，真实地记录和反映实际经济业务事项，数字要准确、记录要可靠、凭证要合法。在会计核算的各个阶段，包括会计确认、计量、记录和报告，都必须符合客观公正的要求，以实际发生的经济活动及表明经济业务发生的合法凭证为依据。这是对会计工作的基本要求，也是会计人员的基本义务。公正就是公平正直，没有偏失。公正不仅要求国家制定的会计法律制度要公正，而且执行会计法规制度的人，即会计人员也应公正地开展会计核算和会计监督工作。在会计工作中，会计人员应当做到公平正直，不偏不倚地对待有关利益各方。注册会计师在执业中，也应以超然的态度，独立地做出判断，出具真实、客观、公正的报告。

客观是公正的基础，公正是客观的反映。客观公正不仅是会计人员的一种工作态度，也是会计人员追求的一种境界。如果没有客观公正的工作态度，就很可能会提供虚假信息甚至串通作弊。当然，由于会计工作具有一定的灵活性，有时需要会计人员从若干种核算方法中做出选择。如果会计人员为了某一部分人的利益，或出于某种特定的目的而有意识地采用某种核算方法，就违背了客观的要求。这样做的结果，将会使会计信息丧失中立性，对其他相关人员有失公平，而且损害了会计信息的可靠性。当然，核算方法有时也是可以变更的，前提是这种变更有助于提高会计信息的准确性。会计人员必须对这种变更及其影响予以揭示，否则就会丧失应有的客观性，必然也难以实现公正。

5. 坚持准则

没有规矩，不成方圆。坚持准则就是要求会计人员在处理日常业务的过程中，要严格按照会计法律制度办事。这里所说的准则是个广义的概念，包括会计法律、法规、规章等约束会计行为的法律规范。

会计人员要根据国家和政府制定的法律、法规和规章处理会计事务，从事会计工作。而做到这些，前提就是必须要熟悉国家、地方以及本单位制定的各种规章制度。如《会计法》《企业会计制度》《会计基础工作规范》等。随着改革的不断深化，新的会计法规不断得以颁布和实施。会计人员必须紧跟形势的发展，不断学习各项法规的新内容。只有熟知相关法规，才能严格遵守这些规定，才能在工作中运用自如。在熟悉法规的基础上，还要坚持准则，处理好国家利益、单位利益与个人利益的关系。在实际工作中，国家利益、单位利益、个人利益有时会产生矛盾。这时，会计人员必须按照有关规定来合理协调三者之间的关系，既不能因为个人利益而损害单位利益，也不能为了单位利益而损害国家利益。在现实环境下，会计人员要坚持准则，有可能会受到来自企业内外各方面的压力。会计人员要学会自我保护，运用法律维护自身的合法权益。《会计法》明确规定：任何单位或者个人不得以任何方式授意、指使、强令会计机构、会计人员伪造、变造会计凭证、会计账簿和其他会计资料，提供虚假财务会计报告。单位负责人对依法履行职责、抵制违反《会计法》规定行为的会计人员以降级、撤职、调离工作岗位、解聘或者开除等方式实行打击报复，构成犯罪的,依法追究刑事责任;尚不构成犯罪的,由其所在单位或者有关单位依法给予行政处分。对受打击报复的会计人员,应当恢复其名誉和原有职务、级别。这些条款对于保护会计人员的合法权益都起到了一定的作用。

6. 提高技能

提高技能就是要求会计人员提高职业技能和专业胜任能力,以适应工作的需要。职业技能是指人们进行职业活动,承担职业责任的能力和手段。会计是一门不断变化、专业性很强的学科,它与经济的发展有着密切的联系。随着我国经济的不断发展,会计改革不断深入,会计专业性和技术性日趋复杂,对会计人员所应具备的职业技能要求也随之提高。有关会计规章也对此做出了明确规定。如《会计人员继续教育规定》要求,国家机关、企业、事业单位及社会团体等组织具有会计专业技术资格的人员,或不具有会计专业技术资格但从事会计工作的人员,都应按规定参加继续教育。会计人员继续教育的目的是为了提高会计人员的政治素质、业务能力和职业道德水平。

会计人员不仅必须具有不断提高会计专业技能的意识和愿望,还要刻苦钻研,具有勤学苦练的精神和科学的学习方法。会计人员只有具备了较强的竞争意识和风险意识,自觉树立终身教育的观念,具有不断提高专业技能的欲望和要求,才会积极主动地去学习,想方设法提高自己的专业技能。只有刻苦钻研,勤学苦练,才能真正学有所成,不断充实自己的会计理论基础知识,提高会计实务的操作能力,提高自己的专业技能。学习的方式很多,如参加本单位的岗位培训、业务学习;到会计院校接受会计专业学历教育;自学;等等。会计人员要主动学习会计专业知识、时代发展的相关知识以及与会计相关的经济理论和法律知识,不断充实、更新自己的知识储备,不断丰富自己的职业经验,提高自己的职业判断能力。

7. 保守秘密

保守秘密是指会计人员在会计工作中对直接或间接获悉的商业秘密进行保密,不得传播或使他人知晓。《中华人民共和国反不正当竞争法》规定:商业秘密是指不为公众所知悉、具有商业价值并经权利人采取保密措施的技术信息、经营信息等商业信息。

会计工作是一项综合性很强的工作,涉及一个单位运行的各个环节,这就导致会计人员有机会了解本单位或其他单位的财务状况和运行情况,有可能了解或者掌握重要商业秘密。这些秘密一旦泄露,可能会给相关单位的经济利益造成重大损害,甚至造成管理上的混乱。会计法律、法规也要求会计人员必须保守商业秘密。《注册会计师法》明确规定:注册会计师对在执行业务中知悉的商业秘密,负有保密义务。

单位内部会计人员也必须严格保守本单位的商业秘密。泄露商业秘密不仅会违反有关规定,而且也是一种很不道德的行为。因此,会计人员对于自己知悉的单位内部商业秘密,不管在何时何地,都要做到守口如瓶,不能对外泄露。不能违规向外界散布有关财务管理方面的信息,不能为了一己私利而泄露单位内部商业秘密,要在任何情况下都严格遵守保密纪律。会计人员不仅要在主观上树立保密观念,在客观上也要采取有效的保密措施,保障商业秘密不被他人知悉。例如,不要在私人交往中涉及单位商业秘密,不要在公共场所谈论单位商业秘密,对于有关单位商业秘密的会计核算资料、文件等,要妥善保管,做好防盗措施。

而且，保守商业秘密也要求会计人员不得以不道德的手段去获取其他单位的商业秘密，这也是市场经济条件下公正竞争的内在要求。如果以不道德甚至非法的手段获取其他单位的商业秘密，即使是为了本单位的利益，也只会导致不正当竞争，不利于市场经济的良性循环。

10.3.3 会计职业道德与经济发展

会计是一个以提供财务信息为主的经济信息系统，可以反映各个行政事业单位、企业单位的资产、负债情况。通过会计所提供的财务报告还可以反映出各个地区、各个部门乃至整个国家经济发展状况和各级财政预算的执行情况，为国民经济管理和宏观调控提供真实可靠的信息材料，使得经济管理和决策建立在科学、可靠的基础之上，进而有效地促进社会经济资源的合理配置，提高资源的使用效率，使国民经济快速、健康、平稳发展。随着我国改革开放的不断深入，市场经济体制的逐步完善，经济全球化进程的日益加快，会计在整个经济管理工作中的基础地位和重要作用日益显现。

当前，在会计实践中，还存在着许多不容忽视的问题。解决这些问题，规范会计行为，维护社会主义市场经济秩序，会涉及外部经济环境、内部管理制度等方方面面，提高会计人员的职业道德水平无疑是一条行之有效的解决途径。会计工作都是通过会计人员完成的，所有的规章制度都需要会计人员来执行，外部大环境对会计的影响也要通过会计人员来实现。会计人员的道德信念、道德品质对于会计信息质量具有重要的影响。我们要坚持不懈地加强会计职业道德建设，不断提高会计人员的职业道德水平，尽最大可能保证会计信息客观、真实，使会计系统稳定运行，促进经济健康、协调发展。

【思考题】

1. 简述我国会计法规体系的构成。
2. 简述会计核算制度的分类及其作用。
3. 简述会计基础工作规范的主要内容。
4. 简述对会计职业道德的认识和看法。

第 11 章 会计工作组织

【学习目标】

1. 理解会计机构设置、会计人员配备、会计人员职责权限的基本内容。
2. 熟悉会计工作交接的基本内容和程序。
3. 掌握会计档案保管的要求。

会计是通过会计工作对各个单位日常活动来实施管理的,而这种管理职能的发挥离不开会计工作组织的存在及其正常运行。因此,我们必须学习企业会计工作组织的有关内容,明确会计工作组织的含义,熟悉会计机构的设置和会计人员配备的基本要求,探索与会计工作组织相关的一些问题,诸如会计工作组织形式、会计工作交接和会计档案管理等,进而理解和掌握在一个会计工作组织中把各种会计核算方法付诸实践需要的条件,以便在实践中合理安排会计的组织和管理工作。

11.1 会计工作组织概述

会计工作是企业和单位财务管理的重要组成部分,具有基础性、综合性、政策性等特点。为了维护会计工作的秩序,确保会计信息的质量,必须遵守会计法律、法规和相关规范,按其要求对会计工作进行统筹和安排。

11.1.1 会计工作组织的概念

会计工作是指运用一整套会计专门方法对会计事项进行处理的活动。会计工作是一项基础性的工作,它所涵盖的内容非常广泛,是对会计核算和监督起管理服务作用的一系列基础性工作的统称;会计工作也是一项综合性的管理工作,各单位所发生的各项经济业务,都要通过会计专门的方法和手段加以反映和监督,因而会计工作与其他经营管理工作有着密切的联系;会计工作也是一项政策性很强的工作,必须按照有关的财经政策、法规、制度的要求办理业务。因此,要做好会计工作,就必须建立专门的会计机构,配备专职的办事人员,并按照规定的会计制度开展日常工作。

会计工作组织是为了适应会计工作的基础性、综合性和政策性而建立的,一般包括设置会计机构、配备会计人员并按照规定的会计制度进行工作。

11.1.2 会计工作组织的内容

由于会计工作具有较强的基础性、综合性和政策性，要为单位的经济管理活动的全局进行统筹谋划，因此会计工作组织的内容也较为全面。

会计工作组织的内容主要包括以下几点：

（1）会计机构的设置。
（2）会计人员的配备。
（3）会计人员职责权限的划分。
（4）会计工作的规范。
（5）会计法规制度的制定。
（6）会计档案的保管。
（7）会计工作的信息化等。

其中，会计工作的规范、会计法规制度的制定等内容在上一章已经进行了介绍，本章不再重复介绍。

11.1.3 会计工作组织的原则

会计工作是一项系统性的工作，在系统性的工作中必然存在着系统的组织和管理。只有对系统的各个组成部分进行科学、有效的组织和管理，使系统中的各个部分互相协调、合理有序，才能保证系统的正常运行。在科学、有效地组织和管理会计工作的过程中，必须遵循以下几项原则：

（1）统一性。会计工作具有很强的政策性，需要在工作的进行过程中保证法律、法规、制度的权威性。统一性原则，就是指各单位必须在党和国家的统一领导下组织会计工作，按照《会计法》和《企业会计准则》以及其他相关会计法规和制度的有关规定处理单位的各项经济业务，以便为国家制定政策、进行宏观调控提供符合要求的会计资料。

（2）适应性。不管是企业、行政事业单位或者其他组织，在开展经济活动时都具有自身特点（例如承担的社会责任、规模大小、行业分类、业务范围等），因而其会计工作的内容也会存在差异。适应性原则，是指组织会计工作必须从实际出发，适应本单位经营管理的特点，选取、制定适用于本单位的会计制度，对会计机构、会计人员配备、职责划分等做出切合实际的安排。

（3）效益性。会计工作是一项综合而复杂的工作，为了顺利开展单位的会计工作，需要在组织会计工作时综合考量会计工作质量和效益的关系，对会计工作流程、人员配备、岗位设置、会计工作方法、手段等方面进行优化设计。要在保证会计职能发挥，实现会计工作的目标的同时讲求效益，以最少的人力和物力、最优的方法和手段取得最大的工作效果。

11.2 会计机构

会计机构，是指各企业、行政事业单位内部直接从事和组织领导会计工作的职能部门。建立健全各单位的会计机构是加强会计工作、保证会计工作顺利进行、充分发挥会计管理职能的重要条件。《会计法》规定，各单位应当根据会计业务的需要，设置会计机构，或者在有关机构中设置会计人员并指定会计主管人员；不具备设置条件的，可以委托经批准设立从事会计代理记账业务的中介机构代理记账。

11.2.1 会计机构设置的必要性和基本原则

会计机构的设置要符合国家管理的规定，适应本单位会计工作的实际需要，最大限度地发挥会计机构及人员在经济活动管理中的作用。

1. 会计机构设置的必要性

（1）贯彻法律法规的需要。各单位应当按照《会计法》的相关规定设置会计机构，科学、合理地组织开展会计工作，保证本单位正常的经济核算。

（2）执行会计制度和完成会计任务的需要。设置会计机构，配备会计人员，可以明确会计工作范围、内容、职责，完善会计核算体系，强化会计核算、会计监督，发挥会计在经营管理中的作用，从组织上确保会计制度的贯彻落实和会计任务的完成。

2. 会计机构设置的基本原则

各单位会计机构的设置因单位规模的大小、业务的繁简、经营管理要求不同而有所不同。为了充分发挥会计职能作用，各单位的会计机构应按照自身业务需要进行设置。

《会计基础工作规范》第六条规定：各单位应当根据会计业务的需要设置会计机构；不具备单独设置会计机构条件的，应当在有关机构中配备专职会计人员。事业行政单位会计机构的设置和会计人员的配备，应当符合国家统一事业行政单位会计制度的规定。设置会计机构，应当配备会计机构负责人；在有关机构中配备专职会计人员，应当在专职会计人员中指定会计主管人员。会计机构负责人、会计主管人员的任免，应当符合《会计法》和有关法律的规定。上述规定说明会计机构设置可以兼具政策性以及灵活性的原则。需要说明的是，《会计法》和《会计基础工作规范》明确指出了各单位（企业、行政、事业单位）可以根据自身规模、业务类型、经营管理的实际需要来进行会计机构设置，但这是有条件的，就是会计机构的设置和人员配备要按照法律法规的要求，同时也要能够满足单位经济活动的需要。

11.2.2 会计机构的设置

《会计法》第七条规定："国务院财政部门主管全国的会计工作。县级以上地方各级人民政府的财政部门管理本行政区域内的会计工作"。据此，国务院财政部专门设置了会计司，依法管理全国的会计工作；财政部会计司的主要职能是：①管理全国会计工作；

②研究提出会计改革和发展的政策建议；③草拟会计法律法规和国家统一会计制度，并组织贯彻实施；④加强会计国际交流，推动会计国际趋同和等效；⑤制定和组织实施内部控制规范及相关实施办法；⑥负责全国会计专业技术职称考评工作；⑦开展全国高级会计领军（后备）人才培养工作，指导会计人员继续教育；⑧制定注册会计师行业发展规划和政策措施，办理相关行业许可事项的审批、注册备案和管理工作；⑨指导会计理论研究等。

地方各级财政部门、企业主管部门一般设置相应的会计局、处等，依法管理本辖区范围内所属企业的会计工作。这些会计机构主要负责：①根据国家的统一会计法规、制度的要求，制定本地区、本系统适用的会计法规、制度的实施细则；②组织、指导和监督所管辖企业的会计工作；③审核、分析、批复和汇总所管辖企业上报的财务报告，同时汇总编制本系统的汇总会计报表；④检查和指导所管辖企业的会计工作；⑤负责本地区、本系统会计人员业务培训，以及会同有关部门评聘会计人员技术职称等。基层企事业单位的主管部门的会计业务受同级财务部门的指导和监督。

企业会计机构的设置，必须符合社会经济环境对会计工作所提出的各项要求，并与国家的会计管理体制相适应。

有条件设置会计机构的单位，应根据会计业务需要设置会计处、科、股等会计机构。规模太小或业务量过少的单位可以不单独设置会计机构，但要配备专职会计工作人员或指定专人负责会计工作。

代理记账是指将本单位的会计核算、记账、报账、报税等一系列的工作全部委托给专业记账公司完成，本单位只设立出纳人员，负责日常货币收支业务和财产保管业务。不具备设置会计机构条件的单位，可以委托提供代理记账业务的机构完成其会计工作。根据《个体工商户建账管理暂行办法》第十二条的规定，个体工商户可以聘请经批准从事会计代理记账业务的专业机构或者具备资质的财会人员代为建账和办理业务。

根据财政部发布的《代理记账管理办法》，申请代理记账资格的机构应同时具备以下条件：①为依法设立的企业；②专职从业人员不少于三名；③主管代理记账业务的负责人必须具有会计师以上专业技术职务资格或从事会计工作不少于三年，且为专职从业人员；④有健全的代理记账业务内部规范。除会计师事务所以外的机构从事代理记账业务应当经县级以上地方人民政府财政部门批准，领取由财政部统一规定样式的代理记账许可证书。具体审批机关由省、自治区、直辖市、计划单列市人民政府财务部门确定。

11.3 会计人员

会计工作是一项专业性的工作，因此各单位要依据国家的法律法规的规定，选配具有会计能力素质的专业人员。会计人员通常是指在国家机关、社会团体、企业、行政事业单位和其他组织中从事财务会计工作的人员，包括会计机构负责人（或会计主管人员）以及具体从事会计工作的会计师、会计员和出纳员等。

11.3.1 会计人员配备的要求

《会计法》第三十八条规定:"会计人员应当具备从事会计工作所需要的专业能力。担任单位会计机构负责人(会计主管人员)的,应当具备会计师以上专业技术职务资格或者从事会计工作三年以上经历。"

《会计基础工作规范》第六条规定:"事业行政单位会计机构的设置和会计人员的配备,应当符合国家统一事业行政会计制度的规定。设置会计机构应当配备会计机构负责人;在有关机构中配备专职会计人员,应当在专职会计人员中指定会计主管人员。会计机构负责人、会计主管人员的任免,应当符合《会计法》和有关法律的规定。"

《会计基础工作规范》第十四条规定:"会计人员应当具备必要的专业知识和专业技能,熟悉国家有关法律、法规、规章和国家统一会计制度,遵守职业道德。"

会计人员的配备必须严格遵守以上法律法规的相关要求,确保所配备的会计人员具备必要的专业技能和任职资格。同时在配备会计人员时,还应注意以下几个方面的问题:

(1) 会计人员要遵守岗位分离制度。也就是说,会计工作岗位,可以一人一岗、一人多岗或者一岗多人,但出纳人员不得兼管稽核、会计档案保管和收入、费用、债权债务账目的登记工作。

(2) 会计人员要遵守岗位轮换制度。会计人员的工作岗位应当有计划地进行轮换。会计人员的岗位轮换,不仅是会计工作本身的需要,也是落实单位内部控制制度的需要。

(3) 国家机关、国有企业、事业单位任用会计人员应当实行回避制度。回避制度是指单位领导人的直系亲属不得担任本单位的会计机构负责人、会计主管人员;会计机构负责人、会计主管人员的直系亲属不得在本单位会计机构中担任出纳工作。这里所指的需要回避的直系亲属主要包括夫妻关系、直系血亲关系、三代以内旁系血亲以及配偶亲关系。

11.3.2 会计人员的主要职责

会计人员的职责是会计人员为完成会计任务所承担的工作和应负有的责任。根据《会计法》和相关条例的规定,会计人员的主要职责包括以下几项内容:

(1) 按照国家财政制度的规定,认真编制并严格执行财务计划、预算,遵守各项收入确认制度、费用开支范围和标准,分清资金渠道,合理使用资金,保证完成财政上缴任务。

(2) 按照国家会计制度的规定,进行记账、算账、报账工作,做到连续完备、内容真实、数字准确、账目真实、日清月结,按期披露财务会计报告。

(3) 按照银行规定的制度,合理使用贷款,加强现金管理,做好结算工作。

(4) 按照经济核算制的原则,定期检查和分析财务计划、预算的执行情况,挖掘增收节支的潜力,考核资金使用效益,揭露经营管理中的问题,及时向管理层提出建议。

(5) 按照国家会计制度的规定,妥善保管会计凭证、账簿、报表等档案资料,调动工作或离职时,要将保管的会计凭证、账目、款项和未了事宜移交清楚。

（6）上级机关、财政、税务、银行等部门来本单位检查工作时，要负责提供有关资料，如实反映情况。

11.3.3 会计人员的主要权限

为了保障会计人员更好地履行其职责，《会计法》及其他相关法规在明确了会计人员职责的同时，也赋予了会计人员相应的权限。会计人员具体有以下三个方面的权限：

（1）会计人员有权要求本单位有关部门和人员认真执行国家批准的计划和预算，遵守国家财经纪律和财务会计制度，对于违反相关规定的业务，有权拒绝付款、报销和执行，并及时向本单位负责人或上级有关部门报告。

（2）会计人员有权参与本单位的定额制定、经济合同的签订，有权参加有关的生产、经营管理和业务会议，并以会计人员特有的专业地位就有关事项提出自己的建议和意见。

（3）会计人员有权监督、检查本单位内部各部门的财务收支、资金使用和财产保管、收发、计量、检验等情况。

11.4 会计工作交接与会计档案管理

会计工作交接与会计档案管理是会计工作的重要内容，会计人员应认真做好这两项工作，以保证会计档案的完整和会计工作的连续进行。

11.4.1 会计工作交接

《会计法》第四十一条规定："会计人员调动工作或者离职，必须与接管人员办清交接手续"。会计交接是指会计人员在调动工作或因故离职以及单位撤并时，由离开岗位的会计人员将有关会计资料移交给继任或接管会计人员的过程。

为了保证单位会计工作的连续性，划分移交人员和接替人员的责任，防止因会计人员的更换而出现会计核算混乱的现象，会计工作交接是十分有必要的。

根据《会计基础工作规范》的规定，会计人员临时离职或因病不能工作且需要接替或代理的，会计机构负责人、会计主管人员或单位领导人必须指定有关人员接替或者代理，并办理会计工作交接手续；移交人员因病或其他特殊原因不能亲自办理移交手续的，经单位领导人批准，可由移交人员委托他人代办移交，但委托人应当对所移交的会计凭证、会计账簿、会计报表和其他有关资料的合法性、真实性承担法律责任；临时离职或因病不能工作的会计人员恢复工作时，应当与接替或代理人员办理交接手续。

会计人员工作调动或因故离职，必须与接替人员办理交接手续，并将本人所经管的会计工作在规定期限内移交清楚。接替人员应认真接管移交的工作，并继续办理移交的未了事项。接替人员应继续使用移交的账簿，不得自行另立新账，以保持会计记录的连续性。

交接工作完成后，移交人员所移交的会计凭证、会计账簿、财务会计报告和其他会计资料是在其经办会计工作期间内发生的，应当对这些会计资料的真实性、完整性负责，即便接替人员在交接时因疏忽没有发现所接管会计资料在真实性、完整性方面的问题，如事后发现仍应由原移交人员负责，原移交人员不应以会计资料已移交为由推脱责任。

确定了移交人员和接替人员后，应遵循下列程序进行会计工作交接：

1. 移交前的准备工作

（1）对已经受理的经济业务尚未填制会计凭证的，应全部填制完毕。

（2）尚未登记的账目，应登记完毕，结出余额，并在最后一笔余额后加盖经办人员印章。

（3）整理应移交的各项资料，对未了事项和遗留问题写出书面说明材料。

（4）编制移交清册，列明应当移交的会计凭证、会计账簿、会计报表、印章、现金、有价证券、支票簿、发票、文件、其他会计资料和物品等内容；实行会计电算化的单位，从事该项工作的移交人员应在移交清册上列明会计软件及密码、会计软件数据磁盘及有关资料、实物等内容。

（5）会计机构负责人、会计主管人员移交时，还必须将全部财务会计工作、重大财务收支和会计人员的情况等向接替人员详细介绍。

2. 移交点收工作

（1）现金要根据会计账簿记录余额进行当面点交，不得短缺，接替人员发现不一致或"白条抵库"现象时，移交人员应在规定期限内负责查清并处理。

（2）有价证券的数量要与会计账簿记录一致，有价证券面额与发行价不一致时，应按照会计账簿余额交接。

（3）会计凭证、账簿、报表和其他会计资料必须完整无缺，不得遗漏；如果有短缺，要查明原因，并在移交清册中注明由移交人负责。

（4）银行存款账户余额要与银行对账单核对相符，如有未达账项，应编制银行存款余额调节表调节相符；各种财产和债权、债务的明细账余额，要与总账有关账户的余额核对相符；必要时，可抽查个别账户余额，与实物核对相符或与往来单位、个人核对清楚。

（5）公章、收据、空白支票、发票、科目印章以及其他物品等必须交接清楚。

（6）移交人员从事会计电算化工作的，要对有关电子数据在实际操作状态下进行交接。

3. 专人监交工作

为了明确责任，会计人员办理工作交接，必须有专人负责监交。一般会计人员办理交接手续，由会计机构负责人、会计主管人员监交；会计机构负责人、会计主管人员办理交接手续，由单位领导人负责监交，必要时可由上级主管部门派人会同监交。所谓必要时由主管部门派人会同监交，是指有些交接需要主管单位监交或者主管单位认为需要参与监交的情况。

4. 交接事后工作

交接完毕后，交接双方和监交人要在移交清册上签名或者盖章，并应在移交清册上注明单位名称、交接日期、交接双方以及监交人的职务和姓名，移交清册页数，以及需要说明的问题和意见等。移交清册一般应填制一式三份，交接双方各执一份，存档一份。

11.4.2 会计档案管理

1. 会计档案的概念

《会计档案管理办法》中界定的会计档案，是指单位在进行会计核算等过程中接收或形成的，记录和反映单位经济业务事项的，具有保存价值的文字、图标等各种形式的会计资料，包括通过计算机等电子设备形成、传输和存储的电子会计档案。

会计档案是我国档案体系的重要组成部分。建立会计档案可以防止会计资料的散失，有利于会计资料的保存和查阅，对于总结、分析过去的工作，检查各种责任事故，总结经营管理经验、进行决策，研究经济活动发展规律，制定经济发展规划都具有重要的意义。各单位的会计部门对会计档案必须高度重视，严加保管。大、中型企业应建立会计档案室，小型企业应有会计档案柜并指定专人负责。对会计档案应建立严密的保管制度，妥善管理，不得丢失、损坏、抽换或任意销毁。

2. 会计档案的内容

《会计档案管理办法》的规定，企业单位的会计档案应包括以下具体内容：

（1）一般会计档案的内容。

1）会计凭证类：原始凭证、记账凭证。

2）会计账簿类：总账、明细账、日记账、固定资产卡片、辅助账簿、其他会计账簿。

3）财务报告类：月度、季度、年度财务报告。

4）其他会计资料类：银行存款余额调节表、银行对账单、纳税申报表、会计档案移交清册、会计档案保管清册、会计档案销毁清册、会计档案鉴定意见书及其他具有保存价值的会计资料。

（2）电子会计档案的内容。

同时满足下列条件的，单位内部形成的属于归档范围的电子会计资料可仅以电子形式保存，形成电子会计档案：

1）形成的电子会计资料来源真实有效，由计算机等电子设备形成和传输。

2）使用的会计核算系统能够准确、完整、有效接收和读取电子会计资料，能够输出符合国家标准归档格式的会计凭证、会计账簿、财务会计报表等会计资料，设定了经办、审核、审批等必要的审签程序。

3）使用的电子档案管理系统能够有效接收、管理、利用电子会计档案，符合电子档案的长期保管要求，并建立了电子会计档案与相关联的其他纸质会计档案的检索关系。

4）采取有效措施，防止电子会计档案被篡改。

5）建立电子会计档案备份制度，能够有效防范自然灾害、意外事故和人为破坏的影响。

6）形成的电子会计资料不属于具有永久保存价值或者其他重要保存价值的会计档案。

单位从外部接收的电子会计资料附有符合《中华人民共和国电子签名法》规定的电子签名的，可仅以电子形式归档保存，形成电子会计档案。

3. 会计档案的管理

根据《中华人民共和国会计法》和《中华人民共和国档案法》的规定，财政部、国家档案局于 2015 年修订并发布了《会计档案管理办法》，统一规定了会计档案的立卷、归档、保管、查阅和销毁等管理制度。

财政部和国家档案局主管全国会计档案工作，共同制定全国统一的会计档案工作制度，对全国会计档案工作实行监督和指导。县级以上地方人民政府财政部门和档案行政管理部门管理本行政区域内的会计档案工作，并对本行政区域内会计档案工作实行监督和指导。

各单位应当加强会计档案管理工作，建立和完善会计档案的收集、整理、保管、利用和鉴定销毁等管理制度，采取可靠的安全防护技术和措施，保证会计档案的真实、完整、可用、安全。具体会计档案管理工作主要包括以下几个方面：

（1）立卷。单位的会计机构或会计人员所属机构（以下统称单位会计管理机构）按照归档范围和归档要求，负责定期将应当归档的会计资料整理立卷，编制会计档案保管清册。

（2）保管。当年形成的会计档案，在会计年度终了后，可由单位会计管理机构临时保管一年，再移交单位档案管理机构保管。因工作需要确需推迟移交的，应当经单位档案管理机构同意。单位会计管理机构临时保管会计档案最长不超过三年。临时保管期间，会计档案的保管应当符合国家档案管理的有关规定，且出纳人员不得兼管会计档案。

会计档案的保管期限分为永久和定期两类。定期保管期限一般分为 10 年和 30 年。会计档案的保管期限，从会计年度终了后的第一天算起。《会计档案管理办法》规定的会计档案保管期限为最低保管期限。企业和其他组织，财政总预算、行政单位、事业单位和税收会计档案保管期限表分别见表 11-1 和表 11-2。

表 11-1　企业和其他组织会计档案保管期限表

序号	档案名称	保管期限	备注
一	会计凭证		
1	原始凭证	30 年	
2	记账凭证	30 年	
二	会计账簿		
3	总账	30 年	
4	明细账	30 年	
5	日记账	30 年	
6	固定资产卡片		固定资产报废清理后保管 5 年
7	其他辅助性账簿	30 年	
三	财务会计报告		
8	月度、季度、半年度财务会计报告	10 年	
9	年度财务会计报告	永久	
四	其他会计资料		
10	银行存款余额调节表	10 年	

（续）

序号	档案名称	保管期限	备注
11	银行对账单	10年	
12	纳税申报表	10年	
13	会计档案移交清册	30年	
14	会计档案保管清册	永久	
15	会计档案销毁清册	永久	
16	会计档案鉴定意见书	永久	

表 11-2　财政总预算、行政单位、事业单位和税收会计档案保管期限表

| 序号 | 档案名称 | 保管期限 | | | 备注 |
		财政总预算	行政单位事业单位	税收会计	
一	会计凭证				
1	国家金库编送的各种报表及缴库退库凭证	10年		10年	
2	各收入机关编送的报表	10年			
3	行政单位和事业单位的各种会计凭证		30年		包括：原始凭证、记账凭证和传票汇总表
4	财政总预算拨款凭证和其他会计凭证	30年			包括：拨款凭证和其他会计凭证
二	会计账簿				
5	日记账		30年	30年	
6	总账	30年	30年	30年	
7	税收日记账（总账）			30年	
8	明细分类、分户账或登记簿	30年	30年	30年	
9	行政单位和事业单位固定资产卡片				固定资产报废清理后保管5年
三	财务会计报告				
10	政府综合财务报告	永久			下级财政、本级部门和单位报送的保管2年
11	部门财务报告		永久		所属单位报送的保管2年
12	财政总决算	永久			下级财政、本级部门和单位报送的保管2年
13	部门决算		永久		所属单位报送的保管2年
14	税收年报（决算）			永久	
15	国家金库年报（决算）	10年			
16	基本建设拨、贷款年报（决算）	10年			
17	行政单位和事业单位会计月、季度报表		10年		所属单位报送的保管2年
18	税收会计报表			10年	所属税务机关报送的保管2年
四	其他会计资料				

（续）

序号	档案名称	保管期限			备注
		财政总预算	行政单位事业单位	税收会计	
19	银行存款余额调节表	10年	10年		
20	银行对账单	10年	10年	10年	
21	会计档案移交清册	30年	30年	30年	
22	会计档案保管清册	永久	永久	永久	
23	会计档案销毁清册	永久	永久	永久	
24	会计档案鉴定意见书	永久	永久	永久	

注：税务机关的税务经费会计档案保管期限，按行政单位会计档案保管期限规定办理。

（3）移交。单位会计管理机构在办理会计档案移交时，应当编制会计档案移交清册，并按照国家档案管理的有关规定办理移交手续。

纸质会计档案移交时应当保持原卷的封装。电子会计档案移交时应当将电子会计档案及其元数据一并移交，且文件格式应当符合国家档案管理的有关规定。特殊格式的电子会计档案应当与其读取平台一并移交。单位档案管理机构接收电子会计档案时，应当对电子会计档案的准确性、完整性、可用性、安全性进行检测，符合要求的才能接收。

（4）查阅。单位应当严格按照相关制度利用会计档案，在进行会计档案查阅、复制、借出时履行登记手续，严禁篡改和损坏。单位保存的会计档案一般不得对外借出，确因工作需要且根据国家有关规定必须借出的，应当严格按照规定办理相关手续。会计档案借用单位应当妥善保管和利用借入的会计档案，确保借入会计档案的安全完整，并在规定时间内归还。

（5）销毁。单位应当定期对已到保管期限的会计档案进行鉴定，并形成会计档案鉴定意见书。经鉴定，仍需继续保存的会计档案，应当重新划定保管期限；对保管期满，确无保存价值的会计档案，可以销毁。

会计档案鉴定工作应当由单位档案管理机构牵头，组织单位会计、审计、纪检监察等机构或人员共同进行。经鉴定可以销毁的会计档案，应当按照以下程序销毁：

1）单位档案管理机构编制会计档案销毁清册，列明拟销毁会计档案的名称、卷号、册数、起止年度、档案编号、应保管期限、已保管期限和销毁时间等内容。

2）单位负责人、档案管理机构负责人、会计管理机构负责人、档案管理机构经办人、会计管理机构经办人在会计档案销毁清册上签署意见。

3）单位档案管理机构负责组织会计档案销毁工作，并与会计管理机构共同派员监销。监销人在会计档案销毁前，应当按照会计档案销毁清册所列内容进行清点核对；在会计档案销毁后，应当在会计档案销毁清册上签名或盖章。

电子会计档案的销毁还应当符合国家有关电子档案的规定，并由单位档案管理机构、会计管理机构和信息系统管理机构共同派员监销。

保管期满但未结清的债权债务会计凭证和涉及其他未了事项的会计凭证不得销毁，纸质会计档案应当单独抽出立卷，电子会计档案应当单独转存，保管到未了事项完结时为止。

单独抽出立卷或转存的会计档案，应当在会计档案鉴定意见书、会计档案销毁清册和会计档案保管清册中列明。

【思考题】

1. 会计机构设置和会计人员配备的要求是什么？
2. 什么是会计档案？请简要阐述会计档案的保管要求。

参考文献

［1］ 朱小平，周华，秦玉熙. 初级会计学［M］. 10 版. 北京：中国人民大学出版社，2019.
［2］ 财政部会计资格评价中心. 初级会计实务［M］. 北京：经济科学出版社，2019.
［3］ 李海波，蒋瑛. 新编会计学原理：基础会计［M］. 19 版. 上海：立信会计出版社，2019.
［4］ 陈国辉，迟旭升. 基础会计［M］. 6 版. 大连：东北财经大学出版社，2018.
［5］ 中华人民共和国财政部. 企业会计准则［M］. 北京：立信会计出版社，2020.
［6］ 崔智敏，陈爱玲. 会计学基础［M］. 6 版. 北京：中国人民大学出版社，2018.
［7］ 阎达五，于玉林. 会计学［M］. 2 版. 北京：中国人民大学出版社，2003.
［8］ 陈亚民. 会计规范论［M］. 北京：中国财政经济出版社，1991.
［9］ 汤云为，钱逢胜. 会计理论［M］. 上海：上海财经大学出版社，1997.
［10］ 项怀诚. 会计职业道德［M］. 北京：人民出版社，2003.
［11］ 王文元. 新编会计大辞典［M］. 沈阳：辽宁人民出版社，1991.
［12］ 葛家澍. 关于我国会计制度和会计准则的制定问题［J］. 会计研究，2001（1）：4-8.
［13］ 中国注册会计师协会. 会计［M］. 北京：中国财政经济出版社，2020.